Das Wunder des Padre Pio

Maria Lucia Ippolito

Das Wunder des Padre Pio

Deutsche Übersetzung: Dr. August Berz

Parvis-Verlag
CH-1648 Hauteville / Schweiz

Italienischer Originaltitel: «Il miracolo di Padre Pio»

PARVIS-VERLAG
CH-1648 HAUTEVILLE / SCHWEIZ

Internet: www.parvis.ch eMail: buchhandlung@parvis.ch

Tel. 0041 (0)26 915 93 93
Fax 0041 (0)26 915 93 99

Gedruckt in der Schweiz

ISBN 3-907525-88-4

«Er mag mich töten, ich hoffe auf ihn.»

(Ijob 13,15)

«Du wirst so viel haben, wie du erhoffst; je mehr du erhoffst, desto mehr wirst du haben.»

(Padre Pio)

Meinen Eltern, denen es gelungen ist, mir einen tiefen Glaubenssinn einzupflanzen und die Kraft und die Liebe zum Leben, die daraus entspringen.

Allen geliebten Angehörigen, aufrichtigen Freunden, den vielen Geistlichen und den überaus tüchtigen Ärzten und dem Pflegepersonal, die während der Krankheit Matteos um unsere Familie einen Kreis schlossen und mit anhaltendem Gebet und in großer, aufrichtiger Liebe uns gestützt haben.

Ihre Liebe war für diese dunklen Tage ein Leuchtfeuer, ihr unablässiges Anklopfen an das Herz Gottes, zusammen mit mir, hat das Tor zu seinem Erbarmen geöffnet und die Leiter gebildet, die Matteo von dort oben herabsteigen und zu uns zurückkehren ließ.

Einleitung

Es ist ein furchtbarer Schmerz, der mich alle Tage in dem Moment durchdringt, wenn ich Matteo sich ausziehen und waschen sehe.

Jede seiner Narben ist eine Wunde in meinem Innern, die aufspringt und mich quält. Vor meinen Augen und meinem Herzen läuft rasch ein Film ab, der alle schrecklichen Empfindungen, die ich damals verspürte, intensiv wieder aufleben lässt.

Ich weiß: Jeden Tag wird es so sein.

Die Erinnerung an diesen dumpfen, starken Schmerz wird alle meine mütterlichen Atemzüge bis zum letzten begleiten.

Doch zusammen mit dem Schmerz kommt mir unaufhaltsam und beständig ein danke!, danke!, danke! auf die Lippen. Denn wenn ich von den Narben aufsehe, trifft mein Blick auf Matteos schöne, große Augen, und in seinem lebhaften, intelligenten Blick löst sich meine Qual, und es bleibt einzig die Gewissheit und Größe des unschätzbaren Geschenks seines Lebens, das dank der Größe und Güte Gottes über die Grenze der Natur hinaus weitergeht.

So besänftigt sich Tag für Tag die schmerzliche Erinnerung und drängt zu beständigem, unablässigem Gebet darum, dass auch anderen Müttern kraft ihrer Hoffnung und Zuversicht sich das Leiden in Freude verwandle.

Die heilige Faustina Kowalska schrieb am 22. März 1937: «Wenn ich sehe, dass die Schwierigkeit der Situation über meine Kräfte geht, denke ich nicht daran und suche nicht, sie zu analysieren und mich in sie zu vertiefen, sondern wende mich wie ein Kind an das Herz Jesu und sage ihm nur: "Du kannst alles." Und ich verharre in Schweigen, denn ich weiß, dass Jesus selbst sich der Sache annimmt. Und statt mich zu quälen, verwende ich die Zeit dazu, ihn zu lieben…»

Ich habe das erfahren; das «Du kannst alles» lebt in Matteo, der am Leben ist.

Schon viele haben mich gebeten, das Vorgefallene zu vergessen, um nicht zu leiden.

Aber ich will das nicht, denn ich hoffe, dass die Erinnerung an das Leiden Matteos, an mein eigenes, an das meiner Familie eine Stütze sein kann für andere schmerzerfüllte Mütter, Hoffnung für so viele Kranke.

Dieser gerettete Sohn ist ein eigenartiges Geschenk des Himmels (Matthäus heißt Gottesgeschenk), das nicht mir allein gehören soll.

Gott hat ihn mir zweimal geschenkt. Lob und Ehre sei Gott!

«Wie gut ist unser Gott! Stets sei gepriesen seine Hand, die so viele Male unsere Schmerzen erleichtert, unsere unheilbaren Wunden wunderbar heilt!»[1]

1. Padre Pio, Epistolario, II, S. 141.

Erster Teil

Was im Mai 1999 geschah

Als am 2. Mai 1999 die Zeitungen und das Fernsehen über die Seligsprechung von Padre Pio berichteten, registrierte ich alles, was ich über das Ereignis erfahren konnte, um, wie ich es gewohnt war, alles aufzubewahren, was von meinem geliebten geistlichen Vater gesagt oder geschrieben wurde.

Ich hatte nämlich die Gewohnheit angenommen, Bücher und alles zu sammeln, was meinen «lieben Heiligen» betraf, der stets mein Weggefährte, Bruder, Vater, Freund, Fürbitter bei Gott gewesen war.

Auf einer Anrichte nahe bei meiner kleinen Kommode stapeln sich die Veröffentlichungen über ihn, die ich immer wieder lese und anhäufe.

Und schon seit ich noch ein Mädchen war, lese ich jeden Abend, bevor ich einschlafe, einige Seiten, die ihn betreffen.

So ist mein Vertrauen auf ihn von Tag zu Tag, von Jahr zu Jahr gewachsen. Und allen meinen Gedanken, meinen Entschlüssen ging und geht jetzt mehr als je eine Anrufung an den Padre voraus, damit er beim Herrn für mich eintrete und den Heiligen Geist auf mich herabrufe und mich einsehen lasse, welches in diesem oder jenem Umstand der richtige Weg ist, den ich gehen soll.

Als am 2. Mai 1999 die Seligsprechung stattfand und ich die Artikel darüber sammelte, richtete ich deshalb an ihn einen Gedanken, ja einen unglaublichen Zweifel, obwohl ich von seiner Heiligkeit tief überzeugt war.

Als ich wieder über das an Consiglia de Martino gewirkte Wunder las, sagte ich in Gedanken zum Padre: «Ich habe dich gern, und du weißt, dass ich fest an deine mächtige Fürbitte bei Gott glaube, aber, ehrlich, mir kommt es so unwahrscheinlich vor, dass du jetzt, um zur Ehre der Altäre zu gelangen, unbedingt noch ein weiteres Wunder wirken sollst.

Wie absurd!

Und wo solltest du es dann wirken? In welchem Erdteil, in welchem Haus, und wie soll man denn — falls es geschieht — sicher sein, dass *du* eingegriffen hast?

Lieber Padre Pio, ich wiederhole es, ich habe dich gern.

Du bist für mich maßgebend, aber mir scheint, die Kirche geht zu viel auf unerhörte, unmögliche Sachen ein, auf wahre Torheiten!

Sodann verfolgt mich eine unglaubliche Neugier.

Wie du weißt, habe ich beim Lesen des Evangeliums mit den Wundern Jesu und bei Heiligenlegenden mich viele Male gefragt, wie sich jemand, an dem ein Wunder geschah, fühlt, was er empfindet, woran er glaubt, wie er es erzählt, es bezeugt, und was sich in seinem Leben ändert.

Ich glaube daran, ich glaube, dass sich Wunder ereignen, ja ich wurde deswegen oft ausgelacht, und doch glaube ich unerschrocken weiter.

Ich glaube, dass für den Allmächtigen alles möglich ist, aber mir kommen die Wundergeschichten so fremd vor, dass ich mich wenigstens einmal im Kopf und im Herz eines Menschen befinden möchte, an dem ein Wunder geschah, um zu erfahren, welche Emotionen er erlebt und was er wirklich über das Jenseits, über Gott, über die Metaphysik denkt.

Welch dumme Gedanken habe ich, nicht wahr, Padre Pio?

Im Grunde sind diese Dinge nicht wichtig, Hauptsache ist meine Gewissheit, dass du immer bei mir bist und dass ich, wenn du je heiliggesprochen wirst, dabei sein kann, um mich über dieses Ereignis zu freuen.»

Ich faltete die letzte Seite der Zeitung und kehrte zu meinen mütterlichen Tätigkeiten zurück, ohne zu wissen, dass ich an mir, an meinem Sohn erleben sollte, wie die Geschichte der irdischen Verherrlichung des Padre Pio weitergeht und endet.

Die Wiederkehr des Todestages von Padre Pio und die Idee zu meinem Bericht

24. September 2000:
acht Monate nach der Heilung Matteos

Gestern, um 18.00 Uhr, habe ich auf der Empore der Kirche Santa Maria delle Grazie der Eucharistiefeier zu Ehren von Padre Pio und zum Gedächtnis seines Todes beigewohnt.

Es war eine gewaltige Menschenmenge da, aber mich dünkte, ich sei allein, ganz nahe beim großen Mosaik, das die Madonna darstellt.

So begannen mir unversehens, Tränen über das Gesicht zu rinnen, aber diesmal Tränen der Freude, des Dankes, des Lobpreises.

In einem Augenblick sah ich mich wieder, wie ich im Januar da kniete, wo Padre Pio betete, wie ich lange neben diesem riesigen Bild Marias, der Beschützerin, weilte, um sie von Mutter zu Mutter anzuflehen, mein Kind zu retten.

Dort unten schien mir, könne die Jungfrau mich besser sehen und hören, dort unten betete ich den Rosenkranz und opferte Maria für meinen Sohn mein großes Elend, mein Nichts, meinen gewaltigen Schmerz auf.

Dort unten fühlte ich Padre Pio an meiner Seite, auch er mit dem Rosenkranz in der Hand, um mich beim Gebet zu begleiten und mich zu stützen.

So konnte ich nichts anderes tun, als mich von neuem hinzuknien und zum x-ten Mal zu sagen: «Danke, danke, heilige Jungfrau, du hast mich erhört, zusammen mit deinem geliebten Sohn Jesus!»

Nun sitze ich hier vor dem Computer.

Ich habe mich dazu entschlossen, meine Gemütseindrücke zu sammeln, meine Erfahrungen als Mutter und gläubige Frau zu erzählen, denn ich bin überzeugt, dass es auch ein Apostolat ist, eine Botschaft der Hoffnung zu verbreiten, und weil meine Freude allzu groß ist, als dass ich sie für mich allein behalten könnte.

Der Psalmist sagt: «Der Herr sei gepriesen. Denn er hat mein lautes Flehen erhört… Mir wurde geholfen. Da jubelte mein Herz; ich will ihm danken mit meinem Lied» (Ps 28,6-7).

Ein Teil vom Honorar, das ich für den Bericht über das außerordentliche Ereignis, das meine Familie erlebt hat, erhalten werde, wird einem Verein zugute kommen, der sich behinderter, benachteiligter und kranker Kinder annimmt, «Il Cireneo». Mit dem Segen eines besonderen, heiligen Priesters wurde er von meinem Bruder Giovanni, seiner Frau Michela und von mir gerade in den Monaten ins Leben gerufen, die auf die Heilung meines Sohnes folgten. Wir wollten damit Gott konkret danken.

Ich hoffe, dass der Heilige Geist mich leiten und inspirieren wird.

«Woran erkennst du, ob es der Geist ist? Frage dein Herz: Wenn darin Bruderliebe ist, kannst du ruhig sein: Liebe kann nicht sein ohne den Geist Gottes» (hl. Augustinus).

In jedem Kind, das leidet, sehe ich Matteo, im Blick jeder Mutter, die ihrem Kind beisteht, finde ich meinen verlegenen Blick wieder und fühle ich mich von der nicht abzuhaltenden gewaltigen Qual dieser Tage der Agonie geschüttelt.

Ich habe dem Leben und dem Herrn gegenüber eine Schuld, die ich begleichen will, indem ich Hand und Herz den Menschen entgegenhalte, die Schmerz durchmachen.

An die behinderten Kinder

Der Dank und seine Bitte an Nichtbehinderte

Herr, ich will dir danken,
endlos danken,
weil ich am Leben
und dein Werk bin.
Danken, denn an jedem Tag,
der zu Ende geht,
kann ich mich des Daseins freuen.
Danken für die Gnadengabe des Glaubens,
der mich weiter sehen lässt als meine Augen,
der mich gehen lässt,
wohin meine Beine nicht gelangen können.
Danken, denn mit dir
kann ich der Welt zulächeln.

Und du, der du traurig bist,
einem Ziel zugewandt, das du nicht kennst.
Du, der du gesunde Beine hast,
aber nicht weißt, wohin du gehen sollst,
Augen, um zu sehen,
aber du weißt nicht, zu bewundern,
Ohren, um zu hören,
aber du weißt nicht, zu lauschen,
Hände, um zu schaffen,
aber du weißt nicht, zu gestalten,
Verstand, um zu erforschen,
aber du weißt nicht, zu erfassen...
Bleib stehen,
reiche mir deine Hand
und schau mich an.

Nein, nicht meinen Leib,
schau mein Herz an,
und in ihm wird dein Herz auftauen.
Ich bin Liebe.
Du kannst mir Liebe schenken.
Indem wir einander lieben,
werden wir Gott lieben,
und in dieser Liebe
wird die Beglückung unseres Lebens liegen.»

Diese Zeiten gehen auf 1989 zurück; ich schrieb sie nieder nach einer Unterredung mit meinem Bruder Giovanni, der sich in dieser Zeit mit der Hilfe an Knaben mit physischen oder nervlichen Problemen befasste und sich für sie und ihre Familien freiwillig einsetzte.

Als Mutter fühlte ich stets die seelischen, gesellschaftlichen und praktischen Schwierigkeiten von Eltern mit, die gezwungen sind, mit behinderten Kindern zu leben.

Aber außer der menschlichen Anteilnahme und dem Gebet hatte ich keine anderen Mittel und war somit am Ende, freilich in großem Bedauern darüber, dass ich nicht mehr tun konnte.

Ich dankte dem Herrn für das überaus große Geschenk der Gesundheit meiner beiden Knaben, und bat ihn jeden Abend, den in Schwierigkeiten geratenen Familien beizustehen.

Dann kam plötzlich die Erkrankung Matteos über uns, die Angst, dass auch in dem Fall, dass er gerettet würde, wegen der langen Anoxämie des Hirns und der Beschädigung der Organe nicht wieder zu behebende schlimme Folgen bleiben würden.

Ich nahm an, dass das Leben sich für ihn und für uns ändern werde. Aber ich wünschte, ihn auf jeden Fall wieder in die Arme schließen zu können.

Schon nur, um ihn noch am Leben zu sehen, war ich bereit, einem schwierigen, von schlimmen Folgen und Mängeln gezeichneten Leben beizustehen.

Und da habe ich wirklich erfasst, welch große, unverminderte Liebe man als Mutter und Vater zu einem durch Krankheit, Behinderung, geistiges Zurückbleiben anders gewordenen Kind empfindet. Eine grenzenlose Liebe, die absieht von jeder Regel der Normalität, vom Urteil anderer, von der Mühe, für dieses Kind dauernd gänzlich dazusein, zufrieden damit, es zu haben, es zu umarmen und anzuschauen.

Dann geschah es dank dem Erbarmen Gottes, dass Matteo vollständig geheilt und uns und unserer Liebe wiedergeschenkt wurde, lebhafter und scharfsinniger als vorher.

Aber ich kann nicht vergessen und werde nie vergessen können, welch starke Empfindungen ich in diesem Moment erlebte, welchen Willen ich hatte, meinen Sohn wenn auch nur irgendwie, «auf irgendeine Weise» wieder in die Arme zu schließen, den Teil von mir, den die Krankheit mir unerbittlich und unvorhergesehen wegzunehmen im Begriff war.

Und von da an muss ich voller Teilnahme an die Mütter denken, die täglich mit den affektiven und praktischen Schwierigkeiten zurechtkommen müssen, die sich aus der Krankheit eines Kindes ergeben, mit ihrem Drama, mit der Trostlosigkeit von Situationen unendlicher Einsamkeit, mit der Gefühllosigkeit solcher, die das Leiden nicht kennen und deswegen nicht imstande sind, ins Unglück geratenen Menschen moralisch und tätig beizustehen.

Wie wenig vermögen wir für die anderen zu tun in dieser ausschließlich auf das materielle Wohlergehen ausgerichteten Gesellschaft, so lange es uns nicht zustößt, selber Schmerz erleiden zu müssen!

Erst dann werden wir uns bewusst, wie extrem individualistisch eingestellt und wie arm an Werten der Nächstenliebe und Solidarität unser Dasein ist.

Und doch würde so wenig genügen, um zu bewirken, dass der Leidende sich geliebt fühlt, und um wenigstens seine innere Angst zu mildern.

Mutter Teresa von Kalkutta schrieb: «Ich bin überzeugt, dass das schlimmste Übel, das ein Mensch erleiden kann, darin besteht, sich verlassen zu fühlen. Ich will, dass die Kranken verspüren, dass sie geliebt werden.»

Wir als Gesellschaft haben die Pflicht, jeden Weg zu versuchen, der das kranke oder behinderte Kind zur Integration und Angleichung führt, damit auch sein Leben — wie es das Recht jedes Menschen ist — einen Sinn hat.

Don Abbondio sagte: «Wenn ein Mensch nicht selber den Mut aufbringt, kann man ihn ihm nicht geben... Wenn aber jemand keine Freude hat, kann man sie ihm immer geben.» Das behauptete mein Bruder Giovanni in einem Interview an einem Privatsender, das ihm 1996 für seine Tätigkeit zu Gunsten verhaltensgestörter Knaben den Preis «Goldenes Herz» einbrachte. «In einem seltsamen Widerspruch erhält man Freude, wenn man sie andern schenkt», schloss Giovanni.

Und nach meiner harten Erfahrung füge ich hinzu: Es macht überglücklich, jemand, der durch sein Anderssein aus dem herrlichen Spiel des Alltags ausgeschlossen ist, durch Gefühlsübertragungen zum Leben mitzureißen.

Es ist eine grenzenlose Freude, die Mauer des Schweigens, des Schmerzes, der Isolierung zu überklettern und auf der anderen Seite einen erwiderten Blick, einen angedeuteten Satz, ein schüchternes Lächeln zu finden, die imstande sind, die Einsamkeiten zu erwärmen, um sie in harmonische Kontakte zu verwandeln.

Da ich das erlebt habe, bin ich gewiss, dass es für den Willen, sich lieben zu lassen und geliebt zu werden, keine pathologische, organische Grenze gibt.

Die Grenze — wenn es eine gibt — liegt bloß in der Seele, die andern nicht Raum lassen will.

Zwiegespräche mit Jesus

Zu Jesus

Herr, wie schwer ist es, dir nachzugehen! Wie mühsam ist es!

Dich zu finden, war leicht, denn du gewährst allen die Gabe des Glaubens, man braucht bloß sich in stilles Zuhören zu versetzen, um deinen Ruf zu vernehmen.

Den Glauben zum Alltagsleben zu machen, das ist schwierig. Unsere menschlichen Grenzen zu übersteigen: den Stolz, den Groll, die Angst, die Bangigkeiten, um sich vertrauensvoll dir hinzugeben.

Das ist nicht einfach, gar nicht einfach!

Und dann habe ich entdeckt, wie traurig die Fehltritte sind, die uns erniedrigen, wie müde uns die Stürze machen, von denen aufzustehen schwierig ist, um wieder zu beginnen, als ob nichts vorgefallen wäre.

Padre Pio sagte, wenn man einmal den Fehler eingesehen habe, solle man nicht mehr an ihn denken, sondern ihn überwinden durch ein besseres Verhalten, sich in Gelassenheit nach oben streckend. Aber das Menschsein ist so kompliziert und gleichzeitig so elend; unser Inneres so verwirrt, dass es zu einem titanischen Unterfangen wird, direkt auf dein Licht, Jesus, zu sehen und auf dich zuzugehen, ohne zu stolpern.

Herr, du hast mir die Gabe des Wortes, des Schreibens gegeben; Gedanken und Tinte laufen nur so in mir und aus mir von jeher in vollem Fluss.

Und ich möchte, dass es mir auf dieser Erdenwanderung wenigstens einmal gelingt, diese Gabe in deinen Dienst zu stellen, damit du durch das, was ich erlebt habe, in den

Augen solcher, die dich nicht gut kennen, als überaus erbarmend und liebend zutage treten kannst.

Ich weise keine Verdienste auf, sondern bin sicherlich bei weitem schlechter als viele deiner anderen Kinder.

Ich fühle mich elend, fehlbar, unwürdig, denn ich falle fortwährend, und nach jedem Fall suche ich, von guten Vorsätzen beseelt, wieder aufzustehen, aber ich kann immer wieder nur spärliche Früchte erblicken.

Und doch hast du mir eine grenzenlose Freude geschenkt, die mich vor dir und vor der Welt noch kleiner, noch elender, noch unwürdiger, wirklich unwürdig fühlen lässt.

Du hast die großen, grünlichen Augen Matteos wieder für das Leben geöffnet, und in diesen Augen, die wieder zu forschen, zu erkennen, zu lächeln begonnen haben, sehe ich deine unendliche Liebe zur Menschheit schimmern, die dem Fluss des Gebets entlang läuft.

Immer wieder möchte ich niederknien, die Erde küssen und dir danke!, danke! sagen, denn durch die unglaubliche Rettung meines Sohnes läuft und verbreitet sich die Botschaft der Hoffnung, der Hoffnung auf die gewaltige Kraft des schlichten, ausdauernden Gebets.

Padre Pio sagte: «Die himmlischen Gunsterweise werden nicht nur zur eigenen Heiligung, sondern auch zur Heiligung anderer gewährt.»

Und ich stelle mir vor, dass die Heilung Matteos für die ganze Menschheit eine Einladung werden sollte, dich unablässig um Hilfe zu bitten in der Überzeugung, dass deine Liebe alles ändern und ermöglichen kann, wie es in den Psalmen heißt: «Herr, mein Gott, ich habe zu dir geschrien, und du hast mich geheilt…» (Ps 30,3) «Mich trafen Bedrängnis und Kummer. Da rief ich den Namen des Herrn an: "Ach, Herr, rette mein Leben!"… Da hast du mein Leben dem Tod entrissen, meine Tränen getrocknet, meinen Fuß bewahrt vor dem Gleiten… Wie kann ich dem Herrn all das vergelten, was er mir Gutes getan hat? Ich will den Kelch des Heils erheben und anrufen den Namen des Herrn» (Ps 116,3-4.8.12-13).

Ich wiederhole es und werde es wiederholen, solange ich lebe: Du, Jesus, bist gewillt, allen die Gnade des Glaubens zu gewähren.

Aber du lässt uns die Freiheit, unser Herz zu öffnen, uns auf dich zu verlassen und die durch deine Passion erwirkte Erlösung durch unser Leben und unsere Hingabe zu konkretisieren.

Wie Schwester Faustina, die heilige Polin, Worten von Padre Pio entsprechend in ihrem Tagebuch schrieb, «tut der Herr unserem Willen nie Gewalt an. Es hängt von uns ab, ob wir die Gnade Gottes annehmen wollen, ob wir mit ihr zusammenwirken oder sie missachten wollen».

Und du lässt uns, Jesus, auch die Freiheit, zu beten und zu bitten, denn wie Padre Pio sagte, «ist die Gnade Gottes wirklich alles, sie triumphiert; das demütige und schmerzerfüllte Gebet aber triumphiert selbst über Gott, hält seinen Arm auf, löscht seinen Blitz, entwaffnet ihn, besiegt ihn, besänftigt ihn und macht ihn sozusagen abhängig und zum Freund.»

All das habe ich erfahren, erlebt und erlebe es immer noch.

Du hast mir das außerordentliche Heilmittel geliefert, ein Wundermittel gegen das Übel, die Ungewissheit, den Zweifel, die Bangnis, die Angst: das Gebet.

Diese Medizin schmeckt jedoch bitter!

Sich auf das Gebet verlassen im Dunkel, in der Verzweiflung und der Geistesdürre, die der Schmerz schafft, erscheint fast als eine Verrücktheit.

Viele fragen mich: «Wie hast du es fertig gebracht, zu glauben, zu hoffen?» Sie blicken mich an, wie wenn ich ein außerirdisches Wesen wäre oder vielleicht eine Verrückte oder eine von einer fixen Idee Besessene.

Es ist einfacher, nicht zu glauben und sich auf den Positivismus, auf die Wissenschaft zu verlassen, die dir ja oder nein sagt, als sich einer Idee, einer abstrakten Hoffnung anzuvertrauen, wie vielen die Allmacht Gottes, deines Vaters, vorkommen mag, vor allem dann, wenn das menschliche

Wissen schon sein Gutachten abgegeben und es als unmöglich erklärt hat, die Naturgesetze zu ändern.

Aber auf einem mühsamen Weg habe ich durch dich, Jesus, stolpernd, stürzend und mich mehrmals wieder erhebend gelernt, dass, wo der Mensch auf seine irdische Grenze stößt, der grenzensprengende Gott da ist, sein Licht, seine Liebe, sein Lebenshauch, seine Macht, sein Wort, das nicht laut ertönt, aber kraft deines Opfers in unser Inneres dringt, wenn wir bereit sind, ja zu sagen.

Und wie du, Jesus, weißt, heißt im Schmerz ja sagen nicht, sich anklammern, es ist nicht ein Notbehelf, sondern ein Backstein nach Backstein aufgebauter Wille, der dich bittet: «Lass mich nicht allein, lass mich erfassen und wollen, dass du da bist; belebe meinen Glauben, erwärme mein Herz, erhelle meinen Geist, erweitere durch deine Vollkommenheit meinen begrenzten Verstand, damit ich kraft der Liebe einzusehen vermag, dass die Mysterien deine Größe sind, in die wir uns vertiefen und uns fallen lassen sollen.

Im Schmerz ja sagen heißt, seinen Geist und sein Leben Gott, deinem Vater, anvertrauen, während die Logik rebellieren und aufschreien möchte: «Nun ist es genug!» Es ist Demut, wie der heilige Paulus zu sagen: «Meine Schwäche ist deine Kraft, Gott.»

Padre Pio schrieb: «Das Gebet ist die Überleitung unseres Herzens in das Herz Gottes... Wenn es gut verrichtet wird, bewegt es das göttliche Herz und fordert es immer mehr auf, uns zu erhören. Suchen wir doch unseren ganzen Geist in es zu ergießen, wenn wir daran gehen, zu Gott zu beten. Er lässt sich von unserem Gebet besiegen, um uns zu Hilfe kommen zu können.»

Jesus, du hast uns im Vaterunser sagen gelehrt: «Dein Wille geschehe!», und das will, wie ich gut weiß, heißen, Leid, Krankheit, Schmerz, das Kreuz annehmen. Aber du hast auch der heiligen Faustina wunderschöne Worte diktiert, Worte, die ich jedesmal, wenn ich dunkle Momente durchmache, wiederum lese, Worte, die mich getröstet und mir während der Krankheit Matteos beigebracht haben, um dein Erbarmen und dein Heil zu flehen: «Verhalte dich wie ein Bettler, der, wenn er ein reichlicheres Almosen erhält, es nicht zurückweist, sondern um so herzlicher dankt. So sollst auch du, wenn ich dir größere Gnaden schenke, sie nicht zurückweisen, weil du ihrer unwürdig bist, was ich ja weiß; sondern du sollst vielmehr frohlocken und dich freuen und meinem Herzen so viele Schätze entnehmen, wie du zu tragen vermagst. Denn gerade wenn du das so machst, gefällst du mir erst recht... Nimm diese Gnaden nicht nur für dich selbst, sondern auch für den Nächsten entgegen. Muntere also die Seelen, mit denen du im Kontakt bist, zum Vertrauen auf mein unendliches Erbarmen auf. O wie sehr liebe ich die Seelen, die sich mir völlig anvertraut haben! Für sie werde ich alles tun.»

Nun bitte ich dich, Jesus, hilf denen, die das Kreuz zu tragen haben, den Willen deines Vaters anzunehmen, vervielfache aber auch deine Gnaden durch deine Passion.

Brief an Padre Pio vor der Erkrankung Matteos

An meinen geliebten geistlichen Vater:
Juli 1999

Die Verbindung mit dir ist stark, lebenskräftig. Ich weiß, dass du stets bei mir bist als geduldiger Gesprächspartner meiner stillen Monologe.

Mein Herz fühlt sich nie einsam, sondern in deine Liebe eingehüllt.

In eine Liebe, die, auch wenn ich sie zurückweise, weil ich von den Mutlosigkeiten des Alltags wie benommen bin, doch imstande ist, nach mir zu suchen, wiederaufzuleben und in mir wieder das Verlangen zu entfachen, zu beten und aufs Neue nach Gott zu suchen.

Du vermagst eine Seele zu ändern, du hast es in deinem Erdenleben getan; tu das jetzt weiterhin.

Ich verdanke dir sehr viel: Die Kenntnis deines Lebens, deiner Heiligkeit hat mir ermöglicht, den schwierigen, aber wunderbaren Weg, der zum Innewerden des wahren Sinns des Lebens führt, einzuschlagen.

Seit ich hier in San Giovanni Rotondo lebe, habe ich die Spiritualität, die hier weht, eingeatmet, unzählige Zeugnisse über dein «Heiligsein» vernommen und eingesehen, dass es für mich ein gewaltiges Privileg war, zusammen mit meinem Mann hierher gerufen zu werden, um an diesem mystischen Ort meine Familie und meine Zukunft aufzubauen.

Ich fand zu einer inneren Ruhe, zu einem Seelenfrieden, die sich jedesmal verstärken, wenn ich die Stufen zu deinem Grab hinabgehe, und dort fühle ich, wenn auch unter Dutzenden von Leuten, noch stärker, dass ich mit dir in Verbindung stehen kann, dass du mich stützt und leitest.

Und da ich so beglückt wurde, dich zu kennen, dich zu lieben und die starke Freude zu verspüren, die man erfährt, wenn man mit dir auf Gott zugeht, will ich, dass auch andere dich kennen und den gleichen Weg gehen können.

Ich erinnere mich an dich wie an einen geliebten liebevollen Großvater, der sanft und etwas müde aussieht.

Ich lernte dich als Kind kennen, als meine Angehörigen an einem noch finsteren Wintermorgen mich mit ihnen gehen ließen und mich, als es noch dunkel war, weckten und wir dann zur 5-Uhr-Messe des «Padre» in San Giovanni eintrafen.

Es faszinierte mich, nach der Messe in einer Menge von Leuten unter dem Fenster deiner Zelle zu stehen, das sich in einem bestimmten Moment öffnete und wo du dich zeigtest, um den Segen zu erteilen.

Wie viele Male hast du mich gesegnet!

Und nun bitte ich dich, segne mich immer noch, segne meinen Geist, meine Worte, damit ich über dich schreiben kann in solcher Liebe, die Liebe weckt.

In meiner Familie hat man stets von dir gesprochen, mein Großvater väterlicherseits, der Großvater Nicola, war Verwalter der ausgedehnten Liegenschaft in Castelluccio dei Sauri gewesen, die einem begüterten Mann aus den Abruzzen, einem gewissen De Meis, gehörte.

Durch ihn, der ein geistlicher Sohn von dir war, hatte ich Gelegenheit, den «Padre» kennenzulernen, deine Heiligkeit, deine Charismen, die für unsere ganze Familie mysteriös und faszinierend waren.

Darauf folgte ein höchst wichtiges Nachspiel, von dem mein Großvater erzählte, der jedesmal tief gerührt war, und von dem jetzt, da er nicht mehr am Leben ist, meine Tante Anna erzählt, zu deren Gesundung du wunderbar eingegriffen hast, was bei uns allen zu einer großen, unauslöschlichen Hingabe an dich führte.

Kurz, als ich aufwuchs, vernahm ich immer wieder zahlreiche faszinierende Berichte über deine Hilfeleistungen aller Art, lieber Padre Pio, und wurde so in die Zuneigung der Familie zu dir hineingezogen.

Ich hoffe deshalb, eines Tages wenigstens einen Teil der bewegenden Erzählungen zusammenzustellen, die ich über dein Leben des Gebets und der Nächstenliebe vernommen habe, damit auch andere dir und durch deine heroischen Tugenden Christus nahekommen können.

Die unglaubliche Fortsetzung des Briefes

1. Juni 2000:
vier Monate nach der Heilung Matteos

Wie seltsam!

Heute Nacht hatte ich einen überaus schönen, unglaublichen Traum, und heute Nachmittag erinnerte ich mich plötzlich, dass ich vor ungefähr einem Jahr etwas an Padre Pio geschrieben hatte. Folglich habe ich den Computer gestartet und danach gesucht.

Die Worte, die ich fand, waren die oben angeführten von 1999.

Da erschauerte ich, lieber Padre Pio, und du weißt warum.

In diesen Monaten ist das Unglaubliche vorgefallen, und du warst mit mir.

Du warst immer mit mir und meiner Familie.

Die Gedanken, die ich dir vor einem Jahr gewidmet habe, und die ich seither dir jeden Tag widme, wenn ich auf der Suche nach Gott mich an dich wende, um deine Fürbitte, dein Gebet, deinen Schutz zu erflehen, scheinen damals von einem höheren Geist eingegeben worden zu sein, der von dem, was Monate später geschehen sollte, schon Kenntnis hatte.

Das vertraute Gespräch mit dir, das auch an den langen Tagen der Krankheit Matteos nicht abbrach, war meine Kraft, meine Hoffnung und schließlich meine Freude.

In allen meinen vierzig Lebensjahren bat ich dich dauernd, für mich zu beten, damit ich das Gebet lieben lerne, damit mein Glaube gestärkt werde, damit ich wenigstens ein wenig von deinem Hineingenommensein erfahren könne, das du während der Eucharistiefeier erlebtest.

Ich hörte nie auf, dich um all das zu bitten, denn ich bin des tiefen Glaubens, dass das liebende Beharren einer Tochter den Padre schließlich zum Nachgeben veranlasst. Und du hast mich erhört.

Ich nahm meine elenden, armseligen Gebete zusammen und brachte sie zu Jesus und Maria.

Fast auf einmal habe ich die Kraft und Wichtigkeit des Gebetes erfasst, die Macht des Glaubens, der, wenn man ihn wie eine zarte Blume pflegt, sprießt und gedeiht und zur Verlängerung der Vernunft wird.

Ich erfasste, dass die Annahme des Mysteriums das Bewusstsein nicht trübt, sondern vielmehr das Gesichtsfeld dahin erweitert, wohin die menschliche Begrenztheit nicht gelangen kann.

Der Glaube ist die Kraft, die einem ermöglicht, auch an und für sich Unmögliches zu erhoffen im Wissen darum, dass, was der Mensch nicht vermag, die Allmacht Gottes zustande bringt, und die gleichzeitig die großen Schmerzen in vertrauensvolle Ergebung in den Willen Gottes überführt.

Dank dir, Padre Pio, habe ich das immense wunderbare Mysterium der Konsekration, die Wichtigkeit der Messe als der Begegnung mit der Passion Christi erfasst.

Und während früher der Gang zur Messe die Ableistung einer katholischen Pflicht war, ist es mir nun zu einem Bedürfnis geworden, mich zur Begegnung mit Jesus einzufinden, um ihm danken, ihn bitten, mit ihm Zwiesprache halten zu können.

Und all das verdanke ich dir, dem beharrlichen Gebet darum, durch dich das einsehen zu können, und du hast dieses Gebet angehört und verlebendigt.

Ich möchte, dass jeder Mensch den Willen hätte, um die Gnade zu beten, durch dein großes Leidensmysterium sich der Passion Christi anzunähern, um dann ein nicht unterdrückbares Verlangen zu verspüren, vor dem Allerhöchsten zu knien in einem absoluten menschlichen Schweigen, das zu einer zärtlichen Zwiesprache mit Gott wird, zu einem

Hineingezogenwerden in einen völligen Frieden, von dem man nicht mehr abkommen will.

Mir ist das zuteil geworden dank deiner Hilfe, Padre Pio.

Nun empfinde ich vor dem allerheiligsten Sakrament eine unendliche Freude, und ich fühle, dass ich mein Herz Christus öffnen kann, um danken und bitten zu können und dafür mein Elend, meine Schwäche, mein — schwer zu haltendes, aber aufrichtiges — Versprechen darzubringen, seinem Beispiel der Nächstenliebe und der Demut zu folgen.

Heute Nacht habe ich zu meiner großen, übergroßen Freude zum dritten Mal von dir geträumt. Und man sage mir nicht, dass der Traum bloß aus nicht in Erfüllung gegangenen Wünschen hervorgehe. Ich bin überzeugt, dass das nicht der Fall ist.

In den Tagen, in denen Matteo zwischen Leben und Tod schwebte, hätte ich gerne von dir traümt, aber es wurde nichts daraus.

Heute Nacht bist du gekommen, um mit mir zu sprechen und mich zu umarmen.

Wie glücklich war ich, und wie unverdient ist deine zärtliche Liebe!

In diesem Traum bin ich nach einem langen, ermüdenden Gang durch unbekannte Orte über Treppen und durch Gassen in ein farbenreiches Zimmer gelangt mit Vorhängen, Tischdecken, Bett, Stühlen, überzogen von Stoffen mit sehr auffälligen und fröhlichen roten, gelben, orangenfarbigen Blumen.

Daselbst fand ich Schwester Grazia, eine Kapuzinerklarissin, die in San Giovanni wegen ihrer Güte sehr bekannt ist. Lächelnd und mit überglücklichen Augen sagte sie zu mir: «Schau, wer bei mir ist!»

Ich wandte den Blick zu ihrer linken Seite, wohin zu schauen sie mir mit dem Kopf ein Zeichen gab, und zu meiner großen Verblüffung warst du an ihrer Seite.

Du hast mich angelächelt, bist auf mich zugekommen und hast mich so kräftig umarmt, dass ich es immer noch verspüre.

Und mich umschlungen haltend, hast du mir zugeflüstert: «Sei unbesorgt, von nun an wird alles gut gehen!»

Dann sprachst du noch lange mit mir, aber ich erinnere mich an alles weitere nicht mehr außer daran, dass du freudig lächeltest.

In diesen langen und schweren Monaten warst du stets mit mir, mit Matteo, mit Alessandro, mit Antonio, mit meinen Brüdern, mit den weiteren Gliedern meiner, unserer Familie, aber ich glaube, dass alle, die dich anrufen, sich deiner Gegenwart und mit dir der Gegenwart Christi erfreuen können.

Die einzige Bedingung ist das unbedingte, totale Vertrauen auf das Erbarmen des Herrn, auf seine Worte und Verheißungen: «Himmel und Erde werden vergehen, aber meine Worte werden nicht vergehen» (Mt 24,35).

In meinem völligen Elend bin ich Zeugin eines übergroßen Zeichens der Güte und Allmacht Gottes, die sich mir durch deine Heiligkeit bekundet haben.

Ich fühle mich angesichts der Tatsache, dass ich von der Heilskraft der Liebe Christi angerührt wurde, winzig klein, aber gleichzeitig halte ich mich für verpflichtet, laut zu bezeugen, dass der Herr niemand im Stich lässt, dass er auf unsere Rufe hört, uns mit seiner Gnade zu Hilfe kommt, denn das Gebet ist, wie du immer wiederholt hast, «der Stachel, der das Herz Gottes verwundet».

Die Koinzidenzen, die in diesem letzten Jahr mich und meine Familie begleitet haben, sind nach meiner tiefen Überzeugung als gläubige Frau sicherlich «Kombinationen, die der Herr kombiniert», um seine Liebes- und Bekehrungspläne auszuführen.

Darum bitte ich dich, Padre Pio, mir zu helfen, das von mir Erlebte so darzustellen, dass es mir gelingt, einen Menschen, wenigstens einen, anzuregen, die Augen und das Herz Gott zuzuwenden, ohne dass ich jemand verletze, der von Gott nicht durch ein Wunder, sondern vom Tod oder von Leid heimgesucht wird.

Heute Morgen, als ich Matteo zur Schule brachte, hielt mich die Lehrerin Paola auf der Stiege auf und erzählte mir das Gespräch, das sie eine Minute vorher im Auto mit ihrem neunjährigen Töchterchen hatte.

Francesca hatte die Inschrift «Per Crucem ad Lucem» gelesen und ihre Mama nach dem Sinn der wörtlichen Übersetzung «Durch das Kreuz zum Licht» gefragt.

Paola erklärte ihr, dass «Kreuz» Leiden bedeutet und dass man durch das Leiden Gott erkennt.

In einem bestimmten Moment erinnerte sich das Mädchen unerwartet an Matteo und uns und fragte die Mama, ob Matteo, der so viel gelitten habe, Gott nahe war und immer noch sei.

Paola antwortete ihr «ja».

Die Erzählung Paolas hat mich berührt, denn während sie sprach, sah ich wieder, wie Matteo eingeschlafen, mit einem Röhrchen in der Kehle, voll von Schorf und von Wunden, ausgemergelt, allein, in seinem Reanimationsbettchen da lag, wie Christus nach der Geißelung und der Abnahme vom Kreuz. Und diese Schreckensvision, der — ungeheure — Schmerz, den ich als Mutter durchmachte, als ich ihn so übel zugerichtet sah, wird die Wunde sein, die in mir klaffen wird, solange ich lebe, die Wunde, die mich jedoch heute veranlasst hat, auf den Schmerz der anderen mit menschlicheren Augen zu blicken.

In jedem Kind, das leidet, in jedem Menschen, der leidet, ist Christus und seine Passion da. Deshalb wünsche ich mir, dass mit der Hilfe des Heiligen Geistes jeder von uns lernt, auf das Leiden eines anderen ehrfürchtig und teilnehmend zu blicken und so zum Simon von Zyrene für unglückliche des Mitmenschen zu werden und den Glauben in Nächstenliebe umzusetzen.

Übrigens versichert uns Christus selbst: «Wer einem von diesen Kleinen auch nur einen Becher frischen Wassers zu trinken gibt, weil es ein Jünger ist, wird gewiss nicht um seinen Lohn kommen» (Mt 10,42).

Und jedes Mal, wenn mich Müdigkeit überfällt oder wenn vor meinen Augen und in meinem Herzen die Bilder der schrecklichen Leiden Matteos vorbeiwirbeln, suche ich alles wegzutun, indem ich mir einen Satz wiederhole, den Matteo mir in diesem Sommer gesagt hat, als wir eines Abends am Meer uns auf einem kleinen Balkon auf einer Schaukel wiegten und ich ihn liebkoste.

Matteo fragte mich, weshalb er so viel leiden musste, und da ich es nicht über mich brachte, vom Kreuzweg zu sprechen, antwortete ich ihm bloß, dass er sehr beglückt worden sei, dass wir alle sehr beglückt worden seien, denn sein Leiden habe schließlich zu seiner Heilung geführt und wir alle seien wieder beisammen. Deshalb sollten wir alle nur Jesus danken, ohne uns nach dem Grund des Leidens zu fragen, ohne uns nach dem Grund des Geschenks zu fragen.

In dieser so armseligen Antwort lag der ganze Trost, den ich ihm geben konnte.

Und während Matteo die noch frischen Wunden ansah, die ihm nicht gestatteten, sich der Sonne auszusetzen oder wie alle gesunden Kinder zu baden, wandte er den Blick zum Sternenhimmel, der über uns leuchtete, und flüsterte: «Mama, ich weiß, du hast für mich so viel gebetet; du bist dieser strahlende Stern da oben.»

Diese wunderbaren Worte, von diesem Sohn gesagt, der eigentlich nicht mehr am Leben hätte sein können, werden für immer mein Mut, meine Kraft sein, um anderen leidenden Müttern die Hoffnung zu schenken, die dadurch bezeugt wird, dass Matteo lebt.

ZWEITER TEIL

Die Vorgeschichte

Am 20. Januar 2000 wecke ich wie immer meine Kinder mit einem Kuss auf die Stirn.

Ich bereite das Frühstück; heiße Ale (Alessandro) und Teo (Matteo), sich zu beeilen.

Matteo ist ein wenig langsamer als gewöhnlich: Er sitzt vor der Milchtasse und sieht sich, den Kopf auf den Arm gestützt, schweigend und unbeweglich den Zeichentrickfilm an.

Ich ermahne ihn, voran zu machen, denn ich muss mich zur Schule San Marco begeben.

Er nimmt das Frühstück widerwillig; deshalb denke ich, er sei noch so schläfrig, dass es ihm nicht gelinge, sich zu beeilen. Ich hätte mir nie vorstellen können, dass sich in seinem Organismus, still und heimtückisch, eine schreckliche Infektion entwickelt.

Alessandro grüßt mich mit einem Kuss, und nachdem er meine gewohnten Ermahnungen angehört hat, geht er weg.

Ich mache Matteo fertig zurecht; es geht ihm sehr gut, und ich bringe ihn mit dem Auto zu Dora, der Freundin, die ihn zur Schule begleitet.

Während der Fahrt machen wir, wie immer, das Kreuzzeichen und verrichten ein kurzes Gebet: «Jesus, Maria, danke für das, was ihr bis jetzt uns geschenkt habt; behütet uns an diesem Tag, schützt uns, lasst uns gesund und heil heimkehren.

Padre Pio, steh uns bei, halte von uns und unserer ganzen Familie alles Schlimme, Krankheiten und Unglücke fern. Amen.»

Wie immer, wenn ich mit ihm bete, hört mir Matteo aufmerksam zu und wiederholt am Schluss «Amen».

Wir kommen bei Dora an, ich gebe ihm einen Kuss, und er geht lächelnd weg.

Gut zwei Male dreht er sich um und grüßt mich mit der Hand, dann schließt er hinter sich das Tor.

Ich setze das Auto in Gang und fahre weg. Wir beide wussten nicht, dass Padre Pio uns wirklich behüten werde, wie wir es in unserem kurzen Gebet von ihm erbeten hatten, und dass er meinen Sohn gesund und heil heimkehren lassen werde.

Dora wird mir dann erzählen, dass Matteo, in ihrer Wohnung angekommen, in seinem Jäckchen, den Tornister tragend, stillgestanden sei und gesagt habe, er fühle sich müde und habe Kopfweh.

Da aber Matteo, wie die meisten Kinder, öfters lügte und das immer noch tut, hatten weder Dora noch ihr Mann ihm geglaubt, sondern ihn sogar liebevoll getadelt, da sie dachten, das Kopfweh sei eben die klassische Entschuldigung, um nicht zur Schule gehen zu müssen.

Dieses Kopfweh war jedoch der Beginn einer schrecklichen Tragödie.

Der Vorfall

Die ungewöhnliche und schreckliche Begebenheit mit Matteo hat sich, wie in einer Quadragesima, in fast vierzig Tagen abgespielt.

Am Abend des 20. Januar 2000 wurde er, dem Tod nahe, in die Pädiatrie der Casa Sollievo della Sofferenza gebracht und gleich darauf in die Reanimationsstation II. Matteo war vor kaum einem Monat sieben Jahre alt geworden.

Am nächsten Morgen traten die dramatischsten Momente ein: ungefähr eine Stunde lang eine äußerst schlimme Situation wegen eines Lungenödems, eines Herzstillstandes, einer Sauerstoffsaturation von bloß noch 18%. Darauf wurde das Kind in pharmakologisches Koma versetzt, worauf elf Tage folgten: für Matteo des herbeigeführten Schlafes und für uns des überaus großen Schmerzes.

Am 31. Januar erwachte Matteo, am 12. Februar kam er aus der Reanimationsstation, und am 26. Februar verließ er das Krankenhaus.

Die Einzelheiten dieser überaus langen und leidvollen Tage werden in den folgenden Berichten erzählt, die nicht bloß wiederholen, sondern einander ergänzen. Sie bringen nämlich den Vorfall durch die Empfindungen zum Ausdruck, die man beim Aufeinanderfolgen der Stunden hatte.

Diese Zeugenaussagen dienen dazu, für die Zuverlässigkeit des Falls zu bürgen und zu betonen, dass die Krankheit Matteos einem aufmerksamen, gründlichen, objektiven Studium unterzogen worden ist. Jeder kann somit an das Wunder glauben oder nicht, es wissenschaftlich oder theologisch kommentieren — die Tatsachen liegen vor und werden bleiben wie sie sind.

Die Berichte über die Krankheit Matteos

Was folgt, sind die überaus schmerzlichen Zeugenaussagen, die ich, mein Mann und meine Brüder gemacht haben, um die Geschehnisse, welche die Krankheit Matteos und seine einzigartige Heilung betreffen, von unserem Standpunkt aus zur Kenntnis zu geben. Dazu kommen einige Auszüge aus den Berichten, die Doktor Gerardo Violi nach einer sehr langen, mühsamen und sehr heiklen Zusammenstellung der Sachverhalte und der Zeugenaussagen über die Krankheit meines Sohnes verfasst hat. Diese Berichte haben das Krankenjournal Matteos nach Rom begleitet und sind von der medizinischen Kommission der Kongregation für die Selig- und Heiligsprechungsprozesse studiert worden.

Ich danke Doktor Violi für den Eifer und die persönliche und berufliche Redlichkeit, mit denen er das Studium über die Krankheit meines Sohnes vorangetrieben hat, indem er ruhig seinem Gewissen folgte und viel Energie zur wissenschaftlichen Darlegung der ganzen Angelegenheit aufwandte.

Meine Absicht ist es, solchen, die skeptisch und ungläubig sind oder davon ausgehen könnten, die Ungewöhnlichkeit der Heilung meines Sohnes sei in meiner Schilderung aufgebauscht worden, zur Kenntnis zu bringen, dass objektive medizinische Sachverhalte vorliegen, welche die Schwere der Situation Matteos erklären und bestätigen: die enorme Anzahl von Komplikationen, die auf den anfänglichen Krankheitszustand folgten, der schon an und für sich schrecklich war, die Heftigkeit und Irreversibilität der Schäden, die das Kind schließlich «mysteriös» und ohne irgendwelche Restschäden überstanden hat.

Sodann enthält mein Bericht Teile der Zeugenaussage des Chefarztes der Reanimation, des Doktors Paolo De Vivo, der nach der schweren Krise Matteos am Tag nach der Einlieferung, obwohl er wusste, dass die Prognose ungünstig war, ja den Tod erwarten ließ, zusammen mit seiner Equipe alle seine beruflichen, emotionalen und moralischen Energien unablässig einsetzte, damit das Kind seinen Kampf gegen den Tod weiterführen konnte.

Dazu kommen die Berichte von Anna Raffaella Clemente und von Angela Frattaruolo, der beiden Krankenschwestern der Reanimationsstation. Sie waren bei der Tragödie des Freitagmorgens, 21. Januar, dabei, als Matteo drauf und dran war, uns und die Ärzteequipe zu verlassen, die angesichts der aussichtslosen Situation meines Kindes nach Stunden und Stunden unablässiger Reanimierungsversuche — was verständlich war — im Begriff waren, den Kampf aufzugeben.

In den Tagen, die auf das Wiedererwachen meines Sohnes folgten, sprach ich mit Angela mehr als einmal über das ungewöhnliche Geschehen und wurde stark beeindruckt durch die wunderbare Haltung dieser zärtlichen Familienmutter, einer sehr erfahrenen und auch tief gläubigen Krankenpflegerin. Sie wiederholte mir stets tiefbewegt, sie habe meinen Sohn in einer Aufeinanderfolge unerklärlicher Ereignisse am Ende und dann wiedergeboren gesehen.

Ich danke Angela, dass sie mir gestattet hat, ihr Erlebnis bekanntzugeben, vor allem aber deshalb, weil sie einen besonderen Glaubensweg geht, der es ihr ermöglichte, Matteo in den dramatischsten Momenten seines schrecklichen Abenteuers liebend nahe zu sein in jener Liebe, die man, wie Padre Pio bat, ans Krankenbett bringen soll.

Das ganze Personal der Reanimationsstation sowie dann der Kinderklinik hat Matteo gegenüber eine lobenswürdige humanitäre Haltung an den Tag gelegt, aber Angela war es, die meinem Sohn die Hand gereicht hat, als dieser am Morgen des 21. Januars um sieben Uhr während weniger

Augenblicke aus dem Schock wieder zu sich kam und sich erschrocken umsah, vielleicht nach mir suchend.

In diesen Momenten war ich draußen, um in Verzweiflung den Herrn zu bitten, Matteo an meiner Stelle die Hand zu reichen. Und ein Engel (Angela heißt Engelin) hat mich ersetzt, um ihn zu trösten, bevor die Tragödie zu Ende ging und sogleich nach dem Wunder.

Ich wollte auch einige Zeilen aus den Zeugenaussagen der Sachverständigen *ab inspectione* beifügen, der Ärzte und der Theologen der Kongregation für die Selig- und Heiligsprechungen, denn die Dokumente sind nun alle veröffentlicht.

Alle diese Berichte, zusammen mit weiteren von Ärzten und Nichtärzten, kamen zu unseren wörtlichen Zeugenaussagen hinzu, die während des Diözesanprozesses, der in Manfredonia am 11. Juni 2000 eingeleitet und am 17. Oktober desselben Jahres abgeschlossen wurde, erfolgten.

Bericht von Antonio Colella über die Krankheit seines Sohnes Matteo

Um ungefähr halb elf Uhr des 20. Januar 2000 erhalte ich das Telefon meiner Frau, die mich aufgeregt bittet, mich zur Schule Matteos zu begeben, denn die Lehrerin habe sie benachrichtigt, dass es unserem Sohn nicht gut gehe.

In der Schule angekommen, sehe ich Matteo am Heizkörper stehen. Er zittert, sei es aus Angst, sei es wegen des Schüttelfrosts, weil das Fieber steigt. Zu Hause angekommen, lassen die Schauer zum Teil nach. Die Körpertemperatur beträgt in der Achselhöhle 38,5°, das Bewusstsein ist vorhanden, ohne weitere subjektive oder objektive Symptome. Deswegen verabreiche ich ihm nur ein Zäpfchen Tachipyrin von 500 mg.

Nach ungefähr einer Stunde steht er auf, um sich zu entleeren, und er erbricht sich (die Frühstücksmilch) im Badezimmer.

Trotz der Therapie bleibt das Fieber stets hoch.

Matteo bleibt lieber nüchtern im Bett, um den ganzen Nachmittag hindurch zu schlafen.

Ich lege mich in seiner Nähe hin.

Um 17.00 Uhr ist seine Temperatur auf 39° gestiegen. Ich verabreiche ihm ein weiteres Tachipyrin-Zäpfchen und warte die Zeit ab, bis es wirkt.

Einstweilen ist Matteo immer bei klarem Verstand, sagt, es gehe ihm ein wenig besser, und fragt mich, ob er in die Schule zurückkehren solle.

Nach ungefähr einer Stunde steigt das Fieber auf 40,2°. Nun rufe ich den Kollegen Donato Antonacci an und bitte ihn, mir Novalgin zu bringen, da ich keines habe; inzwischen lege ich mit Alkohol getränkte Tücher an die Wurzel der Glieder.

Donato bringt mir sofort die Medizin, und ich verabreiche um die zehn Tropfen davon. Unterdessen telefoniere ich dem Kinderarzt Michele Pellegrino, er solle Matteo untersuchen. Ich weiß nicht, weshalb ich die Hilfe eines Kollegen erbeten habe; das war in diesen Jahren nie vorgekommen; aber ich fühle, dass etwas da ist, das mir keine Ruhe lässt; ich habe das Bedürfnis, das Gutachten eines Spezialisten zu vernehmen.

Michele sichert mir zu, wenn er seinen Dienst beendigt haben werde, werde er vorbeikommen.

Nach einer halben Stunde sinkt das Fieber auf ungefähr 38°; Matteo teilt mit, er fühle sich viel besser.

Plötzlich sagt er zu mir, es sei ihm, als schwebe er.

Dieses Gefühl erschreckt mich, und ich rufe wieder Donato Antonacci an, um einen unmittelbaren Trost zu haben und eventuell eine Hilfe im Fall eines Entscheides, Matteo ins Krankenhaus zu überführen.

An diesem Nachmittag bin ich mit Matteo und Alessandro allein zu Hause, denn meine Frau ist in Foggia für den Befähigungskurs.

Als Donato zurückkehrt, geht es Matteo gut, und es gelingt diesem, Donato das Versprechen abzunötigen, eine Pizza zu erhalten, wenn das Fieber vorbei sein werde.

Um 19.30 kommt Michele Pellegrino, der Matteo gründlich untersucht, ohne etwas Krankhaftes zu finden. Das Kind muss sich nicht mehr erbrechen und weist am Leib keine Flecken auf, keine Genickstarre und auch kein Symptom, das auf eine Hirnhautentzündung oder ein Problem mit dem Hirn hindeuten würde. Das einzige schlimme Zeichen ist die leichte Gefühllosigkeit, die sich aus dem hohen Fieber erklären lässt.

Michele geht weg und rät mir, ihn über jede Veränderung des Krankheitszustandes zu informieren.

Um 20.30 kehrt Maria Lucia, meine Frau, zurück, grüßt beim Eintritt ins Zimmer Matteo und ruft ihn an, aber das Kind erkennt sie nicht.

Wir geraten in einen Spannungszustand, aber führen ihn auf unsern Halbschlaf zurück.

Als sie ihn auf den Hals küsst, bemerkt meine Frau rötliche Fleckchen; erschrocken ruft sie mich und sagt, das Kind habe Hautblutungen.

Um sie nicht zu erschrecken, lüge ich unverschämt und sage, sie gingen auf den Alkohol zurück, den ich vorher eingerieben hatte, gleichzeitig aber bitte ich sie, sich bereitzumachen, um mit Matteo zu Untersuchungen ins Krankenhaus zu fahren.

Bevor ich wegfahre, unterrichte ich den Doktor Pellegrino, dass ich das Krankenhaus aufsuche, weil auf der Brust Hautblutungen aufgetreten seien, und wir benachrichtigen auch eine Freundin der Familie, Dora, und bitten sie, Alessandro, unsern älteren Sohn, für einige Stunden bei sich aufzunehmen.

In der Notfallstation angekommen, ist Matteo schläfrig und spricht kaum auf die verbalen Anreize an; ich lege ihn auf die Tragbahre, und wir bringen ihn in Eile in die Kinderklinik.

Während der Fahrt von der Notfallstation zur Kinderklinik wird Matteo wieder voller Hautblutungen, die sich zusehends ausbreiten.

Doktor Maccarone, der diensttuende Kinderarzt, erwartet Matteo im Wachlokal, denn er wurde vom Doktor Pellegrino informiert. Als wir Matteo entkleiden, um ihn zu untersuchen, werde ich mir der Tragödie bewusst, die sich vor meinen Augen abspielt: Der ganze Körper ist nun voller Hautblutungen, die sich sichtlich erweitern. Es ist die in den Blutgefäßen verstreute Gerinnung, welche die Hautschäden verursacht.

Wir rufen den Reanimator, Doktor De Negri, um eine Ader zu fassen, denn Matteo ist nun schon in einem Schockzustand. Sowohl Doktor Pellegrino als auch Doktor Gorgoglione kommen. Man nimmt hämatochemische Blutentnahmen vor und beginnt eine antibiotische Therapie (Rocefin 1 g.im und 2g ev) und verabreicht Cortison (100 mg Flebocortid).

Ich frage Michele Pellegrino, wie es Matteo gehe, und er antwortet mir, dass die klinische Situation sehr schlimm sei, denn es bestehe ein begründeter Verdacht einer schweren bakteriellen Sepsis. Ich frage, ob es sich um das Waterhouse-Friderichsen-Syndrom handle. Michele nickt zustimmend. Ich schicke voraus, dass ich dieses sehr seltene Syndrom kenne, schon deswegen, weil es, als ich es in der Pathologie und in der medizinischen Klinik studierte, mich in einen unbeschreiblichen Angstzustand versetzte wegen der Heftigkeit der Entwicklung und der abstoßenden Fotografien der Patienten.

Ich war nie hypochondrisch; während der Universitätsjahre habe ich stets geraucht, ohne Lungenkrebs zu befürchten, obwohl ich in den zu lernenden Krankheitsbildern oft auf ihn stieß, aber an die Meningokokken-Sepsis erinnere ich mich immer noch mit Grausen.

Meine Frau und ich sind verzweifelt, und wie ich glaube, alle, die um uns herum sind.

Matteo gegenüber, der sich nach uns umblickt, tun wir, als ob nichts Schlimmes vorliege.

Plötzlich sagt er zu uns laut, wenn er reich werde, werde er alles den Armen geben; es ist ein spontaner Ausspruch, der uns alle erstaunt.

Dann ruft er nach dem Diener, weil er Sprudelwasser wünscht.

Doktor Gorgoglione nimmt an ihm die Lumbalpunktion vor, um Flüssigkeit zu entnehmen.

Inzwischen treffen die Ergebnisse der hämatochemischen Untersuchungen ein.

Ich lese sie vom Gesicht des Kollegen ab, dem sie vom Laboratorium telefonisch gemeldet wurden.

Er übermittelt sie mir, aber nun kann ich nicht mehr vernünftig denken; ich erinnere mich nur an den Blutplättchen-Wert: 13.000. Matteo wird in die Reanimationsstation II verlegt.

Während der ganzen Hospitalisierungsperiode bleibe ich bei Matteo, mehr als Vater denn als Arzt, denn ich verlasse mich in diesem Punkt nur auf die Kollegen und auf Gott.

Ich habe während aller Tage und Nächte, die ich im Krankenhaus verbrachte, bloß zu Jesus, zu Maria und zu Padre Pio gebetet.

Ich lebe in dieser Periode in Angst, denn ich weiß, dass ich von einem Moment zum andern Matteo verlieren kann, im bangen Warten auf die Ergebnisse der hämatochemischen Untersuchungen, des Röntgenbildes der Brust, der Diurese und sämtlicher Parameter der Herz-Lungen-Funktion, die auf dem Monitor angegeben werden.

Es gelingt mir nicht, bei klarem Verstand zu bleiben, wenn die Kollegen mir aus Höflichkeit die Befunde der verschiedenen hämatologischen und radiologischen Untersuchungen zeigen, sondern ich suche bloß auf ihren Gesichtern einen Funken der Hoffnung zu erahnen.

In den ersten zehn Tagen der Hospitalisierung ist das vergeblich; alle sind sehr abgeneigt, in mir Illusionen zu wecken. Ich erinnere mich in großer Angst an das Gesicht des Chefarztes, Doktor De Vivo, als ich am Freitagmittag, 21. Januar, ich glaube um 13.00 Uhr, mich an der Box zeige, in der mein Sohn liegt und wo der Chefarzt damit beschäftigt ist, den Körper Matteos zu desinfizieren, um die andere Oberschenkelvene für die Blutfiltration zu nehmen.

Er dreht sich zu mir um und weicht meinem Blick sofort aus, ohne einen Gruß anzudeuten.

Nun sehe ich ein, dass es mit Matteo zu Ende geht. Ich rufe meine Schwester an und sage ihr, sie solle unverzüglich kommen.

Ich kehre in die Endo-Urologie zurück, wo sich meine Frau mit ihren Brüdern aufhält. Ich sage ihnen nichts von meinem Eindruck, dass alles zu Ende ist, und ich fühle, wie ich ohnmächtig werde.

Da mein Blutdruck gefallen ist, muss ich mich auf eine Tragbahre legen und verweile dort ungefähr eine Stunde weinend und betend.

Ich kehre zur Reanimation zurück, und eine Krankenschwester, Angela Frattaruolo, sagt mir, Matteo habe sich von einem Herzstillstand gänzlich erholt. Ich schicke voraus, dass ich während des Vormittags mich sehr zurückhielt; ich näherte mich meinem Sohn nicht, weil ich die Kollegen in Ruhe arbeiten lassen wollte, ohne, wenn auch nur psychologische, Einmischungen.

Deswegen weiß ich, abgesehen von der Episode mit dem Chefarzt, nicht, was vor sich ging.

Nun erkundige ich mich, ich erinnere mich nicht, bei welchem Kollegen, und dieser berichtet mir, dass Matteo am Morgen eine Verschlimmerung des Schockzustandes mit einem ansehnlichen Lungenödem und stark verlangsamter Herztätigkeit erlitten habe, macht mir aber auch verständlich, dass man, obwohl sich die klinische Situation gebessert hat, sich keine Illusionen machen solle.

Zu einer ähnlichen, weniger schlimmen Situation kam es am Sonntag, 23. Januar.

Alle diese Tage, sei es in der Reanimationsstation, sei es in der Pädiatrie, verbringe ich im Gebet und in der Aufopferung meines Lebens für das Matteos.

Jetzt, in zeitlicher Distanz, treffe ich immer noch Bekannte an oder solche, die ich bloß vom Sehen kenne oder überhaupt nicht, die mich anhalten, nach Matteo fragen und mir sagen, sie hätten viel für ihn gebetet.

San Giovanni Rotondo
14. Mai 2000

Bericht von Maria Lucia Ippolito über die Krankheit ihres Sohnes Matteo

Jesus, du hast gesagt: «Man zündet nicht eine Lampe an und stellt sie unter einen Eimer, sondern auf einen Leuchter, damit sie allen leuchte im Haus» (Mt 5,15).

Auf den Rat des Padre Giacinto hin habe ich mich deswegen entschlossen, über das wunderbare Geschenk zu berichten, das du in diesem langen, unglaublichen Monat vom 20. Januar bis zum 26. Februar unserer Familie machen wolltest.

Ich blicke auf dein Bild, das mir in diesen Tagen Kraft und Hoffnung gab, und ich weiß, dass mein Leben — das schon vorher von dir durchdrungen war — sich jetzt nicht mehr abwickeln kann, ohne gänzlich dem unglaublichen Mysterium deiner Passion, deines Todes und deiner Auferstehung geweiht zu sein. Obwohl das nicht leicht sein wird.

Du hast mir das überaus große Geschenk des Wunders gemacht, aber vor ihm die größte Gnade, den Glauben, geschenkt.

Du hast mir in deiner unendlichen Güte Matteo zurückgegeben.

Du hast uns großmütig erwählt und uns gesegnet, ohne irgendein Verdienst von unserer Seite.

Du hast, als du uns deine Liebe schenktest, nicht auf unsere Sünden geschaut, sondern es verhielt sich so, wie der Psalmist gesagt hat: «Ich rief zum Herrn in meiner Not, und er hat mich erhört» (Ps 120,1).

Und heute kann ich, vor dem heiligsten Sakrament kniend, nur wiederholen: danke, danke für dein unendliches Erbarmen! Dank sei dir und deiner liebreichen Mama, die Matteo in den Armen hielt, sich unser erbarmte und dich bitten wollte, meinen Mutterschmerz zu lindern. Dank sei dir, Herr, denn du stehst allen bei, die dich suchen, wie geschrieben steht: «Du hast mein Klagen in Tanzen verwandelt, hast mir das Trauergewand ausgezogen und mich mit Freude umgürtet» (Ps 30,12):

Lieber Padre Pio, *Te Deum laudamus.*

Ich will mich an dich wenden, wie ich das in Briefen an dich gelesen habe.

«Wie viele Gnaden hat Jesus in diesem Unwetter gewährt!», sagt Raffaelina Cerase, und ich wiederhole: in diesem so wirren Moment meines Lebens!

Lieber Padre, sanfter und liebevoller Schatten, du hast mich und meine Familie von jeher unter deinen Schutz gestellt — du wirst ja den, der sich als schlichtes und hoffnungsvolles Kind an dich wendet, nie im Stich lassen. Du hast auf meinen Schmerz geblickt und meine armseligen Gebete zu Gott getragen.

Dank sei dir für deinen Schutz.

Ich blicke auf Matteo, der aufmerksam und interessiert in der Play-Station spielt und mit seiner keineswegs anders tönenden, sondern gleichgebliebenen Stimme mit mir von all dem spricht, was am schicksalhaften 20. Januar jäh abgebrochen wurde — als ob dieser nicht enden wollende Monat nie gewesen wäre, als ob seine schreckliche Krankheit nie ausgebrochen wäre.

Und so sage ich mir, dass der Schmerz, den ich erlebte, nur ein schlimmer Traum war, der in der Klarheit seiner Augen verschwindet.

Das gewaltige Drama, das ich durchmachte, verliert sich in seinem sanften, geliebten Gesicht, das wieder voller Leben ist.

Mögen die Menschen urteilen wie sie wollen, ich selber bin sicher, dass die Rückkehr Matteos zum Leben Werk Gottes ist, Werk seiner Barmherzigkeit und deiner Fürsprache, deines Gebetes bei ihm, Padre Pio.

Die Träume und das erste Zeichen

Vor ungefähr anderthalb Jahren hatte ich einen überaus schönen Traum.

Ich befand mich in der Krankenabteilung des Klosters, um zu beichten, und plötzlich hörte ich, wie mehrere Stimmen sagten: «Padre Pio kommt, Padre Pio kommt.»

Ich wurde von einem mir nicht bekannten innersten Schmerz erfasst und kniete heftig weinend nieder.

Einen Augenblick später war der Padre bei mir angekommen und fragte mich sanft: «Warum weinst du?» Und ich: «Ich weiß es nicht.»

Da streichelte Padre Pio mit der rechten Hand — an deren Wärme wie die eines seidenen Handschuhs ich mich noch erinnere — meine Wange und sagte: «Wovor hast du Angst? Ich bin bei dir; ich werde dir immer nahe sein.»

Vor sechs, sieben Monaten hatte ich einen andern Traum.

Ich befand mich in einem mir unbekannten, beängstigenden Friedhof.

Während mich die Angst schüttelte, erschien der Padre von neuem und fragte mich: «Was machst du hier?», worauf ich bloß die Schultern hob und mich schreckensvoll umschaute.

Padre Pio lächelte mich an und sagte zu mir im Dialekt: «Laufe, bewege dich, geh von hier weg, das ist nichts für dich! Nur Mut! Du vorn und ich hinten, gehen wir hier hinaus!»

Ich erwachte erschrocken und dachte, es werde etwas Gefährliches vorfallen.

Später, einige Tage vor Ende August, trat ich nach einer banalen Auseinandersetzung mit meinem Mann — die uns in Zorn geraten und mich die Hilfe des Padre anrufen ließ — mit Tränen in den Augen in mein Schlafzimmer. Da roch ich gut zweimal einen überaus süßen und herrlichen unnatürlichen Duft von Rosen und Veilchen zusammen.

Ich ging erschrocken herum und stellte fest, dass nichts da war, das diesen Duft von sich geben könne.

Ich begab mich sogar auf den Balkon, da ich dachte, der Duft könnte von dort her kommen, aber das war nicht der Fall.

Ich rief sogleich meinen Mann, und als er ins Zimmer getreten war, fragte ich ihn, ob er einen seltsamen Duft rieche.

Antonio antwortete mir: «Ja, von Blumen, aber was soll das?» Dann ging er ruhig weg.

Unterdessen war dieser Duft verschwunden, und erst dann kam mir der Gedanke an Padre Pio. Ich wurde mir bewegt bewusst, dass das ein Zeichen von ihm sein könne und er mir sicherlich sagen wolle, dass er mir nahe sei.

Ich hätte nie geglaubt, dass uns all das erwartete, was mit der Krankheit Matteos auf uns zukommen sollte.

Das Weihnachtsbriefchen

Heute, am 19. Februar 2000, ist es ein Monat her, sind es genau dreißig Tage seit dem schrecklichen Donnerstag, 20. Januar. Matteo hat hier im Kinderkrankenhaus lange mit Alessandro gespielt, Mozzarella, Rohschinken und Rigatoni al sugo gegessen.

Ich kann nur wiederholen: «Danke, Herr, danke!», und mich in Matteos Augen spiegeln, die viel tiefer, viel grauer, heller geworden sind. Sie erhellen mir das phantastische Mysterium des Erbarmens Gottes, der mütterlichen Liebe Marias, der «Liebesprüfung» des Herrn, die wir bei diesem Leid mit Mut und Glauben annehmen und durchleben mussten.

Aber nicht nur seine Augen sind vielsagend, sondern auch alles an ihm, auch das, was er äußert.

Als ich ihn bat, sich Mühe zu geben, um bald wieder gesund zu werden, antwortete er: «Nur Gott weiß, wann ich genesen soll» — wie ein alter Weiser. Und ein paar Augenblicke danach fügte er, sich mir zuwendend, hinzu: «Ich habe jetzt zwei Geburtstage; den 4. Dezember und den 31. Januar, denn ich bin zweimal geboren. Und du weißt doch, Mama, was genesen für mich heißt — mit *einem* Wort: leiden.»

Ich blickte ihn an, verwirrt durch das, was er in merkwürdiger Natürlichkeit zu mir gesagt hatte, und fragte ihn: «Warum sagst du das, Matteo? Wenn ich, deine Mutter, an deiner Stelle hätte leiden können, hätte ich es von ganzem

Herzen und voll Liebe getan. Ja, ich hätte mein Leben für dich dargebracht. Alle — Papa, die Onkel, die Großeltern — wären gern an deiner Stelle gewesen.»

Und Matteo fügte mit ernster Miene hinzu: «Nein, Mama, ich war es, der leiden sollte.»

Auf diese Worte hin, die seiner gewohnten Ausdrucksweise so fern standen, fühlte ich, wie mich ein Schauer durchlief, und ich hatte das deutliche Gefühl, dass jemand Größerer sie ihm eingegeben habe.

Nach einigen Minuten fragte ich ihn, was er mir habe sagen wollen, aber Matteo hob nur die Schultern, denn es gelang ihm nicht, mir irgendeine Erklärung zu geben. Da erinnerte ich mich an das, was mir ein lieber Priester, Don Biagio, gesagt hatte: «Matteo ist ein Zeichen der Verbindung und Bekehrung für ihre Familie und für die anderen, für die, die um sie herum sind.»

Und ich erinnerte mich an noch etwas Unglaubliches, was vor einiger Zeit vorgefallen ist und dem ich erst jetzt Bedeutung zuschreiben kann.

Es war im Dezember, einige Tage vor den Weihnachtsferien.

Nachdem er seine Aufgaben gemacht hatte, hieß ich Matteo ein Blatt nehmen, um das Briefchen an den Weihnachtsmann zu schreiben, das wir dann, wie gewohnt, in den Kamin legen würden.

Als Matteo die Feder in der Hand hielt, nahm er eine nachdenkliche Miene an, da er sich ganz darauf konzentrierte, was er sich als Weihnachtsgeschenk wünschen solle.

Aber nach kurzem Schweigen richtete er an mich eine seltsame Bitte: «Mama, für diese Weihnacht will ich keine Geschenke; ich will das Jesuskindlein kennen lernen.»

Ich blickte ihn ein wenig verblüfft an und gab ihm zur Antwort: «Du bist noch zu klein, um Jesus zu kennen, dazu kommt es in hundert Jahren, wenn du, uralt, sterben wirst. Nun ist es noch verfrüht, zu Jesus zu gehen, auch deshalb, weil du Jesus in jedem Menschen sehen kannst, der neben dir ist.»

Die Bitte Matteos hatte mich ein wenig verfinstert, doch sofort tat ich von meinem Herzen jedes negative Gefühl ab, und wir schrieben das Weihnachtsbriefchen mit ganz normalen Bitten um Spielsachen als Geschenk.

Erst als Matteo im Januar im Koma lag, vernahm ich von der Lehrerin Concetta, dass er am Tag danach auch in der Schule im Klassenheft den gleichen Wunsch formuliert hatte: Jesus zu erkennen.

Und erst dann habe ich begriffen, dass ein Größerer als wir sein Herz berührt und mir ein Zeichen gegeben hatte.

Ich glaube fest, dass Gott gewillt ist, durch besondere Zeichen sich uns armseligen Sterblichen mitzuteilen, und ich glaube auch, dass das Öffnen unseres Herzens sie zu empfangen ermöglicht. Am betreffenden Tag aber war ich nicht bereit, an eine Botschaft zu glauben, die mich auf eine große Prüfung vorbereiten sollte.

Genauso war es, als Matteo im September, eine Woche vor dem Tod meines Schwiegervaters, kaum von mir zu Bett gebracht, in Panik und Weinen ausbrach. Ich suchte ihn zu trösten, fragte ihn nach dem Grund seiner Tränen, und er erklärte mir schluchzend, er wolle nicht mit dem Großvater ins Paradies gehen.

Ich versuchte dann, ihn zu beruhigen, und versicherte ihm, er sei noch zu klein, um mit dem Großvater Alessandro in den Himmel zu gehen.

Er aber hörte nicht auf mich und wiederholte, der Großvater wolle ihn holen und mit sich nehmen.

Wer weiß, was sein Herz zu erfassen verstand!

Jetzt, erst jetzt fühle ich mich imstande, Worte und Ereignisse wie vorherbestimmte Stücke eines im Himmel schon bekannten Puzzle miteinander zu verbinden.

Was am 20. Januar 2000 geschah

An diesem Tag beginnt das ungewöhnliche Abenteuer meiner Familie, der schreckliche Alptraum, der dann wie eine Fabel endete.

Um 20.30 Uhr kehre ich von Foggia zurück, über das hohe Fieber Matteos besorgt, das seit dem frühen Nachmittag dauert und von dem mein Mann kurz vorher gesprochen hatte, als er mich auf dem Handy anrief.

Schon am Morgen hatte die Lehrerin Matteos mich in der Schule davon in Kenntnis gesetzt. Sie sagte mir, das Kind spreche von einem starken Kopfweh, und ich war, zur gleichen Zeit wie mein Mann, hingeeilt, um zu sehen, wie es ihm gehe.

Aber außer dem Fieber wies das Kind keine weiteren Symptome auf, so dass wir an eine leicht zu behandelnde banale Influenza dachten.

Das Fieber war aber während der ganzen Zeit hoch geblieben; das Kind hatte sich auch erbrochen, und darüber wollte mich mein Mann telefonisch informieren.

Im Kinderzimmer angekommen, finde ich Matteo mit ins Leere starrenden Augen, und als ich ihn anrede, erkennt er mich nicht.

Antonio sucht mich zu beruhigen: Das Kind sei außer von ihm vor kaum einer halben Stunde auch von einem befreundeten Kinderarzt untersucht worden, ohne dass irgendein besonderes Indiz auszumachen war (keine Flecken, keine Genickstarre). Dennoch werde ich von Panik gepackt; es ist mir, jemand sage, die Situation sei gefährlich.

Ich nähere mich Matteo, um ihm links auf den Hals einen Kuss zu geben, und als ich ihm den Kragen des Pyjamas herunterstreife, bemerke ich, dass er mehr oder weniger große violette Flecken aufweist.

Höchst erschrocken rufe ich Antonio und sage zu ihm: «Schnell, komm und sieh, das Kind hat Petechien, hat die CID.» Ich verwende spezifische Begriffe für ein seltenes, sehr schlimmes Syndrom (in den Blutgefäßen verbreitete Koagulation), an das zu denken ungewöhnlich ist, vor allem deshalb, weil ich ihm zwar vor schon so vielen Jahren in einem medizinischen Traktat über Krankheiten begegnet war, es aber in der Folge nicht mehr studiert hatte, obwohl zur Zeit des Doktoratskurses dieser so seltene und schreckliche

Krankheitsfall in mir eine unerklärliche und übertriebene Angst hinterlassen hatte.

Diese meine aufgeregten Worte sind jedoch eine Alarmglocke.

Mein Mann kommt schleunigst zu Matteo und ruft sogleich den Doktor Pellegrino an, und wir beschließen, einige Sachen zusammenpackend, in Eile das Krankenhaus aufzusuchen, nachdem wir Alessandro auf der Straße bei einem Freund, Nicola, zurückgelassen haben.

Es vergehen ungefähr fünfzehn Minuten.

Wir kommen auf der Notfallstation an, legen das Kind auf die Bahre und bringen es schnell in die Kinderklinik, wo wir ein paar Minuten nach 21.00 Uhr ankommen.

Mein Herz krampft sich immer mehr zusammen und wohl auch das Antonios.

Ich habe das Gefühl, dass etwas Schreckliches vorfällt, auch deshalb, weil die Flecken immer zahlreicher und größer werden in einer beängstigenden Schnelle, worin sich zeigt, wie schlimm sie sind. Ich ersehe das auch aus den schreckerfüllten Augen der Ärzte und des Personals, die sich Matteo nähern.

Als wir in die medizinische Abteilung der Kinderklinik kommen, ist das Kind schon im Schockzustand, und es gelingt nicht, bei ihm eine Vene zu finden, um die dringliche Therapie zu beginnen.

Trotzdem spricht Matteo weiter; er ist noch wach; nach der kurzen Periode der Bewußtseinsstörung hat er sich erholt und verlangt nach einer Pizza und nach Sprudelwasser, während er schreit, denn der schwierige Versuch, die Nadel in eine Vene einzuführen, schmerzt ihn. Ich bin bei ihm und höre, wie er ein weiteres Mal um Sprudelwasser bittet: «Wie sagt man, Papa: "Kellner, Kellner, ich will Sprudelwasser"?»

Er hat solchen Durst, wegen des Schocks, und ich werde mir immer mehr bewusst, dass die Tragödie, die vor sich geht, irreversibel ist.

Ich bin daran, meinen Sohn, mein Kind zu verlieren, und ich kann nichts machen, ich fühle die Kräfte schwinden, falle aber nicht um; ich bleibe da, unbeweglich, und bete schweigend, unter zahlreichen Tränen, die von selbst fallen: «Jesus, hilf mir, Jesus, hilf mir; Jesus, Maria, lasst mich nicht im Stich!»

Inzwischen sagt Matteo, dem Papa zugewandt, einen unglaublichen, wunderschönen Satz: «Papa, wenn ich einmal erwachsen bin, will ich reich werden, um alles den Armen zu geben.»

Dieser Satz ergreift mich, trotz der Gewissheit, dass Matteo am Sterben ist — wie er merkwürdigerweise auch den Doktor Gorgoglione ergreift, und dieser selbst wird ihn, viele Tage später, mir erwähnen.

Ich verstehe und interpretiere diese Aussage als ein von Jesus gegebenes Zeichen, dass das Kind heranwachsen wird, und ich flehe ihn wiederholt an: «Herr, komm in deiner Güte uns zu Hilfe!»

Mein Mann heißt mich in den Korridor hinausgehen, denn die Situation überstürzt sich, und dort habe ich nur die Kraft, unter Schluchzen meine Brüder zu informieren, dass das Kind am Sterben ist, und in meiner Brieftasche nach den Gebetszetteln zu suchen, die ich stets bei mir habe.

Ich finde zitternd das Bild Jesu — das des göttlichen Erbarmens —, wie er Schwester Faustina erschienen ist.

Ich beginne zu beten, das Rosenkränzlein der göttlichen Barmherzigkeit zu beten, die dem Evangelium entnommenen Worte zu wiederholen, die unten an der Seite stehen: «Was ihr vom Vater erbitten werdet, das wird er euch geben, in meinem Namen» (Joh 16,23), den Satz zu wiederholen, den Jesus in einer seiner Erscheinungen an Schwester Faustina Kowalska gelehrt hat: «Jesus, gegen alle Hoffnung vertraue ich auf dich.»

Ich beginne, anhaltend Padre Pio anzurufen, ihn um sein Gebet, seine Hilfe anzuflehen.

Unterdessen wird Matteo nach einer fieberhaften Beratung zwischen Kinderärzten und Reanimatoren auf der Bahre zum Aufzug gebracht, um in die Reanimationsstation überführt zu werden.

Ich blicke ihn entmutigt ein letztes Mal an, während sich die Aufzugstür schließt. Erst in zehn Tagen werde ich sein Gesicht und sein gepeinigtes Körperchen wieder sehen können.

Die Nacht geht langsam vorbei, denn die Minuten und Sekunden dauern so lange, wie ich es vorher nie erlebt hatte.

Doktor Pellegrini, der in all diesen Tagen bei uns bleiben wird, und mein Mann gehen wiederholt in die Tür zur Reanimation hinein und hinaus im Versuch, Informationen über das Kind zu erbetteln.

Mein Bruder Nicola und ich bleiben zum Beten zurück.

Es ist eine Nacht der Anrufungen des Herrn, Marias, Padre Pios, der Erzengel, des heiligen Giuseppe Moscati, der Seelen im Fegfeuer.

Und die Worte, die ich am meisten wiederhole, lauten: «Jesus, du hast gesagt, dass das Gebet Gott nachgiebig mache, erhöre mich! Du hast gesagt, bittet, und ihr werdet empfangen, rette Matteo! Du kannst alles, erwecke Matteo, wie du es bei Lazarus getan hast!»

Und jede Stunde, die vorübergeht, ist eine Hoffnung, die sich gegen die Gewissheit entzündet, dass der Schlag, der meinen Sohn getroffen hat, tödlich und schrecklich ist.

Ich wiederhole unablässig das Stoßgebet, das Padre Pio bei seinem Tod sprach: «Jesus und Maria, Jesus und Maria.»

Diese nicht enden wollende Nacht durchbohrt unsere Herzen.

Am Morgen gehe ich in die Endo-Urologie, wo man mir zu bleiben erlaubt, um Nachrichten über das Kind abzuwarten.

Unterdessen beginnt eine endlose Prozession von Freunden, Bekannten, Verwandten, Priestern, an die ich mich nur wenig erinnere.

Was mir aber klar im Gedächtnis haftet, ist die feste, dringende ausdrückliche Bitte an alle Einzelnen, zu beten, die Bitte um Gebete für Matteo, um Gebete, die bei Gott ankommen.

Ohne dass mir jemand etwas davon sagt, werde ich am Vormittag inne, dass die Situation sich verschlechtert, ich entnehme das verstörten Gesichtern und seltsamen Anspielungen.

Aber ich bitte weiterhin um Gebete, darum, dass man Christus anfleht, um seiner schmerzlichen Passion willen, um seines kostbaren Blutes willen, dieses Wunder zu wirken. Ich weiß, dass ich das nicht verdiene, aber ich wiederhole ihm, dass sein unendliches Erbarmen auch den schwärzesten Seelen gestattet, um Hilfe zu bitten.

Ich bete zu Maria, zur Schmerzensmutter, um des Kalvarias ihres Sohnes willen mir — der unwürdigen Mutter — zu gewähren, durch mein Kalvaria hindurch zum Leben zu gelangen.

Ich bitte Padre Pio, sein mächtiges Gebet, seine wirksame Fürsprache einzusetzen, damit Matteo am Leben bleibt.

Unterdessen geht in der Reanimationsstation II — wie ich erst nachher entdecken werde — vieles vor sich.

Am Vormittag ist bei Matteo die Herztätigkeit stark verlangsamt, der Blutdruck lässt sich nicht mehr messen, die Venen mit den Kathedern bluten wegen der Koagulation, seinem Mund entfließt rötlicher Schaum wegen des Lungenödems infolge der Herzdekompensation.

Ich weiß von all dem, was vor sich geht, nichts, entnehme jedoch den erloschenen Blicken der befreundeten Ärzte in unserer Nähe, dass die Lage sehr schlimm ist.

Am Freitagabend bitte ich die Sakristaninnen Tiziana und Maria, mir zu erlauben, in der Zelle Padre Pios und an seinem Grab zu beten.

Pater Rinaldo lässt beide öffnen, und ich habe das Privileg, vor dem Bett Padre Pios und auf dem Granitblock über seiner Leiche niederzuknien und zu beten.

Ich war an meinem Hochzeitstag in die Zelle des Padre getreten, um sein weites Herz zu bitten, die im Entstehen begriffene Familie zu schützen und zu segnen.

Nun bitte ich ihn, sie nicht zugrunde gehen zu lassen, unsere armseligen Gebete dem Herrn zu überbringen, unser Wehklagen ihm, dem Allmächtigen, zuzuleiten und mir nicht meinen Engel wegzunehmen.

Um 20.30 Uhr abends erlauben mir Pater Marciano und die anderen Patres, auf dem Grab des Padre knien zu bleiben und mit ihnen zusammen den Rosenkranz zu beten.

Den Rosenkranz, «diese mächtige Waffe», wie Padre Pio sagte.

Als ich, das Gesicht auf den kalten Granit gedrückt, bete, sehe ich mit geschlossenen Augen in Schwarz und Weiß einen Ordensmann mit Bart, der entschieden auf ein Bett zugeht und mit beiden Händen das starre Körperchen eines Kindes mit einem Ruck emporhebt, um es auf die Füße zu stellen.

Nur einen Augenblick lang!

Ich öffne und schließe die Augen in der Hoffnung, zu sehen, dass diese Szene sich fortsetzt. Aber es gelingt meinem Geist nicht mehr, Bilder zu produzieren; es herrscht Dunkel, während mein Herz stark zu schlagen beginnt.

Ich erfasse, dass dieser Ordensmann der Padre ist, und dass er vielleicht, als ich hier, oberhalb seiner Leiche kniete, meinem mütterlichen Schmerz hingegeben, mir sagen wollte: «Ich werde Matteo aufstehen helfen.»

Ich glaube das, ganz fest; ich werfe mir zwar vor, unvernünftig zu sein, aber ich glaube das und wiederhole: «Jesus, ich vertraue auf dich gegen alle Hoffnung.»

Und so beginne ich zu denken, dass auch das ein Zeichen ist, so wie die in den vorhergehenden Monaten erfolgten Zeichen.

Ein Zeichen, als auch das ungestüme Bedürfnis, zu beten, Gott zu erkennen, das mich seit ungefähr zwei Jahren erfasst hatte und mich in der letzten Zeit drängte, voller Eifer die Kirche, die Messe zu besuchen, mich religiösen Lektüren hinzugeben — Evangelium, Vesper, Laudes, Heiligenbiographien und dann die Briefsammlungen des Padre Pio.

Diese Briefsammlungen lagen immer auf meinem Nachttischchen um auf meine Zweifel und Fragen zu antworten.

Ja, denn jedes Mal, wenn mich eine Ungewissheit, eine Prüfung, eine Traurigkeit packte, öffnete ich eines der

Bücher mit Briefen Padre Pios an einer zufälligen Stelle und fand dann in den Zeilen der betreffenden Seite die Antwort.

Und das kam am Freitagabend des 21. Januars vor, als meine Brüder mich vom Schmerz erschöpft nach Hause gebracht hatten. Die Gegenstände Matteos, die ich rund herum erblicke, seine Schultasche, seine Brille, sein Pyjama versetzen mich in einen solchen Zustand der Niedergeschlagenheit und Verzweiflung, dass ich mich bloß noch auf mein Bett zu werfen und zu schluchzen vermag.

Und hier wird mir an einem bestimmten Punkt bewusst, dass der einzige Trost, der mir außer der unablässigen Anrufung Jesu und Marias bleibt, der ist, nach der Briefsammlung zu greifen und sie, wie gewohnt, an einer zufälligen Stelle aufzuschlagen, um mit dem Padre in Verbindung zu stehen.

Die Worte, auf die mein Blick fällt, lauten: «Auf immer sei gepriesen der Vater der Waisen, weil er in seiner unendlichen Güte die arme Giovina wieder ins Leben gerufen hat. Ich verhehle Ihnen nicht, dass sie in äußerster Gefahr schwebte, mehr, als Sie sich vorstellen. Sie wurde den Schlünden des Todes entrissen; sie war bedingungsweise dazu bestimmt, dort oben zu den Eltern zu kommen. Nur die vielen Gebete verhinderten die Ausführung dieser Bestimmung.»

Diese Worte richtete Padre Pio an seine geistliche Tochter Raffaelina Cerase und sie betrafen deren erkrankte Schwester Giovina.

Langsam geht mir das Herz auf, und ich fühle eine neue, fast greifbare Hoffnung in mich fließen, welche die Härte der Wirklichkeit und die Gewissheit, dass Matteo in ganz schlimmem Zustand ist, tilgt.

Das Bedürfnis zu beten verstärkt sich, denn Padre Pio spricht von der «Kraft des Gebetes», von «die Ausführung verhindern», und ich glaube, dass auch für Matteo das gleiche der Fall sein kann; wir können die Ausführung verhindern, wenn wir beten.

Alle, die mich anrufen oder mich anreden, um über das Kind Auskünfte zu bekommen — Freunde, Eltern, Verwandte

—, bitte ich, zu beten, zu beten: «Beten wir, beten wir, nur Gebet kann Matteo retten.»

Zusammen mit meinem Bruder Giovanni gehe ich, obwohl es schneit, von einem Konvent zum andern, von einer Schwesterngemeinschaft zur andern, und bettle um Gebete, denn ich denke an Jesus, der gesagt hat: «Wo zwei oder drei in meinem Namen versammelt sind, da bin ich mitten unter ihnen» (Mt 18,20).

Und so beginnt sich auf mysteriöse und wunderbare Weise ein dichtes und weites Netz von Stimmen zu bilden, die den Herrn, Maria, die Heiligen, das ganze Paradies für Matteo um Hilfe rufen.

Wie ich erst später wissen werde, wird in Kirchen und Häusern zahlreicher Städte Italiens, an heiligen Orten wie Loreto, Assisi, ja in Lourdes, meiner Bitte entsprechend für Matteo gebetet.

Mir kommt immer wieder der Satz Padre Pios in den Sinn: «Das Gebet ist ein mächtiges Werkzeug, ein Schlüssel, der das Herz Gottes öffnet.»

Und diese Aussage des Padre drängt mich weiterhin und beständig, das Gebet einzusetzen, um das Erbarmen Gottes zu erflehen. Ich sage Jesus wiederum: «Du hast gesagt: "Ich will nicht den Tod des Sünders, sondern dass er sich bekehrt und am Leben bleibt" (vgl. Ez 33,11). Wenn das Leiden Matteos zur Bekehrung von mir, von Antonio und anderen führt, rette ihn!»

Samstag, 22. Januar

Am Morgen, als ich am Beten bin und den Herrn inständig um ein Zeichen der Hoffnung und des Wiedergutwerdens bitte, ruft mich eine Freundin, Antonietta, an und sagt mir, eine Krankenschwester, Grazia, eine Mutter, die vor einem Jahr mit ihrem Sohn Francesco etwas Ähnliches erlitten habe wie ich und sich vertrauensvoll auf den Willen und die Liebe Gottes verlassen habe, wolle mich treffen, um mir eine wichtige Botschaft zu übermitteln.

Ich stimme sogleich zu und lasse mich von Nunzia, einer anderen Freundin, zum Untersuchungslabor begleiten, wo Grazia arbeitet und, ohne dass ich es weiß, fortwährend die Befunde der Untersuchungen des Blutes meines Sohnes prüft.

Als ich ihr begegne, erfüllt mich ihr liebenswürdiges Gesicht sofort mit Ruhe. Wir stellen uns vor und ziehen uns für einige Sekunden in die Umkleideräume zurück.

Dort sagt sie mir, sie habe per Telefon mit einem Priester an der Kathedrale von Salerno gesprochen, der ein großer Beter sei und Padre Pio von Kindheit an gekannt habe.

Dieser mir unbekannte Priester habe ihr gesagt, für meinen Sohn gebe es einen Hoffnungsfaden, und dieser Faden sei das Gebet.

Diese Worte und dazu der Bericht Grazias über die Krankheit ihres Sohnes überzeugen mich endgültig, dass festes, aufrichtiges, vielstimmiges einhelliges Gebet Matteo zu retten vermag.

Am Abend dieses Tages bitte ich Maria und Tiziana, mich wiederum in die Zelle Padre Pios treten zu lassen. Pater Rinaldo öffnet sie, und ich habe noch die Freude, an dem vom Padre geheiligten Ort zu knien, um ihn zu bitten, uns zu segnen.

Ein heftiges, aber vertrauensvolles Weinen ergreift mich, während ich vor seinem Bett knie, an ihn meinen Hilferuf richte und das Leben Matteos der Kraft seines Gebetes anvertraue.

Und beim Gebet in dieser Zelle fühle ich nach und nach die Wärme der väterlichen Liebe Padre Pios, ich spüre, wie trotz des Dramas und meines Weinens ein Hauch des Trostes weht, ich verspüre seine schützende Gegenwart.

Dann gehe ich zur Krypta hinunter, und es wird mir wie gestern Abend zu bleiben gestattet, um zu meditieren und zu leiden. Zusammen mit den Ordensmännern bete ich den Rosenkranz, und als ich am Weggehen bin und mich anschicke, die Treppe hinaufzusteigen, packt mich einer von ihnen, Pater Giacinto, entschieden, aber liebenswürdig am Arm und sagt zu mir: «Haben Sie Vertrauen, haben Sie Vertrauen, Sie werden sehen, wir werden es fertigbringen.»

Dieses seltsam lächelnde Gesicht erheitert mein gequältes Innere, und ich werde inne, dass ich an seine Worte fest glaube.

Ich habe Vertrauen, Vertrauen auf die Allmacht Gottes, auf die Worte Jesu: «Klopft an, dann wird euch geöffnet» (Mt 7,8).

Ich will mich nicht gegen den Herrn auflehnen, ich unterwerfe mich seinem Willen, aber ich denke, als seine Tochter das Recht zu haben, an das Tor seiner übergroßen Liebe zu klopfen und zu bitten und zu flehen, mir — wie einst Abraham — meinen Isaak zu verschonen.

Kurz vorher hatte mir Pater Paolo, ein alter Mönch, der uns gut kennt und Padre Pio in dessen letzten Lebenstagen beistand, in einem Stücklein Papier eine Reliquie des Padre in die Hand gedrückt. Ich weiß nicht, um was es sich handelt, aber ich umschließe sie fest und denke, ich werde sie Matteo übergeben, damit er sie in der Hand hält. Ich hatte schon eine andere, die mir an diesem Tag von seiner Nichte Giovanna übergeben worden war: ein Stücklein Papier, wie das vorhergehende, das sie ebenfalls von Pater Paolo erhalten hatte. Und diese werde ich in den Händen und unter meinem Kissen halten, in allen diesen Tagen stets bei mir, wie in der Hoffnung, Padre Pio sei gleichzeitig bei mir und meinem Sohn — auch durch dieses kleine materielle Zeichen — und könne mich so mit Matteo verbinden, ihm meine Kraft und meine Liebe übermitteln, die ich ihm sonst nicht zukommen lassen könnte.

Von Freitag, 21. bis Mittwoch, 26. Januar, verbringe ich mit meinen Brüdern die Tage zwischen der Endo-Urologie und dem Grab Padre Pios, während mein Mann beim wehrlosen, gemarterten Körperchen Matteos den Rosenkranz betet.

Meine einzige Beschäftigung ist das Beten, Beten.

Wenn Freunde und Verwandte mich in Liebe und Mitgefühl besuchen, kann ich, wenn auch durch sie abgelenkt, nicht vom Beten ablassen, denn mir scheint, jedes Gebet weniger könnte meinem Sohn eine Hoffnung nehmen, alles andere als das Beten sei bloß Zeitverlust.

Sonntag, 23. Januar

Die Sakristanin Tiziana hat sich mit Frater Modestino auf Mittag verabredet.

Wir warten ein wenig in der alten Sakristei, dann empfängt uns der Frater.

Antonio und ich brechen in heftiges Weinen aus, aber Frater Modestino sagt mit seiner stammelnden Stimme, teils in Dialekt: «Habt Vertrauen, habt Vertrauen. Lehnt euch nicht gegen den Willen des Herrn auf, sondern betet. Und sagt Gott einfach: "Du hast ihn uns gegeben; und du musst ihn uns zurückgeben." Lehnt euch gegen den Willen des Herrn nicht auf. Betet! Ich opfere für Matteo mein Leben, ich opfere mein Leben und meine Leiden.»

Dann nimmt Frater Modestino das Kruzifix, das ihm Padre Pio geschenkt hat, und segnet uns. Dabei wiederholt er: «Habt Vertrauen, habt Vertrauen, lehnt euch nicht gegen den Willen Gottes auf. Ich habe Padre Pio gesagt: "Bete für Matteo, bete für Matteo, mach, dass das Wunder für deine Heiligsprechung ist. Du benötigst ein Wunder, um ein Heiliger zu werden, hilf Matteo, steige mit ihm auf den Altar." Ich bin sicher, dass das so sein wird. Matteo wird geheilt werden und Padre Pio auf den Altar bringen.» Wir grüßen den Frater und gehen aus dem Zimmer in den alten Korridor nahe der antiken Kirche, wo Padre Pio Jahre hindurch so viele Gläubige empfangen hatte.

Ermutigt durch die Worte des Fraters Modestino bitte ich dort den Padre schweigend, die tröstlichen Sätze dieses demütigen Fraters Wirklichkeit werden zu lassen und das Erbarmen Gottes anzurufen.

Inzwischen hat in diesen Stunden ein unbezähmbarer Drang mich veranlasst, zu beichten, zu kommunizieren und meine Brüder, meine Schwägerinnen, meine Eltern, meine Schwiegertochter, meinen Sohn Alessandro, der erst elf Jahre alt ist, zu bitten, das gleiche zu tun, denn ich bin gewiss, dass die Eucharistie der erhabenste Moment der Messe ist, die Gemeinschaft mit Gott, und auch der Moment, in welchem es leichter ist, durch die Passion seines geliebten Sohnes Jesus Christus um seine Gnaden zu bitten.

Ich fühle, dass die Eucharistie das beste Mittel ist, um die Gnade Gottes zu erlangen, und die Gnade Gottes ist die unerlässliche Bedingung, um seine Hilfe anzuflehen.

Am Abend dieses Sonntags kehre ich mit meinem Mann wieder in die Krypta zurück, um darin ein wenig Frieden zu finden. Wir bleiben unter der Treppe stehen und bitten Terenzio, einen alten Pater und starke Persönlichkeit, um sein Gebet. Er tröstet uns, indem auch er zu uns sagt: «Habt Vertrauen, betet, weilt in der Gnade Gottes! Meinerseits werde ich dem Herrn meine Buße aufopfern; jeden Abend werde ich hier sein, um für Matteo zu beten, statt mit den anderen Patres zum Abendessen zu gehen. Bitten wir den Herrn, dass dies das Wunder sein darf, das Padre Pio zu einem Heiligen erklären und ihn zu den Ehren des Altars erheben wird.»

Pater Terenzio ist sanft und gleichzeitig entschieden und Vertrauen erweckend, seine Worte und der Klang seiner Stimme sind packend, sein langer weißer Bart, seine über die Stirn gesenkte Kapuze erinnern mich an Padre Pio, und ich glaube ihm, ich glaube, dass ein Größerer als er ihn veranlasst hat, mir diese hoffnungsvollen Worte zu sagen.

Mittwoch, 26. Januar

Um 19 Uhr kehre ich wieder zurück, um — wie Gräber — die Stätten des Padre zu besuchen: die Zelle, das Grabmal, und ich bitte ihn, zu beten, damit mein Kind zu uns zurückkehrt, um unsere Tage zu erhellen und aufzuheitern.

Ich wiederhole mir seine Worte: «Erschrick nicht; du bist in dieser Agonie nicht allein.»

Von meinen Brüdern und meiner Schwägerin begleitet, begebe ich mich auch in den Chor unter das Kruzifix, vor dem Padre Pio die Stigmata erhielt.

In der Stille und im Halbdunkel, den Blick auf den leidenden Christus geheftet, beginne ich ein langes Zwiegespräch mit ihm und flehe ihn an, Matteo, der wie er mit gemartertem Leib, voll zahlreicher, tiefer, dunkler Wunden ist, durch dieses schmerzliche Leiden hindurch zum Leben zu führen. «Jesus», sage ich zu ihm, «ich vertraue auf dein Erbarmen. Mach, dass das bloß eine Glaubensprüfung ist. Ich will mich nicht gegen den Willen Gottes auflehnen, sondern ich sage, wie du im Garten von Getsemani, "entferne wenn möglich diesen Kelch von mir". Du hast zur Schwester Faustina gesagt: "Jeder, der auf mein Erbarmen vertraut, wird nicht enttäuscht werden, sondern endlos Gnaden erhalten." Gewähre deshalb unserer Familie, zusammen zu bleiben, Matteo wieder in die Arme zu schließen.»

Nach einer langen Weile der Sammlung verlassen wir den Chor und gehen in die Sakristei hinunter. Und auf den letzten Treppenstufen werde ich von einem ganz starken Blumenduft umhüllt, von einem überaus angenehmen durchdringenden Duft. Ich wende mich rings herum, um herauszufinden, woher der Duft kommt. Doch auch dieses Mal, wie bei mir zu Hause, gibt es nichts, das ihn ausströmen könnte. Ich sage das meinen Brüdern, meiner Schwägerin, der Sakristanin Tiziana. Weder sie noch Nicola haben etwas gerochen, während ich, Giovanni und Maria diesen zarten Blumenduft wahrgenommen haben. Nach einem Moment des Zweifels und der Verwirrung geht mir auf, dass sicherlich er, der Padre, mir damit sagen will, dass er mir nahe ist, dass für Matteo etwas Gutes im Gang ist.

Trotzdem es mit meinem Sohn, der nun schon seit sechs Tagen im pharmakologischen Koma liegt, offensichtlich schlimm steht, gewinne ich so die Überzeugung, dass ich gute Nachrichten erhalten werde. Tags darauf um 20.00 Uhr beschließt denn auch der Chefarzt der Reanimation, am Gehirn Matteos eine Axial-Computer-Tomographie vornehmen zu lassen, um sich zu vergewissern, ob es funktionsfähig sei; eine solche Tomographie war zuerst vorgesehen, dann verschoben worden und wird nun schließlich — abrupt — durchgeführt.

Die Ergebnisse sind unerwarteterweise zufriedenstellend, denn es ist keinerlei Schaden oder Verletzung nachzuweisen.

Das für meine Erinnerung Wichtigste an diesem Vorgang ist: Während Matteo in die Radiologie hinunter geführt wird, halte ich wie jeden Tag die Novene zur Madonna von Pompei. Nachher verlasse ich, damit das Warten weniger bange verläuft, unter Herzjagen in aller Eile das Krankenhaus und steuere auf die Kirche Padre Pios zu, um mit den Ordensmännern den Rosenkranz zu beten und Gott in seinem Haus um Hilfe zu bitten. Und gerade als ich am Pförtchen des alten Kirchleins anlange, höre ich, wie mein Bruder Nicola, der mich im Laufschritt eingeholt hat, mir zuruft und mir die beglückende Antwort übermittelt: «Maria Lucia, sie sind schon fertig, und alles ist in Ordnung, am Gehirn fehlt nichts, nichts!»

Unsere Freude ist gewaltig; wir umarmen uns, und ich überlasse mich einem erholsamen Weinen und danke Jesus und Maria, dass sie uns beistanden, und Padre Pio, weil er mit mir zusammen betete und mir ein Zeichen gab. Jetzt bin ich sicher, dass zwischen der Tomographie und dem Duft, den ich tags zuvor roch, ein Zusammenhang besteht.

Seltsamerweise hatte an eben diesem Tag eine Freundin von mir, Maria, durch ihren Mann Mario Pio, der auch ein Arzt ist, Antonio eine Reliquie Padre Pios übergeben. Er bemerkte, dass sie Maria sehr teuer war, und legte sie sogleich unter das Kopfkissen meines Sohnes. Maria und ich sind nicht tief befreundet, und doch empfand sie, seitdem sie von der Krankheit Matteos wusste, Tag für Tag immer dringlicher und unerklärlicher das Bedürfnis, diese ihre so kostbare Erinnerung an den Padre mir zu schenken.

Sonntag, 30. Januar

Ich habe keinen Begriff von der Zeit und der Wirklichkeit mehr, kein Interesse mehr an dem, was um mich vorgeht, ich suche nur Gott, damit er mir Kraft und Mut gibt und mich nicht im Stich lässt.

Es ist 16 Uhr, und ich begebe mich mit Grazia und Pasquale, die liebenswürdigerweise den Gedanken hatten, mich mit Schwester Teresa bekannt zu machen, zum Klarissinnenkloster, einem Ort des Friedens und der Besinnung.

Schwester Teresa erwartet uns hinter dem Sprechgitter.

Ihr Gesicht ist ganz sanft; wir sprechen lange von der Liebe des Herrn, vom Vertrauen als der Offenheit für die Güte Gottes; wir sprechen von Matteo, in bezug auf ihm ist Schwester Teresa überzeugt, dass das Gebet des Padre wirksam war und sein wird.

Auch sie hat mir eine Reliquie Padre Pios geschickt, die ich an Matteos Schmerzensbett in der Reanimation neben der anderen aufhängen ließ. Und jetzt ermutigt sie mich, indem sie mir ihre Gebete und die ihrer Mitschwestern zusichert.

Und ich glaube fest, dass das so vielstimmige und so feste Gebet das Herz Gottes öffnen wird, und dass die Prüfung, die der Herr über uns kommen ließ, eine Prüfung der Liebe ist, auf die die Tröstung folgen wird, so wie Padre Pio sagt: «Dein Leiden wird eines Tages für dich zur Freude werden.»

Ich gehe ermutigt weg, und zusammen mit den Freunden, die mich als Schutzengel zu Schwester Teresa geführt haben, nehmen wir in der Kirche Padre Pios an der Messe teil.

Nach der Messe packt mich der unbändige Drang, zu Matteo zu gehen, den ich seit dem Abend der Hospitalisierung nicht mehr gesehen habe.

Mit mir kommt eine weitere Freundin, Antonietta, die ihn bei seiner Geburt als Erste gesehen hat und mich jetzt drängt, zu ihm zu gehen, um mir Mut zu machen, und sie sagt, sie wolle mich begleiten.

Und so steigen wir, zusammen mit meinem Mann, in brennendem und unerklärlich heftigem Schmerz zur Reanimation hinauf.

Wir ziehen das grüne Hemd, eine Haube, Schuhe an sowie die Schutzmaske, und schließlich sehe ich nach zehn nicht enden wollenden Tagen Matteo.

Der Aufprall ist schrecklich.

Ich beginne zu zittern, heftig zu weinen, denn Matteo mit der Rachensonde, voller Wunden, mit geschlossenen Augen, zahlreichen Pumpen, die hinter ihm wie eine makabre Melodie tönen, ist für mich der gekreuzigte Christus.

«Jesus, rette ihn, rette ihn, du allein kannst es, nur du kannst es. Padre Pio und ihr heiligen Erzengel, ich bin fern, gebt ihm an meiner Stelle die Hand, gebt ihm die Hand, um ihn auf dieser Erde zurückzuhalten, damit er zu uns zurückkehrt, tragt ihn, dieses Engelchen, nicht in den Himmel. Und du, Matteo, widerstehe, widerstehe, das ganze Paradies ist dir zur Seite, du wirst durchhalten!»

Als ich mit lauter Stimme diese Worte spreche, scheine ich irrsinnig zu sein.

Kurz darauf bringt mich mein Mann weg.

Ich bin am Ende, aber der Ruf nach Matteo war zu stark gewesen.

Erst tags darauf werde ich das Motiv dazu verstehen, denn auch in diesem meinem Bedürfnis war Gott mit im Spiel: Am Montag, am Tag nachher, wird Matteo erwachen; und der Herr wollte mich darauf vorbereiten, ihn wieder ins Leben aufzunehmen.

Als ich an diesem Abend nach Hause zurückkehre, stoße ich auf eine weitere unglaubliche Überraschung: einer der Patres hat mir — ich weiß momentan nicht, wer es war (auch das werde ich nachher erfahren) — ein kleines Blatt geschickt, auf das Padre Pio 1934 eine wunderschöne Bitte geschrieben hatte. Sie lautet: «In traurigen Zeiten betet dennoch, damit euer Weinen vertrauensvoll ist, damit die Tränen, die Gott rinnen lässt, das Vorspiel sind für den Schwall von Wonnen, die es überschwemmen werden.»

Ich fühle, dass auch das ein Zeichen des Padre ist, der mich ermutigen, zu Vertrauen und Zuversicht anspornen will, der mir sagen will: «Ich bin mir dir, mit euch.»

Und mir kommen die Worte des Priesters von Salerno in den Sinn, der mich telefonisch gestärkt hatte, indem er sagte:

«Der Herr hat gesagt: Wer an mich glaubt, dem werde ich beistehen und ihn nicht im Stich lassen.»

Montag, 31. Januar

Das ist ein wichtiges Datum; heute ist Sankt Cirus, und ich werde mich immer an diesen Tag als an den zweiten Geburtstag Matteos erinnern.

Ich bin im Begriff, in Begleitung von Giusi, der Frau des Doktors Catapano, ins Krankenhaus zu gehen, als mich ein erster Telefonanruf erreicht. Mein Tischler, Michele, ein Freund von San Marco, fragt mich, ob er mir für Teo (Matteo) etwas Kleines bringen könne, ein Foto von Padre Pio. Ohne darüber nachzudenken, antworte ich ihm ja; es ist etwas, das den Padre betrifft, folglich will ich es absolut erhalten. Nach einigen Minuten erfolgt ein zweiter Anruf. Es ist Antonio, der mir atemlos sagt, dass Matteo die Augen geöffnet hat und erwacht ist. Sie haben ihm das Kurare weggelassen, und obwohl er noch unter der Wirkung des Diprivan steht, ist er bei Bewusstsein und Verstand.

Ich verstehe nichts mehr, die Emotion, die Angst und die Freude sind zu groß. Zusammen mit Giusi eile ich zum Krankenhaus.

In der Reanimation angekommen, stoßen wir auf Antonio und Giuseppe.

Wir ziehen die sterilen Kleidungsstücke an und kommen an die Glasscheiben der Box von Teo.

Er hat die Augen offen, verwirrt, aber offen.

Giuseppe, der in den vorhergehenden Tagen uns die Notizen über das Kind in der Reanimation überbracht hat, sagt mir, dass wir es geschafft haben, dass Matteo es schaffen wird, und die Ruhe seines Blicks gibt mir Kraft und Hoffnung.

Ich werde lebenslang mich stets an die Ruhe erinnern, die dieser Freund mir jedesmal, wenn er von der Reanimation herunter stieg, geschenkt hat, eine Ruhe, die aus seinem Innern kam, trotz des Gesamtbildes von Teo, und die, wie ich glaube, ihm jemand einflößte, der größer ist und mehr weiß als wir armseligen Sterblichen.

Die Glückseligkeit, die ich in diesem Moment erlebte, war die größte meines Lebens, noch viel größer als die, die ich beim ersten Wimmern von Matteo und Alessandro im Geburtssaal verspürt habe.

Ich erfasste, dass der — komplizierte, aber wunderbare — Aufstieg zum Leben begann. Ich wiederholte immer nur: «Jesus, Maria, Padre Pio und alle Heiligen des Paradieses, danke, danke!» Gegen Mittag kehre ich nach Hause zurück, um etwas, was gerade da war, zu essen und dann im Krankenhaus an der Seite Matteos zu bleiben.

Nach einigen Minuten kommt Michele, der Tischler, mit dem Foto Padre Pios in der Hand. Ich danke ihm sehr für seine liebe Geste und nehme das Foto aus der Schutzhülle, worin es sich befindet, und betrachte es. Es ist eine schwarzweiße Originalaufnahme des Padre mit dem Jesuskind im Arm. Ich kehre es um; auf der Rückseite finden sich einige Worte, die Padre Pio von Hand an eine geistliche Tochter von ihm schrieb, mit seiner Unterschrift. Und was mich verblüfft: Die geistliche Tochter hieß Lucia, genau wie ich.

In diesem Augenblick ist es mir, als ob Padre Pio selbst mir am Tag des Erwachens meines Sohnes sein Foto zustellen wollte, damit ich inne werde, dass er mir, zusammen mit dem Herrn, nahe ist und für uns betet.

Die Worte lauten: «Liebe Lucia, ich wünsche dir einen heiligen Namenstag mit den Worten, die der Padre letzthin an meinen Vater richtete: "Maria, vertreibe von dir alle Furcht, erheitere deinen Geist und mache dich des göttlichen Erbarmens würdig, indem sie dir Jesus in der Fülle seiner Herrlichkeit zeigt" — (Padre Pio).»

Als ich die wenigen Zeilen lese, werden meine Augen feucht. Ich drücke das Foto an mich und danke Padre Pio, dass er mich noch einmal seine Gegenwart und seinen Schutz fühlen gelassen hat. Ich bin sicher, dass es Matteo mit jedem Tag besser gehen wird, dass sein Organismus ansprechen wird, denn der Herr vermag alles.

So beginnt die sehr mühsame und schmerzliche Genesung meines Sohnes.

Die ersten Stunden sind schrecklich, denn das Kind hat eine Sonde im Rachen, kann nicht reden, kann sich nicht erklären, weshalb es hier ist, und unser Schmerz wird zur Projektion des seinen.

Tags darauf, als Matteo mit mir zusammen ist, wendet er die Augen mehrmals ins Leere, bewegt die Lippen und flüstert mir zu: «Ich will Padre Pio, ich will Padre Pio»; dann öffnet und schließt er die rechte Hand.

Ich verstehe nicht, was er damit sagen möchte, und da ich nicht weiß, was ich tun soll, nehme ich ein Bildchen des Padre und gebe es ihm in die rechte Hand.

Erst nachher, als er es mir erzählte, erfasste ich, dass Matteo deswegen nach Padre Pio suchte, weil dieser ihm während des pharmakologischen Komas die rechte Hand gehalten hatte, und beim Erwachen hatte er ihn nicht mehr neben sich gesehen.

Sonntag, 6. Februar

Es ist Sonntag, seit dem Erwachen sind sieben Tage vergangen. Matteo spielt mit einem Spielzeug, sieht sich eine Fernsehsendung an; er ist noch sehr, sehr leidend und schwach, aber die Organe haben wieder gut zu funktionieren begonnen, die Resultate der Blutuntersuchung werden von Tag zu Tag besser.

Es ist 19.30 Uhr; ich allein bin bei Matteo, seit einer Woche lösen Antonio und meine Brüder und ich einander an seinem Krankenbett ab.

Nun habe ich sehr gut gelernt, das, was er mir nicht mit seiner Stimme sagen kann, von seinen Lippen abzulesen.

In einem bestimmten Moment fragt mich Matteo, seinen Mund bewegend: «Mama, wann haben sie mich zum Schlafen gebracht und weshalb? Wie lange habe ich geschlafen?»

Um ihm nicht wehzutun, sage ich ihm, er habe nur eine Nacht geschlafen, und dass man ihn so lange zum Schlafen gebracht habe, um ihn zu heilen.

Dann fühle ich mich plötzlich gedrängt, ihn zu fragen: «Hast du denn in dieser Nacht nichts geträumt? Erinnerst du dich an nichts von diesem tiefen Schlaf?»

Und Matteo hebt zuerst die Schultern, dann schließt er die Augen, wie um nachzudenken.

Einen Augenblick später öffnet er sie wieder und sagt mir auf den Lippen: «Ja, ich habe mich gesehen.»

«Wie hast du dich gesehen?», frage ich ihn neugierig.

«Ich habe mich beim Schlafen gesehen, von fern, ganz allein in diesem Bett.»

«O!», antworte ich ihm. «Mein armer Liebling! Ganz allein! Und waren nicht die Ärzte, die Wärter und Krankenschwestern, Mama und Papa da?»

«Nein», fügt Teo hinzu. Dann schließt er die Augen.

Offensichtlich konzentriert er sich auf seine Erinnerungen. Plötzlich öffnet er die Augen wieder und fügt hinzu: «Nein, Mama, ich war nicht allein.»

«Und wer war dann bei dir?», frage ich.

«Es war ein uralter Herr mit weißem Bart», antwortet er mir.

Ich verstehe nicht gleich und frage ihn ratlos: «Und was für ein Kleid trug dieser Herr?»

«Er hatte ein langes, braunes Gewand.»

«Und was tat er?», frage ich ihn.

«Er gab mir die rechte Hand und sagte dann zu mir: "Matteo, sei unbesorgt; du wirst bald genesen."»

Auf diese Worte hin begann mein Herz wie verrückt zu schlagen.

Ich erfasste, dass Matteo jemand Ungewöhnlichen gesehen hatte und stellte mir vor, wer es gewesen sein könnte, aber wagte nicht, daran zu glauben.

So nahm ich das Bildchen Padre Pios, das Matteo in den Händen hatte (übrigens, ohne es anzusehen), und hielt es ihm wortlos vor die Augen.

Er betrachtete es kurz aufmerksam und sagte dann mit leuchtenden Augen und einer unerwarteten Freude zu mir auf den Lippen: «Er ist es, Mama, er ist es; Padre Pio war bei mir.»

Auf seine so klare und sichere Aussage hin kniete ich am Bett nieder und dankte dem Herrn dafür, dass er mir nicht nur das Geschenk gemacht hatte, mein Kindlein wieder umarmen zu können, sondern auch das wunderbare, unerwartete Geschenk des Zeichens.

Durch all die aufeinander folgenden unglaublichen Dinge, die ich erlebt hatte, vernahm ich, dass Padre Pio mir, uns allen, nahe gewesen war, hätte mir aber nie einbilden können, darüber durch den spontanen, naiven Bericht Matteos Gewissheit zu erlangen.

Und das war noch nicht alles.

Einen Augenblick später fügte Matteo hinzu, er habe auf der anderen Seite des Bettes die großen Engel gesehen.

«Wie viele?», fragte ich. «Drei», antwortete er mir.

Und ich: «An was hast du erkannt, dass es Engel waren?».

«An den Flügeln. Einer war weiß mit gelben Flügeln, und zwei waren rot mit weißen Flügeln.»

«Und was sagten sie zu dir?», fragte ich.

«Nichts; sie waren schweigend hier», antwortete er mir.

Und ich wieder: «Wie sahen ihre Gesichter aus?»

«Ich habe sie nicht gesehen, denn sie waren zu leuchtend», fügte Matteo hinzu.

Einen Augenblick später kam Doktor Mione herein, der Matteo strahlend und mich erschüttert fand.

Er fragte mich, weshalb, und, nachdem ich Matteo um die Erlaubnis dazu gefragt hatte, erzählte ich ihm, was sich zugetragen hatte.

Der Arzt hörte schweigend zu und sagte nach einem Weilchen, den Blick senkend: «Weißt du, Matteo, auch wir glauben, dass er gekommen ist.»

Tags darauf berichtete ich den diensttuenden Krankenschwestern, von denen ich mich insbesondere an Angela erinnere, was mir Matteo gesagt hatte, und sie bestätigten mir fasziniert und glücklich, dass gewiss etwas Unglaubliches geschehen sei, vor allem wenn man an den äußerst heftigen schrecklichen Ausbruch der Krankheit denke und dann an die unerbittliche Verschlimmerung der Situation am Morgen danach, am Freitag, den 21. Januar.

Im Gespräch mit ihnen kommen mir bisher unbekannte schreckliche Einzelheiten zur Kenntnis, die mich in der Überzeugung bestärken, dass Gott eingegriffen hat und dass die Ärzte — auch wenn sie noch so tüchtig, gewissenhaft und von tief menschlichem Empfinden geleitet waren —, insbesondere der so schweigsame und ebenso sensible, rührige und unermüdliche Chefarzt, Instrumente in seinen Händen waren.

Mich beeindruckt und lässt mich erschauern insbesondere ein Satz Angelas, die, sich an diesen traurigen Morgen erinnernd, mir sagt, als es mit Matteo bergab gegangen sei, habe sie in großer Traurigkeit gedacht, es dauere nur noch ein paar Augenblicke, bis sie dieses Kind, dessen Leben nun zu Ende gehe, werde waschen müssen, um es «hinunterzutragen».

Und «hinunter» bedeutet, wie ich verstehe, auch wenn sie es nicht sagt, «Leichenraum».

Ein Schauer schüttelt mich ganz, und diese bloß vorgestellte und geschilderte Szene raubt mir den Atem; ich wende mich dem gequälten, aber lebenden Matteo zu, senke die nassen Augen und sage in meinem Innern: «Jesus und Maria, danke, danke, danke!»

Kurz darauf betritt Doktor Del Gaudio die Box und sagt, er habe vom Traum Matteos gehört und er habe sich beim Eingreifen zusammen mit der Doktorin Salvatore und anderen (von denen ich nicht weiß) am Kopfende Matteos befunden, als das Kind verloren schien.

Ich bitte ihn um nähere Einzelheiten, und er berichtet mir, das Herz Matteos habe nicht standgehalten, sondern nur noch ab und zu sei ein Herzschlag erfolgt, man habe den Blutdruck nicht mehr messen können, das Lungenödem sei schlimm gewesen. Und sie meinten schon, sie hätten das Kindlein «verloren», wie man im Arztjargon sagt.

Sie hatten eingesehen, dass nichts mehr zu machen sei, und waren am Ende.

In diesem Augenblick aber bat ihn die Doktorin Salvatore, von irgendeiner inneren Stimme getrieben, noch etwas, einen letzten Versuch, zu unternehmen.

Doktor Del Gaudio antwortete: «Gut, probieren wir es, aber Padre Pio muss mit uns Hand anlegen.»

So haben sie ihm Adrenalin verabreicht, aber nicht nur eine, sondern fünf Ampullen.

Nach dem, was ich als Laie seiner Erklärung entnommen habe, handelte es sich um eine beträchtliche Menge, zu der man für gewöhnlich nicht greift, und auf die Matteo nicht mit Nachwirkungen einer Überdosis reagierte, sondern wieder aufzuleben begann.

Gewiss werden die Ärzte im Detail und fachtechnisch erklären können, was geschehen ist und warum. Ich weiß nur, bei diesen Worten zuerst einen großen Schmerz und dann eine große Seligkeit verspürt zu haben, dass ich da sein und meinen Sohn noch am Leben sehen darf.

Montag, 7. Februar

Am Abend, um 19 Uhr, bin ich am Beten, um Gott für das Geschehene zu danken, während ich glücklich die Hand Teos streichle, die, wenn auch noch äußerst leidend, doch lebendig ist. Lebendig!

Ich denke, ich muss jemandem erzählen, was der Knabe mir berichtet hat.

Aber ich weiß nicht, wie und wem, und bitte den Heiligen Geist um Hilfe.

Und in diesem Moment kommt Pater Giacinto.

Er war ein weiteres Mal Teo besuchen gekommen, als das Kind schlief, und er hatte ihm eine Reliquie Padre Pios auf die Lippen gelegt, die er gerade in diesen Tagen von, ich weiß nicht wem, erhalten hatte.

Als ich ihn kommen sehe, frage ich ihn, ob meine Schwägerin Maria, Sakristanin im Kloster, ihm etwas erzählt habe.

Er verneint das und vernimmt glücklich, was mir Matteo berichtet hat.

Am Schluss sagt er mir lächelnd: «Wir haben dem Herrn durch unser Gebet dieses Wunder entrissen, aber jetzt müssen wir, damit es anderen zur Kenntnis kommt, warten, bis Matteo hier, aus der Reanimation, heraus kann. Zudem wissen wir, wir sind dessen sicher, dass es ein Wunder war, aber damit es vollständig ist, damit der Herr weiter wirkt, müsst ihr in der Gnade Gottes, in der Gnade Gottes sein!»

Und ich lausche seinen Worten; ich bin überzeugt, dass er erleuchtet spricht.

Wir beten zusammen mit Matteo den Angelus und das Gloria Patri; ich schicke mich unterdessen an, in meinem Innern zu warten.

Samstag, 12. Februar

Heute wurde Matteo, früher als vorgesehen, in die Pädiatrie übergesiedelt.

Er ist immer noch voller Wunden, die Geschwüre sind zahlreich und tief, er hat noch einen Luftröhrenschnitt und einen Magenschnitt, die Muskeln sind noch hypotonisch, es gelingt ihm nicht, sich für etwas zu bewegen, aber trotzdem bessern sich die Verhältnisse nach und nach wie für eine kleine «Ameise».

So hatte Rosetta von ihm gesagt, eine liebe und besondere Freundin aus Salerno, die so viel für ihn gebetet hatte, und sie versicherte mir, das Kind werde langsam in allem genesen.

Meine Freude ist riesengroß und auch die Matteos; ich blicke auf das Kruzifix und denke, wie ich so viele Male gelesen habe: «Herr, öffne meine Lippen, damit mein Mund dein Lob verkünde.»

Matteo erhielt in der Pädiatrie einen wundervollen Empfang; auch dort haben alle für ihn geschwärmt, ja sie haben sogar eine Flasche Schaumwein entkorkt.

Doktor Pellegrino, der für uns alle ebenfalls ein Schutzengel war, begrüßt ihn, zusammen mit Doktor Gorgoglione.

Am Nachmittag sucht uns wiederum Pater Giacinto auf, und diesmal bittet er mich, auf ein Blatt schnell ein Wort über die Geschehnisse zu schreiben, um sie Pater Gerardo zu übergeben, denn es scheint ihm der Moment gekommen zu sein, das Ereignis ruhig und zurückhaltend dem Vizepostulator zur Kenntnis zu bringen.

Ich erzähle ihm, dass ich in den letzten Tagen das Gebet Padre Pios vom Jahr 1934 erhalten habe, und Pater Giacinto erklärt mir befriedigt, dass er es gewesen sei, der es mir habe schicken lassen.

Er hatte es in eben den Tagen, in denen es mit Matteo schlecht stand, im Beichtstuhl von einem Pilger erhalten, der, als er durch Foggia ging, den unbezähmbaren Drang verspürt hatte, nach San Giovanni Rotondo hinaufzugehen, um den Mönchen die Fotokopie eines Heiligenbildchens mit dem gekreuzigten Jesus zu übergeben, das sein Vater 1934 von Padre Pio erhalten hatte, und das die wundervollen Worte enthält, die mir während meines qualvollen Aufenthaltes mit meinem Kind in der Reanimation so viel Kraft gegeben hatten.

Mit eben diesem Gebet war mir zwei Tage vorher etwas Seltsames passiert, was ich ihm nun zur Kenntnis zu bringen beginne: Während ich auf meinem Bett saß, um es auf die erste Seite der Briefsammlung des Padre (des zweiten Bandes, den ich am Abend der Tragödie aufgeschlagen hatte und worin ich den hoffnungsvollen Satz gefunden hatte) einzutragen, und während ich unter Freudentränen dem Herrn dankte, dass er wirklich auf den Schmerz den Sturzbach von Freuden folgen ließ, roch ich von neuem wie in der Sakristei den Blumenduft, als ob Padre Pio mir hätte sagen wollen: «Du hast gesehen, ich war und bin bei dir!»

Auf meinen Bericht hin lächelt Pater Giacinto glücklich, ohne eine Bemerkung zu machen; dann nimmt er seine Reliquie des Padre und reicht sie mir und Matteo zum Küssen — wie das schon in der Reanimation der Fall gewesen war — und fragt mich diesmal, ob ich den herrlichen Duft rieche, den sie ausstrahle.

Ich rieche nichts, ja blicke ihn etwas betroffen an. Doch einige Minuten nachher, als er weggegangen ist, werde ich für einen Augenblick aufs neue von diesem süßen und zärtlichen Blumenduft durchdrungen. Vielleicht war ich einen Augenblick vorher noch nicht zu glauben bereit!

Und während ich dastehe und Matteo anschaue, der ruhig mit seinen Hampelmännern spielt, kommen mir die Worte des Lobgesangs von Mose in den Sinn: «Meine Stärke und mein Lied ist der Herr, er ist für mich zum Retter geworden... Wer ist wie du..., gewaltig und heilig, Wunder vollbringend?» (Ex 15,2.11)

Donnerstag, 24. Februar

Ich bin zu Pater Gerardo gegangen, um mit ihm zu sprechen. Mir war etwas bange, denn er ist schweigsam, seine Augen sind durchdringend: sie erforschen dich, sie wägen dich ab.

Ich habe ihm von der Krankheit und der Heilung Matteos erzählt, von meiner tiefen Liebe zu Padre Pio, von meiner Kenntnis von ihm durch die Briefsammlungen. Ich sagte ihm, wie immer Menschen über diesen Fall entscheiden würden, werde es meine tiefe Überzeugung als Mutter und gläubige Frau bleiben, dass mein Sohn deshalb zu uns zurückgekehrt ist, weil der Herr ihn ohne unser Verdienst uns zurückgegeben hat; er griff in seinem unermesslichen Erbarmen ein auf die Fürbitte unseres lieben Padre Pio hin.

Dann bin ich zu Matteo zurückgekehrt und habe ihm erklärt, dass ich Pater Gerardo seinen Traum (den ich für eine wirkliche Begegnung halte) vom Padre geschildert habe.

Und Matteo berichtete mir weitere Einzelheiten (es geht ihm jetzt gut, und er ist ganz klar bei Verstand).

«Weißt du, Mama», sagte er zu mir, «ich schlief und schaute das Bett von hinten her, wo die Pumpen waren; dann erblickte ich in einem gewissen Moment, wie von der Tür der Box her so viele Strahlen eines sehr starken Lichtes eindrangen. Das Licht weckte mich, und da sah ich zuerst Padre Pio und dann auf der anderen Seite Engel.»

«Was hast du von diesem Licht gedacht?», frage ich ihn.

«Ich dachte, es sei vielleicht Jesus.»

Die Worte tönen entschieden, aber ich tue, als ob ich mir nichts daraus mache. Nach einigen Sekunden fügt Matteo hinzu: «Ich sah mich, und zwar in gesundem Zustand!»

«Verspürtest du denn etwas?», frage ich ihn.

«Nein, nichts, es ging mir gut, ich verspürte nichts. Hingegen als ihr mich geweckt habt, ging es mir nicht gut, und ich war allein, denn Padre Pio und die Engel waren nicht mehr da, und ich litt darunter und suchte nach ihnen,»

Ich denke einige Minuten schweigend nach, dann fiel es mir ein, ihn zu fragen: «Entschuldige, Matteo, du sagst, du seiest mit Padre Pio zusammen gewesen; wieso bist du dessen sicher?»

«Weil es der da hier auf dem Foto ist», sagt er mir und weist auf das Foto hin, das in seinem Krankenhauszimmer aufgehängt ist. «Und wir haben doch daheim Padre Pio in allen Zimmern.»

«Du hast recht, Teo, du kennst ihn gut, doch erkläre mir, weshalb du, als du mit ihm zusammen warst, ihn nichts gefragt hast.»

Und Matteo sagt zu mir, ein klein wenig überheblich seufzend: «Ich konnte ja nicht sprechen, Mama; hast du denn vergessen, dass ich die Sonde hatte? Ein anderes Mal aber habe ich mit Padre Pio gesprochen.»

«Wann denn?»

«Als ich aus dem Koma erwacht war, träumte ich eines Nachts, dass ich mit Padre Pio eine Reise mache; ich habe dir ja schon gesagt, er habe ein starres Kind geheilt; erinnerst du dich, Mama? Ich habe das auch Onkel Giovanni gesagt. In jener Nacht machte ich mit Padre Pio eine Art Flug. Er gab mir die Hand, und wir sind in eine bekannte Stadt gegangen; wie heißt sie, Mama?»

«Ich weiß es nicht, Matteo. Neapel, Foggia?

«Nein, Mama, in jene Stadt mit den Häusern, die ich kenne, sind wir miteinander gegangen.»

Er schweigt einen Augenblick und sagt dann selbstzufrieden: «Rom, es war Rom.»

«Und was habt ihr in Rom gemacht?», frage ich ihn neugierig.

«Wir gingen in ein Krankenhaus, wo ein Kind lag, das er zu kennen schien und das seit Jahren sehr krank war, und da sagte Padre Pio zu mir, nicht mit dem Mund, sondern in Gedanken: «Matteo, willst du ihn heilen?» Und ich fragte ihn: «Wie macht man das?», und er antwortete: «Mit der Willenskraft.» Da erwachte das Kind und dankte uns. Gleich danach erwachte auch ich, und seither habe ich Padre Pio nicht mehr gesehen.»

Auf die Worte Teos hin schwieg ich und erinnerte mich an das, was er mir und meinem Bruder Giovanni — nicht beiden zusammen — in der Reanimation eines Tages nach dem Erwachen gesagt hatte. Zu uns beiden sagte er — nicht zur gleichen Zeit —, er habe einen Traum gehabt, worin er ein «starres» Kind geheilt habe. Wir hatten das jedoch nicht weiter beachtet. Und gewiss konnte ich mir ja nicht denken, dass er sich nach so vielen Tagen an den Traum erinnern und ihn wieder so detailliert schildern würde, dass er auch uns an seiner geträumten Reise mit Padre Pio teilnehmen ließ.

Es gelingt mir nicht, seinen Worten einen Sinn zu geben, aber etwas ist gewiss: Matteo berichtet über seine Träume mit Überzeugung und Sicherheit.

Einzig der Herr weiß um den Sinn von all dem, was unserer Familie widerfahren ist. Ich bin dessen gewiss, dass er uns nahe war und uns gesegnet hat, auch dank der Fürbitte und dem liebevollen Gebet Padre Pios, der von seiner Sendung auf Erden sagte: «Als Priester habe ich einen Versöhnungsauftrag: Gott mit der Menschheitsfamilie zu versöhnen.»

Und so war es, lieber Padre Pio: Du hast uns in der Prüfung in die Arme geschlossen und Gott anempfohlen, wie du selbst in einem deiner Briefe sagst: «Ich möchte euch nahe sein, damit es mir schneller gelingt, mit euch zusammen den guten Kampf zu kämpfen... Ich möchte euch nahe sein, damit wir uns gegenseitig ermutigen können... Aber Jesus, die heilige Jungfrau, euer guter Schutzengel mögen dieses, mein heiliges Verlangen in ihre Hände nehmen. Ich werde mich damit begnügen, euch im Geist beizustehen und euch auf anderen Wegen zu helfen, so weit es in meiner Macht liegt. Ich habe es bis jetzt getan; ich werde es mit der Hilfe Gottes auch in Zukunft tun, umsichtiger und perfekter.»

Und wie ich glaube, war das, verehrter Pater Gerardo, für mich, für Matteo und für unsere ganze Familie der Fall, auch wenn wir dessen nicht würdig waren.

Und Sie als ein gründlicher Kenner der Spiritualität des Padre und sein großer Verehrer werden meine Überzeugung verstehen können, dass Padre Pio mit seinem Gebet und seiner Fürbitte an der schmerzlichen Prüfung unserer Familie teilgenommen hat.

Es kommt mir nicht darauf an, dass die Heilung Matteos als ein Wunder angesehen wird, denn für unsere Familie besteht das Wunder in seiner Heimkehr und in der ganzen Reihe von Bekehrungen, die rund um sein Leiden anbrachen.

Es war jedoch meine Pflicht, Ihnen dieses mein Zeugnis als Mutter und gläubige Frau mitzuteilen.

Ich danke Ihnen für Ihre Aufmerksamkeit und bitte Sie um einen besonderen Segen für meine geprüfte Familie.

Mit Gruß.

P.S.: Ich gestatte mir, zu diesem meinem sehr schlichten Bericht ein Gebet hinzuzufügen, das auf diese Tage des Leidens zurückgeht. Ich hoffe, dass sie dadurch die Unterzeichnete und ihren inneren Weg besser verstehen lernen.

Die Liebesprüfung

Du riefst mich, Jesus,
schon seit langem riefst du mir zu,
ich solle meinen Blick auf dich richten.
Und ich suchte mühsam nach dir.
Ich rief dich furchtsam an.

Ich lernte dich verwundert kennen.
Ich fand dich voll Freude,
indem ich beten lernte.
Und als ich dich gefunden hatte,
unterzogst du mich einer Liebesprüfung.
Du ließest mich Schmerz durchmachen,
um meinen Glauben zu prüfen
und deine Allmacht anzurufen.
Mein durchbohrtes Mutterherz
verstand deine Passion
und vertraute seine Hoffnung deinem Opfer an.
Du, liebevoller Vater,
hast auf mein Gebet gehört
und, wie für Jaïrus, den Tod in Traum verwandelt
und das Vertrauen in Leben.
Gepriesen sei dein Name;
du hörst auf den, der schreit
und sich auf dich verlässt.

Bericht von Giovanni Ippolito

Am Abend des 20. Januar rief mich meine Schwester Maria Lucia unter Tränen an, brachte aber nur hervor: «Matteo geht es schlecht; es ist schlimm; betet, es ist schlimm.»

Meine Frau und ich packten die Koffer; es war aber schon 22.00 Uhr; darum entschieden wir uns, am folgenden Tag wegzufahren, aus Angst, die Straße könnte vereist sein, denn wir mussten den Apennin überqueren.

Wir verbrachten denn auch die ganze Nacht im Gebet, wie Maria Lucia es erfleht hatte. Unsere Gebete richteten sich insbesondere an Padre Pio, von dem wir daheim unter anderem mehr als ein Bild besaßen, die uns von meiner Schwester geschenkt worden waren.

Ich verständigte mich telefonisch bis um 4.00 Uhr mit meinem Bruder, der, zusammen mit der Freundin, sogleich meine Schwester Maria und meinen Schwager Antonio im Krankenhaus erreicht hatte. Was mich beeindruckte, war, dass ich, während ich mit ihm sprach, meine Schwester sagen hörte: «Ich vertraue auf dich gegen alle Hoffnung» — ein Satz, den ich sie mehrmals sagen hörte, so wie ich sie auch mehrmals Gebete verrichten und Padre Pio um Hilfe bitten hörte.

Als es mir gelang, mit meiner Schwester zu sprechen, unterbrach sie in einem gewissen Moment die Verbindung und sagte: «Wo bin ich?» Ich fragte sie: «Was ist los?», und sie beruhigte mich, indem sie sagte, sie habe ein Gebetbüchlein gesucht, das sie bei sich habe; sie bat uns in dieser Nacht wiederholt, zu beten.

Am 21., am späten Vormittag, als ich beim Krankenhaus Casa Sollievo della Sofferenza angekommen war, erreichte mich auf meinem Handy ein Anruf meines Vaters, der mir weinend sagte, es sei nichts mehr zu machen.

In diesem Moment wandte ich mich dem Kirchlein zu und blickte auf das Fenster, an dem sich Padre Pio jeweils erblicken ließ, und bat ihn, auf mich zu hören, auch wenn er leiblich nicht mehr dort sei.

Etwas Weiteres, was mich hoffen ließ, war der Satz, den mir mein Bruder mitgeteilt hatte. Matteo hatte ihn ausgesprochen, als er nun voller Flecken im Spital war: «Papa, ich will reich werden, denn ich will alles den Armen geben.»

Dieser Satz hielt in mir eine Hoffnung lebendig; er überzeugte mich, dass der Herr nicht ein Kind zu sich rufen könne, das mit erst sieben Jahren einen solchen Satz sagte, denn ein so geartetes Kind musste auf dieser Erde wichtige Dinge von sehr hohem christlichen Wert zu tun haben. Übrigens hat, wie auch der selige Padre sagte, der Herr uns gelehrt, in jedem Armen und Kranken ihn zu sehen.

Als ich in den Korridoren des Krankenhauses ankam, traf ich zuerst meinen Bruder an, mit dem ich eine nicht enden wollende stumme und von Tränen benetzte Umarmung hatte, denn ich brachte nicht den Mut auf, ihn etwas zu fragen. Dann begegnete ich meiner Schwester, wobei das gleiche der Fall war. Ich erinnere mich noch gut daran, dass sie einen Rosenkranz und ein Bildchen in der Hand hatte.

Gleich darauf traf ich Antonio, und wieder war dasselbe der Fall. Meine Schwester setzte sich inzwischen und wiederholte denselben Satz, den ich in der Nacht schon zu hören geglaubt hatte. Sie sagte ungefähr: «Padre Pio, du hast so vielen deiner Kinder auf der ganzen Welt so viele Gnaden erwiesen. Hilf mir, rette meinen Sohn!»

Bald darauf kam eine Ärztin, eine Freundin von ihr, und sagte zu ihr: «Du musst dich um Alessandro kümmern; du hast noch ihn.» In diesem Moment wurde ich inne, dass etwas geschehen war.

Ich begegnete vielen mit ihnen befreundeten Ärzten, darunter einem Neurologen, der mir sagte, das Kind habe eine schlimme Krise überstanden und dass man bei diesem

Krankheitstypus, falls 48 oder 72 Stunden überstanden seien, vielleicht beginnen könne, an die Möglichkeit eines Weiterlebens zu denken, aber auf welche Weise und mit welchen Folgen könne niemand sagen.

Am Abend des 21. begab ich mich mit meiner Schwester und meinem Bruder mit Maria zum Grab Padre Pios, um zusammen mit den Patres den Rosenkranz zu beten, was sie jeden Abend taten; ich hingegen blieb oft bei Alessandro, dem Bruder Matteos, zurück.

An diesem Abend war es für mich herzzerreißend, während der ganzen Zeit des Rosenkranzgebetes meine Schwester am Grab Padre Pios knien zu sehen, ihr Gesicht an die Marmorplatte gepresst, wie wenn sie dem Padre möglichst nahe sein wollte.

Meine Schwester verharrte unbeweglich, schien wie ohnmächtig; ich sagte mir wieder, dass ein so tief betrübtes Gebet nicht unerhört bleiben könne.

Ein bejahrter Pater, den ich am Grab traf, fragte mich, warum ich weine und sagte: «Ist es wegen eines Todesfalls?» Anfänglich vermochte ich ihm nicht zu antworten, dann sagte ich zu ihm: «Es ist wegen eines Kindes, um das es sehr schlimm steht.» Und er in ruhigem Ton: «Habe Vertrauen, bete, es wird ihm und auch dir sehr gut tun.»

Ich muss zugeben, dass er Recht hatte: An diesem Abend haben diese verrichteten Gebete mir einen Moment des Friedens geschenkt, was in dieser Situation sehr schwierig war.

Am selben Abend öffnete uns Pater Rinaldo liebenswürdig die Zelle Padre Pios, wo wir uns unter Tränen im Gebet sammelten; es war einer der schlimmsten Abende: Die Ärzte hatten uns keine Hoffnung gemacht.

Am Mittwoch, den 26., gingen wir wieder mit den Patres am Grab beten; nachher erlaubten sie uns auf unsere Bitte hin, uns im Gebet im Chor zu sammeln, an derselben Stelle, wo Padre Pio die Stigmen erhalten hatte.

Ich kam mir als Dummkopf vor, aber nach diesen so belastenden Tagen bedurfte ich eines Zeichens, ich gebe das zu, eines materiellen Zeichens.

Ich hoffte, dass an dieser so besonderen Stätte etwas geschehen werde, wenigstens dass ich wiederum dieses seltsame, unerklärliche Wohlgefühl empfinden werde, das mich vor Jahren in einem besonderen Moment meines Lebens durchdrungen hatte, als ich mich an derselben Stelle im Gebet sammelte.

Aber als wir aus dem Chor hinausgegangen waren, wurde mir bewusst, dass nicht einmal in meinem Innern etwas vorgefallen war. In Angst, die vielleicht auch von dieser Enttäuschung genährt wurde, wandte ich mich dem Ausgang zu und betete, dass wenigstens diese Angst mich verlasse.

Wir stiegen vom Chor hinab und verließen die Sakristei dieser großen Kirche. Da wurde ich fast plötzlich von einem süßen Blumenduft umhüllt. Zuerst nahm ich das nicht wichtig, aber ich wandte mich um und sah, dass meine Schwester einige Gegenstände, die auf den Sakristeitischen waren, beroch.

Ich fragte sie, was sie mache, und sie antwortete mir, sie rieche einen Blumenduft. Ich bemerkte, dass er vielleicht von einem Deodorantspray für die Umgebung herkomme. Maria bestätigte inzwischen, dass sie den Duft rieche, aber eine Sakristanin und Nicola rochen nichts. Die Sakristanin bekräftigte, dass kein Deodorant verwendet worden sei.

Ich brauche nicht zu sagen, welche Bedeutung ich dem zuschrieb; ich dachte, Padre Pio habe uns vielleicht zufrieden gestellt, uns ein Zeichen gegeben, dass er uns beistehe.

Wie ich glaube, wurde an diesem Abend beim Kind eine Computer-Tomographie vorgenommen, denn nach dem, was ich verstanden hatte, lag eine asymmetrische Pupillenreaktion vor, die denken ließ, dass etwas nicht stimme. Die Tomographie wurde denn auch zu einer etwas ungewohnten Abendstunde vorgenommen; das Ergebnis ist bekannt.

In diesen ersten Tagen waren die einzigen Informationsquellen Antonio und sein Freund Giuseppe, ein Neurochirurg.

Wiederholt fragte ich sie, was der Chefarzt der Reanimation sage, und sie antworteten mir zu meinem Befremden, er spreche sich nicht aus; er riet Antonio nur, zur Ruhe zu gehen, denn es habe nun schon überaus lange gedauert.

Antonio unterließ es nie, Matteo Fabeln vorzulesen in der Hoffnung, er könne sie auch im Koma anhören; dann und wann las er sie auch Francesco vor, einem andern Kind in der Reanimationsstation.

An einem dieser Morgen — wie ich mich erinnere, schneite es — bat mich meine Schwester, sie zu den verschiedenen Schwesterkonventen in San Giovanni zu begleiten, um sie zu bitten, für Matteo zu beten, was sie auch bei allen tat, die sie antraf oder am Telefon hatte, denn sie war von der Kraft des Betens überzeugt. Sie hieß mich einen Abschnitt aus der Briefsammlung Padre Pios lesen, worin dieser sagte, dass es mit Gebeten gelungen sei, eine geistliche Tochter den Schlünden des Todes zu entreißen.

Ich muss zugeben, dass ich mir dabei trotz meines Credo ein wenig dumm vorkam; heute sind wir gewohnt, Menschen, die uns nahestehen, um andere, viel materiellere Dinge zu bitten.

Immerhin wird bei diesem Anlass eine eigentliche Kette zusammengebracht: Jeder unserer Bekannten bat seine Freunde um ein Gebet für Matteo.

Ein Gebet, das wir, meine Frau und ich, alle Abende verrichteten, war der Rosenkranz, den Padre Pio für die Kranken betete, und das Gebet um die Heiligsprechung des seligen Padre, womit wir, dem Gebet entsprechend, um die Gnade für Matteo baten.

Wir kamen oft zu gemeinsamem Gebet zusammen, auf eine Aussage des Herrn vertrauend, wonach, wenn mehr als eine Person in seinem Namen betet, er dabei sein wird.

In dieser Periode wurden wir von meiner Schwester insbesondere angeregt, öfters zu beichten und an der Eucharistiefeier teilzunehmen, denn in diesem besonderen Moment ist man, wie unsere Religion uns lehrt, Gott näher.

Als man uns sagte, das Kind habe die Augen geöffnet, gingen meine Frau und ich sofort ein Spielzeug für Matteo kaufen in der Überzeugung, er werde es früher oder später gebrauchen.

Als ich das Kind in der Reanimation zum ersten Mal sah, weinte es leider; ich war aber so glücklich, wie wenn ich ein neugeborenes Kind weinen gesehen hätte.

Nach einigen Tagen löste ich Antonio in der Reanimation ab, abwechselnd mit Nicola. Bei dieser Gelegenheit bemerkte ich, wie verwundert das medizinische und paramedizinische Personal war, wenn sie zum Knaben kamen und ihn munter fanden, und erst recht verwundert darüber, dass er sie verstand und auf Grüße und Fragen mit den Lippen antwortete (er konnte noch nicht richtig sprechen, weil er den Luftröhrenschnitt hatte).

Sie kamen ungläubig zum Kopfkissen Matteos: «Hast du Matteo gesehen?», rief ein Krankenwärter einem andern zu. Auch der Doktor Del Gaudio war dabei, der eintrat, sich an seine Seite setzte und, ihn mit verwunderten Augen anblickend, sagte: «Unglaublich!» Er rief auch einer Ärztin und sagte: «Hast du Matteo gesehen?» Dann stellte er dem Knäblein Fragen und deckte es dabei auf, indem er die Bettdecke verschob, und als er diese enormen Krusten anschaute, wiederholte er: «Unglaublich!» Ich erinnere mich, dass mich diese Geste verdross, denn das Kind schämte sich.

Ein anderer Krankenwärter kam zu mir und sagte: «Versteht er denn? Ist er wach?» Ich nickte mit dem Kopf zustimmend. Darauf er: «Matteo, erinnerst du dich an mich?» Matteo antwortete ruhig mit nein.

Doktor Del Gaudio erzählte bei dieser Gelegenheit von jenem Abend, an dem er, als er Matteo die fünf Ampullen Adrenalin einspritzte und dabei betonte, dass man für einen Erwachsenen für gewöhnlich nur eine verwendet, gesagt hatte: «Padre Pio, nimm du die Sache in die Hände.» Und er bestätigte, dass er in der Folge verblüfft darüber war, dass das Kindlein auf die Überdosis nicht negativ reagiert hatte.

Die Krankenschwester Angela, die stets sehr freundlich war und auf die Bitten des Kindes gern einging, erzählte an diesem Morgen der Mutter in meiner Gegenwart, dass, als das Kind diese Krise hatte, jemand sagte, es sei nichts mehr zu machen; das Kindlein müsse «hergerichtet» werden, und jemand von ihnen fragte: «Wer sagt es dem Papa?, der Doktor ist ja nicht da.»

Der Chefarzt der Abteilung war verreist, bevor der Knabe erwachte. Bei seiner Rückkehr, als Matteo nun aus dem Koma herausgekommen und vollkommen bei Verstand war, beschlossen zwei Ärzte, ihm zusammen mit dem Kind einen Scherz zu machen. Sie baten Matteo, den Chefarzt an der Box mit einem «tschau Paolo!» zu empfangen, mit der Hand angedeutet, die, mit dem Vorderarm angehoben, zum Zeichen von «eine lange Nase» machen sich nach rechts und links drehen sollte.

Eines Morgens, eines der ersten, die ich bei Matteo verbrachte, wollte mir dieser einen Traum erzählen. Er sagte zu mir: «Onkel, ich habe ein Kind geheilt.» Es bereitete viel Mühe, das Wort «geheilt» zu verstehen, das so merkwürdig war, dass ich ihn bat, zu versuchen, es zu schreiben. Er tat es und schrieb, wenn auch ganz zittrig, das Wort «geheilt».

Ich: «Was hast du getan?»

«Ich habe ein Kind geheilt.»

Und ich: «Wie denn?»

Er sagte, das Kind habe, die Hände auf der Brust verschränkt, mit geschlossenen Augen dagelegen. Er habe sich ihm genähert, es berührt, und das Kind sei erwacht und habe wieder begonnen, die Hände zu bewegen. Ich fragte ihn, ob er mit jemand zusammen war; er nickte mit dem Kopf. Da ich aber nur schon, um wenigstens so weit zu kommen, große Mühe hatte, die Lippensprache zu verstehen und ihm dies ein wenig missfiel, sagte ich, er solle unbekümmert sein; wir würden am nächsten Tag wieder darüber reden.

Wir waren immer noch in der Reanimation, als Doktor Mione ankam, den ich schon vom Sehen kannte, weil er in einer im Miteigentum meiner Schwägerin befindlichen Wohnung wohnt. Und er war es, der meiner Frau, die in jenen Tagen in Manfredonia weilte, die ersten Nachrichten von der Mutter übermittelte.

In den ersten Tagen, als das Kind im Krankenhaus war, hatte mich nämlich meine Frau unter Tränen angerufen, weil der Doktor bei der Rückkehr vom Krankenhaus wegen der allzu vielen Bitten gesagt hatte, es beständen eine, vielleicht zwei Möglichkeiten unter tausend, dass das Kind davonkomme.

Als der Doktor in die Box eingetreten war, lösten meine Schwester und ich einander ab, und sie fragte Matteo, ob er ihr vom Traum erzählen könne, und das Kind nickte zustimmend. Am Schluss des Berichts sagte der Doktor: «Weißt du, Matteo, auch wir denken, dass Padre Pio hier war.»

Später lehrte ein Krankenwärter Matteo, um ihn zu erheitern, mit dem Katheder Wasser zu spritzen. Obwohl das Kindlein kaum die Hände und nur sehr wenig die Schultern bewegte, vergnügte ihn das sehr. Da es gerade Faschingszeit war, beschloss ich, mit meiner Frau Scherzartikel zu kaufen und übergab sie dem Kind; sie brachten alle zum Lachen, auch die Abteilungsschwester und den Chefarzt.

Etwas anderes beeindruckte mich. Ich hörte sagen, die Entwöhnung vom Atmungsgerät werde in sehr kurzer Zeit erfolgen, denn die Lungen des Knaben reagierten gut, und er blieb, länger als programmiert, schon ohne Atmungsgerät.

Kaum konnte das Kind die Arme etwas besser bewegen, als es bat, in der Spielstation spielen zu dürfen, und es erhielt zu seiner großen Freude die Erlaubnis dazu. Doktor Pagano sagte diesbezüglich, Matteo habe sicherlich einen Rekord geschlagen: Er war der einzige Patient der Reanimation, der je dort gespielt hatte.

Inzwischen ging es dem Kind immer besser, und eines Morgens besuchte ihn ein befreundeter Neurologe, der seine Freude und Verblüffung nicht zurückzuhalten vermochte. Bei dieser Gelegenheit machte er nicht nur neurologische Untersuchungen, auf die das Kind sehr gut ansprach. Er sagte zu mir: «Wer hätte das je gedacht?» Und als ich ihn fragte, ob das Kind je wieder werde gehen können, sagte er mir, unerklärlicherweise seien keine Schäden vorhanden, die diese Annahme nicht zuließen.

Zum Schluss möchte ich von einem weiteren merkwürdigen «Zufall» erzählen. Während der Zeit, in der das Kind in der Reanimation war, ging ich mit meiner Frau bei einem Pater in der großen Kirche von San Giovanni Rotondo zur Beichte. Als wir von Matteo und von den von Padre Pio für ihn erbetenen Gebeten sprachen, wurde ich zum zweiten und bis jetzt letzten Mal von einem unmissverständlichen starken Rosenduft überflutet, sagte aber dem Pater nichts davon, denn auch diesmal hatte ich zuerst gedacht, der Beichtstuhl dufte so. Aber beim Hinausgehen fragte ich plötzlich meine Frau, die vor mir im Beichtstuhl gewesen war, ob sie den Rosenduft verspürt habe, und sie verneinte.

Es war der 11. Februar, das Fest der Madonna von Lourdes, der den Kranken geweihte Tag.

Bericht von Nicola Ippolito

Am späten Donnerstagnachmittag, 20. Januar 2000, telefonierte ich mit meiner Schwester, um zu fragen, wie es Matteo gehe, denn meine Mutter hatte mir berichtet, dass das Kind hohes Fieber habe. Ich erhielt bestätigt, dass die Temperatur hoch sei und keine Therapie Wirkung zu zeigen scheine.

Einige Stunden später sprach ich am Telefon auch mit meinem Schwager, der mir berichtete, dass Hautflecken aufgetreten seien und dass Matteo demnächst hospitalisiert werde.

Ich eilte aus dem Haus und zum Auto hin, um nach San Giovanni Rotondo zu fahren.

Ich war noch nicht lange auf der Fahrt, als mich auf dem Handy der erste Anruf meiner Schwester erreichte, die mir weinend sagte, dass es um das Kind schlimm stehe.

In kaum einer halben Stunde erhielt ich mindestens zwei weitere Anrufe meiner Schwester, die mir weinend immer den gleichen Satz wiederholte.

Ich kam atemlos vor 22.00 Uhr im Krankenhaus an und wurde inne, dass die Lage schrecklich schlimm war, denn ich erblickte die Mutter des Kindes verzweifelt.

Ich rannte zum Isolierungszimmer der Pädiatrie, wo verschiedene Ärzte meinen Neffen untersuchten.

Mich ergriffen seine Schreie, seine Klagen und vor allem die Flecken, die ihn am ganzen Körper bedeckten.

Ich las dem Gesicht meines Schwagers seine tiefe Besorgnis ab und hörte, wie er Matteo mitteilte, dass ich bei ihm sei.

Obwohl er auf Fragen ziemlich klar antwortete, vermochte er nicht, mich zu erkennen, und ich werde nie diesen Blick vergessen, seine grünlichen Augen, die geöffnet, aber erloschen, ins Leere verloren waren.

Als die Ärzte wegen der in den Blutgefässen verbreiteten Koagulation vermuteten, dass es eine komplizierte Meningitis sei, beschlossen sie, den Patienten in die Reanimation zu überführen, damit er entsprechender betreut werden könne. Unterdessen nahmen die Flecken an Zahl und Größe zu und dunkelten zusehends.

Wir verbrachten die Nacht unter Weinen und Beten in Erwartung eines Hoffnungszeichens.

Nach vielen Jahren der Entfremdung begann ich in dieser Nacht wieder zu beten; ich näherte mich wieder Gott und rief — wir riefen — Padre Pio an, damit er für Matteo eintrete.

Die aufeinanderfolgenden Informationen waren immer besorgniserregender. Matteo war mit einer Sonde versehen worden, vermochte sonst kaum zu atmen; er war bewusstlos und wurde in pharmakologischem Koma gehalten; die Lumbalpunktion förderte eine eiterige Flüssigkeit zutage.

Während des Vormittags von Freitag, dem 21., erreichten mich Informationen, die meinen schwachen Hoffnungen ein Ende bereiteten: Schon ein schlimmes Lungenödem aufweisend, hatte das Kind einen Herzstillstand erlitten, den die Reanimatoren zu beheben suchten. Mir wurde von einer anhaltenden Anoxie berichtet, so dass ich mir leider sagen musste, dass nichts mehr zu machen sei.

Die Verzweiflung war total.

Mich hielt nur noch mein wiedergefundener Glaube aufrecht.

Ich betete, betete wie noch nie, und bat Padre Pio, einzugreifen. Ich sagte zu ihm: «Wie kannst du zulassen, dass ein unschuldiges Geschöpf im Stich gelassen wird und stirbt, gerade hier in deinem Krankenhaus?»

In diesen Momenten kam auch mein Bruder an, und da wir nicht zu sprechen vermochten, konnten wir nichts anderes tun als uns umarmen, damit der eine auf der Schulter des anderen weinen könne.

Es braucht nicht betont zu werden, dass die folgenden Tage katastrophal waren.

Im Bestreben, unsern Hoffnungen Gestalt zu geben, zählten wir die Minuten, die Sekunden, die vorübergingen. Die Informationen, die uns erreichten, waren immer negativer; die hämatochemischen Untersuchungen zeigten Veränderungen der Anzahl der Blutplättchen, der Leukozyten und der Parameter der Koagulation; die Röntgenbilder des Brustkorbes zeigten ein Syndrom von Atemnot, während das Herzchen wieder zu schlagen begonnen hatte, aber nicht im richtigen Rhythmus.

Die einzigen Momente relativer Ruhe erlebte ich am Abend, wenn ich mit meiner Verlobten und meiner Schwester am Grab Padre Pios beten ging.

Ich vertraute mich ihm als dem letzten Wall an, außer dem ich nur Verzweiflung sah.

Inzwischen gingen die Stunden langsam vorbei, der Knabe und wurde durch die Verabreichung von Morphium und Kurare in pharmakologischem Koma gehalten.

Ich wollte ihn, wenn auch nur hinter der Glaswand, sehen; der Blick auf ihn war für mich schrecklich, aber auch erhellend.

Matteo lag wie ein Klotz da, aber die beiden großen Flecken auf dem Kinn und auf der Stirn waren vollständig verschwunden, als ob eine mitleidige Hand den Stempel des Leidens von seinem Gesicht gewischt hätte.

Ich verspürte in diesem Moment eine unbeschreibbare Empfindung; in mir verstärkte sich die Hoffnung, dass Matteo geheilt werde; ich war mir bewusst, dass das Kind nicht allein war und dass meine, unsere Gebete erhört worden waren.

In den folgenden Tagen kam es zu noch mehr Tränen und Gebeten, die von vielen von uns einbezogenen Personen an Padre Pio gerichtet wurden.

Wir baten Freunde, Verwandte und auch Unbekannte, zu beten und die Hilfe des Padre mit den Wundmalen zu erflehen, und sie taten das.

Nicht nur in San Giovanni Rotondo, sondern in ganz Italien, ja auch im Ausland kamen Gebetsgruppen zusammen.

Vor diesen traurigen Tagen hatte mein Glaube gewankt, dann war er zusammengefallen, doch gerade im Leiden fand er wieder Kraft und Stärke.

Einen weiteren entscheidend wichtigen Moment erlebten wir ungefähr eine Woche nach der Hospitalisierung.

Eines Abends teilte man uns mit, dass der Schädel des Kindes einer axialen-Computer-Tomographie unterzogen werde, um die von der Krankheit hervorgerufenen Schäden zu bemessen.

Mein Schwager und ich warteten die Ergebnisse in unbeschreiblicher Angst und Besorgnis ab.

Als der Neurochirurg in die Abteilung trat und dabei die Befunde schwenkte und schrie, dass die Röntgenaufnahmen «sauber» seien, wurde uns bewusst, dass Matteo durchzukommen vermocht hatte.

Die Tomographie zeigte kein Hirnödem und erst recht keine Flecken.

Niemand von uns erwartete das, vor allem im Blick auf die Haut des Kindes, die vollständig von Flecken überzogen war. Nach meinem Wissen und Gewissen erkläre ich als Arzt, dass diese völlig saubere Tomographie für mich völlig unerklärlich war und immer noch ist.

Falls Matteo innerlich auch nur einen Zehntel der Schäden gehabt hätte, die er äußerlich aufwies, wäre er endgültig verloren gewesen; sein zentrales Nervensystem war jedoch unbeschädigt.

Der Moment des Erwachens war eine überaus beglückende Szene. Matteo bewegte die Augenlider, und zusammen mit ihm kehrten wir alle, die um ihn herum standen, zum Leben zurück. Nach einiger Zeit erzählte uns das Kind, obwohl es wegen des Luftröhrenschnittes nicht sprechen konnte, in Lippenmimik, ein alter Mann mit Bart, braungekleidet, habe ihm Gesellschaft geleistet, ihn an der Hand gehalten und zu ihm gesagt, er werde sehr bald geheilt sein.

Die Gemütsbewegungen, die ich erlebte, sind unbeschreiblich; nicht einmal ein ganzer Schwall von Worten könnte sie wiedergeben.

Die Reliquien Padre Pios leisteten Matteo in seinem Spitalbett Gesellschaft; insbesondere eine wurde von meinem Neffen fest in der Hand gehalten, wie wenn er in diesem Moment nicht bloß eine einfache Ikone festhielte, sondern die Hand des Padre von Pietrelcina.

Ungeachtet seines gewaltigen Leidens hatte das Kind eine erstaunliche innere Ruhe, die klar auf uns durchschimmerte, die um es herum waren, und unsere Freude stärkte; wir wussten Matteo in überaus angenehmer Gesellschaft.

Nach Tagen und Nächten des Leidens und Betens zu sehen, wie Matteo lächelte, mit Videospielen spielte, aß und sich bewegte, war ein herrliches Geschenk, das Gott uns auf die Fürbitte Padre Pios hin gemacht hat.

Das ist meine Meinung, die unauslöschlich mir ins Herz, in den Geist, in die Seele gemeißelt ist.

Ich habe meinen Glauben wiedergewonnen und bin mir aufs Stärkste bewusst geworden, dass ich auf meinem Weg nicht allein bin. Ich kann mit absoluter Gewissheit sagen, dass meine Bekehrung für mich ein weiteres Wunder Padre Pios darstellt.

Heute ist Matteo zur Schule zurückgekehrt, zum Leben zurückgekehrt, und ich werde dem, der all das ermöglicht hat, nie genug danken können.

Auszüge aus dem klinischen Bericht des Doktors Pietro Violi

... Um 9.00 Uhr sind die klinischen Bedingungen verzweifelt: Anoxie, allgemeine Zyanose; trotz der gestützten mechanischen Ventilation eine Desaturation von <30%; die anwesende Krankenschwester gibt 18% an; akutes Lungenödem; wegen septischem Schock lässt sich der arterielle Druck nicht feststellen; der ganze Körper ist (durch CID) mit Flecken bedeckt; vom Herzjagen ist er wegen schlimmer Herzinsuffizienz zu äußerst verlangsamter Herztätigkeit übergegangen; wegen des Fehlens der Nierendurchströmung spricht er nicht auf die harnfördernden Mittel an, darum kommt es zu akuter Niereninsuffizienz. Alles lässt denken, dass sich das Waterhouse-Friderichsen-Syndrom gebildet hat.

Diese verzweifelte Situation mit den genannten Parametern dauert über eine Stunde...

... Die verheerende klinische Situation, die über den kleinen Patienten Matteo Colella gekommen ist, stellt sich als tödliche Meningitis heraus, die sich zum Multiple Organ Failure (MOFS) + Acute Respiratory Distress Syndrome (ARDS) entwickelt hat...

Die MOFS in dem in Untersuchung befindlichen Patienten hat neun Organe befallen...

Ich erachte es als angebracht, daran zu erinnern, dass die internationale Literatur, die ich in Kopie beifüge, in der Kasuistik des Prozentsatzes der Sterblichkeit mit dem Befall von fünf Organen schließt, denn gleich darauf, d.h. beim Befall von sechs Organen, wird nie das Überleben eines Patienten verzeichnet, sondern beträgt die Mortalitätsziffer 100%.

Die an drei Organen von MOFS befallenen Patienten, die diese schwerwiegende klinische Situation überstehen, gelten als Überlebende und haben eine sehr, sehr langsame Genesung. Sicherlich erwachen solche Patienten nicht, wie das bei Matteo der Fall war, in ungefähr zehn Tagen und bitten dann um ein Coca-Cola-Eis und um die Erlaubnis, in der Play-Station zu spielen, obwohl er, ich wiederhole, von tödlicher Meningitis und an neun Organen von MOFS und von ARDS befallen ist…

Das Syndrom von multiorganischer Insuffizienz stellt eine Systemsverwirrung dar, deren Kennzeichen eine globale Veränderung der Immunregulation, eine allgemeine Funktionsstörung des Bindegewebes und ein Hypermetabolismus sind, auf den eine mehrfache schwere Funktionsstörung von Organen folgt mit sequentialem oder begleitendem Auftreten.

Der Prozentsatz der Mortalität hängt von der Anzahl der betroffenen Organe ab und variiert von 50% bis über 85%, wenn bis fünf Organe befallen sind, und beträgt 100% bei über fünf befallenen Organen.

…In unserem spezifischen Fall ist die MOFS ursprünglich septischen Ursprungs; der Anstoß zur Sepsis und zum septischen Schock geht vom evidenziablen Infektionsherd aus: tödliche Meningokokkämie, eine der schlimmsten und mit ungünstiger Prognose, 100% Mortalität, wenn mehr als fünf Organe betroffen sind. In unserem Fall sind es, ich wiederhole, neun Organe:

1) Nervensystem
2) Atmungsapparat
3) Herz- und Gefäßapparat
4) Nieren
5) Leber
6) Blut und Koagulationssystem
7) Nebennieren
8) Magen-Darm-Apparat
9) Haut.

Das also ist die Aufzählung und Benennung der gleichzeitig insuffizienten Organe. Wir stehen dieser ungewöhnlichen Heilung immer mehr überrascht, ja, wie ich zu sagen wagen würde, ungläubig gegenüber.

Das einzige Ergebnis, damit sie uns weiterhin verblüffen kann, sind die seltenen überentwickelten Narben.

... Das Kind wurde am 26. Februar 2000 als geheilt entlassen. Seit ungefähr einem Monat nimmt es die Betätigung in der Schule mit bestem Gewinn und Erfolg wieder auf.

Auszüge aus dem Zeugnis des Doktors Paolo De Vivo

Die Krankheit, von der das Kind befallen war, war eine Meningokokken-Sepsis, die kompliziert wurde durch eine Kompensationsstörung des Herzens und des Kreislaufs, durch eine Atmungsinsuffizienz, eine Koagulatopathie, oligo-anurische Niereninsuffizienz; sie heilte restlos.

...Im Verlauf von ungefähr acht bis zehn Tagen traten die für das Leben besorgniserregendsten Aspekte des Falles zutage. Die Stabilisierung erfolgte in den folgenden zehn Tagen.

...Bei meiner Ankunft in der Abteilung, am Morgen des 21. Januar 2000, wurde ich von meinen Mitarbeitern informiert, und nachdem ich die Atmungsbedingungen des Patienten eingeschätzt hatte, ordnete ich an, ihn mit einer Sonde zu versehen und an einen mechanischen Ventilator anzuschließen. Nach einigen Dutzend Minuten seit dem Beginn der mechanischen Ventilation kam es zu einem schweren Herz-Kreislauf-Kollaps mit äußerst verlangsamter Herztätigkeit, so dass das Bevorstehen eines Herzstillstandes zu befürchten war.

Man traf alle Maßnahmen, um gegen diese Eventualität Widerstand zu leisten; man verabreichte Dosen von Katekolamin, welche die vorgeschriebenen überschritten. Inzwischen trat das schwere Nierenleiden und die schlimme Veränderung der Blutgerinnung zutage. Außer für den Kreislauf wurden auch für diese weiteren Funktionen Stützungstherapien in Gang gesetzt mit überreichen Dosen harntreibender Mittel, Plasma, Plasmaderivaten und sympathico-mimetischen Aminosäuren.

Schon in diesen Momenten war ich von der Unmöglichkeit eines Erfolgs überzeugt, oder mindestens überzeugt davon, dass, wenn es uns auch gelingen würde, das Leben zu retten, schwere Hirn- und Nierenschäden zurückbleiben würden.

... Ich erinnere mich, dass am zweiten Tag ein akutes Lungenödem auftrat. Es war so heftig, dass die Diagnose zwischen akutem Lungenödem und akuter Hämorrhagie der Luftwege schwierig zu stellen war. Der Zustand besserte sich erst nach langen Stunden der Ventilation mit so hohen positiven Spannungen, dass irreparable Schäden am Lungenparenchym zu befürchten waren. Ein paar Tage später wies eine weitere Krise eines akuten Lungenödems die gleichen Merkmale auf, wenn sie auch weniger lange dauerte. Diese Episoden von Herzdekompensation, die Dimensionen des Herzens wie sie den Radiogrammen zu entnehmen waren, die Notwendigkeit, den Kreislauf mit sehr hohen Dosen von Adrenalin und Noradrenalin zu stützen (mit Dosen, die auch für einen Erwachsenen sehr hoch gewesen wären), ließen mich überzeugt werden, dass ein unvorhergesehener Herztod erfolgen oder ein schweres Herzleiden zurückbleiben würde, falls das Kind überleben würde.

Auch dass die Genesung so rasch und so vollständig erfolgte, stellen meines Erachtens Reflexionselemente dar.

... Man unterließ auch nie Reanimationsmaßnahmen, auch wenn ich persönlich mehrmals gedacht habe, dass der Tod schon im folgenden Moment eintreten könnte. Ich selber nahm an und äußerte es auch bei mehr als einem Anlass laut zu meinen Mitarbeitern, dass ich keinen positiven Ausgang für möglich halte.

Ich entsinne mich, dass ich auch bei diesem Anlass wie in allen Momenten verzweifelter Hilfsbedürftigkeit an Padre Pio gedacht und ihn gebeten habe, einzugreifen.

Ich füge hinzu, dass in diesem spezifischen Fall ohne unser Zutun günstige Umstände eingetreten sind.

Ich sage, dass wissenschaftlich für jeden der vielfältigen Aspekte des klinischen Bildes Erklärungen möglich sind, wenn die Analyse sektoriell erfolgt.

Außergewöhnlich erscheint mir das Ganze, die Summe so vieler Begebenheiten, die einen positiven Ausgang hatten.

Bericht der Krankenschwester Angela Frattaruolo

Am 21. Januar 2000, morgens 7.00 Uhr, begab ich mich in die Abteilung zu meiner Arbeit.

Mein Kollege erblickt mich am Ende des Korridors, bringt mir einen grünen Mantel und eine kleine Maske und sagt zu mir: «Angela, zieh sofort diesen Mantel und diese Maske an und geh schnell zur Box D; es ist eine verzweifelte Situation, ein Knäblein, das eine Meningokokken-Meningitis mit verbreiteter CID hat.»

Ich tat in Eile, was der Kollege mir gesagt hatte: Ich ging zur Box D und sah dieses Knäblein, das erschrocken weinte.

Ich näherte mich und bemerkte, dass der ganze Körper Petechien aufwies, die sich nach und nach wie Ölflecken verbreiteten.

Bewegt fasste ich den Kleinen an der Hand.

Ich versuchte, ihn zu beruhigen, und sagte zu ihm: «Matteo, habe keine Angst, wir sind bei dir, wir verlassen dich nicht, du wirst sehen, dass es dir bald besser geht.»

Matteo wimmerte: «Lass mich! Lass mich!»

Doch ich entfernte mich nicht von ihm.

Als der Arzt in die Box kam, ließ er uns alles vorbereiten für den Luftröhrenschnitt und die Lumbalpunktion. Alles verlief gut. Nach der Beendigung der Lumbalpunktion versetzten wir das Kind in die Rückenlage, wir brachten es gut in Ordnung.

Plötzlich wurde das Kind bläulich und erbrach; die verlangsamte Herztätigkeit «könnte zu einem Herz-Kreislauf-Stillstand führen». So der Doktor. «Burschen, das Kind atmet nicht.» Sofort gingen wir an die künstliche Beatmung, und der Arzt schickte sich an, ihn von Hand zu untersuchen:

«Herzfrequenz 23, Sauerstoff-Saturation 18». Das Kind wurde immer mehr blaurot; es erholte sich nicht; aus dem Luftröhrenschnitt trat rötlicher Schaum: «Lungenödem».

Es setzte keine Besserung ein.

Wir alle waren verzweifelt, hatten gerötete, tränenvolle Augen.

Der Doktor: «Burschen, er erholt sich nicht; es ist nichts mehr zu machen.»

Trotz wiederholter Reanimationsmaßnahmen lebte das Kind nicht wieder auf. Verzweifelt und im Wissen, dass der klinische Zustand äußerst schlimm, der Tod zu erwarten war, gab der Arzt alles auf, zog sich die Handschuhe aus, ging ins Badezimmer und wusch sich die Hände.

Auch die Doktorin war da, verzweifelt, und ging auch ins Badezimmer sich die Hände waschen. Beide kamen wieder heraus und standen stumm eine Weile am Bett des kleinen Sterbenden.

Doktor Del Gaudio stand traurig einen Augenblick still da; dann sagte er: «Burschen, tun wir alles, was zu tun ist; macht Adrenalin bereit.» Mit meiner Kollegin machten wir fünf Ampullen Adrenalin bereit. Meine Kollegin betrat die Box des Kindes, ging zu ihm, griff in Eile nach dem mit der Zentralvene verbundenen Schlauch und spritzte das Mittel ein. Die Herztätigkeit erholte sich, die Sauerstoff-Saturation stieg, die Atmung wurde wieder aufgenommen. Darauf schritten wir zur weiteren Behandlung.

Als die Ärzte vom Vorgefallenen vernahmen, trauten sie den eigenen Augen nicht. Sie bemerkten: «Burschen, das ist ein Wunder.» Wir alle haben für Matteo gebetet, es ging uns besonders nahe, denn sicherlich war im Herz eines jeden eine Liebes- und Leuchtkraft.

Das Kind befand sich zehn Tage und mehr in einem äußerst schlimmem Zustand; dann traten Tag für Tag kleine Besserungen ein und nachher größere, bis zur totalen Heilung und zum Verschwinden der Petechien.

Bericht der professionellen Krankenschwester Anna Raffaella Clemente

Ich arbeite seit achtzehn Jahren in der Reanimationsabteilung, und wir mussten uns mit vielen Fällen und Schwierigkeiten befassen. Sicherlich aber bleibt der Fall des kleinen Matteo Colella wenigstens für mich der, der mich am meisten beeindruckt hat.

Am Morgen des 21. Januar 2000 wurde mir als Arbeitszone das «große Zimmer» zugeteilt, ein Revier der Abteilung mit fünf Betten. Gleich nach meiner Ankunft wurde ich über den in der Nacht neu Hospitalsierten informiert.

Die Kollegen, die ihren Turnus beendigt hatten, baten uns alle: «Burschen, passt ja auf, es besteht Verdacht auf Meningitis.» Von Neugier getrieben beschloss ich, bevor ich mein Revier betrat, den neuen Patienten aufzusuchen, der in einer der Boxen der zentralen Zone der Abteilung untergebracht war. Ich blieb vor der Tür der Box stehen, der Anblick dieses so leidenden Gesichts, dieses von rötlichen Flecken übersäten Körperchens und die Angst, mich anzustecken, ließen mich zurückweichen.

Ich ging in mein Revier. Gleich darauf kam der Chefarzt an, gefolgt von weiteren Ärzten, und sie gingen alle zur Box des neuen Patienten. Es war ein großes Hin und Her, und ich ging von neuem sehen, was sich ereignete. Es war unglaublich: Die Flecken, die den Körper Matteos bedeckten, hatten sich vervielfacht, sie nahmen sichtlich zu. Unterdessen trafen die ersten Ergebnisse der Untersuchungen ein, die am Patienten vorgenommen worden waren; sie bestätigten die vermutete Diagnose: Meningokokken-Meningitis.

Ich war erschrocken, vor allem, als ich den Chefarzt sagen hörte, dass er einen Fall wie den des kleinen Matteo nur von den Büchern her kenne.

Als ich am Weggehen war, kam die Kollegin Angela aus der Box und sagte zu mir: «Raffaella, sei so gut und schließ dich mit mir hier ein; ich benötige Hilfe.»

Da zog ich ebenfalls eine Bluse an und begab mich in die Box. Das Kindlein war immer schlimmer dran, und obwohl es an eine Sauerstoffquelle angeschlossen war, gelang es nicht, einen optimalen Saturationsgrad zu erreichen.

Der Chefarzt beschloss deshalb, den Kleinen mit einer Sonde zu versehen. Aus der Rachensonde floss mit Blut vermischter Schleim; das Knäblein hatte ein Lungenödem. Man fuhr mit den Reanimationsmaßnahmen weiter, erhielt aber keine positive Reaktion. Die Saturation nahm weiter ab wie auch die Herztätigkeit, der Blutdruck ließ sich nicht mehr messen. Ich sah mir die Miene des Chefarztes an und hatte den Eindruck, er fühle sich angesichts der schnellen Verschlimmerung der Situation hilflos. Kurz darauf ging er wie erledigt aus der Box und entfernte sich. Auch Doktor Del Gaudio war im Begriff, das gleiche zu tun, aber die Doktorin Salvatore hielt ihn zurück und sagte zu ihm: «Vorwärts, Freddy, machen wir einen letzten Versuch; stell dir vor, es sei dein eigener Sohn.»

Durch diese Worte wie erschüttert, blickten wir einander an. Doktor Del Gaudio kehrte zum Bett des Kindleins zurück: «Vorwärts, Burschen», sagte er, «machen wir den letzten Versuch.» In diesem Moment wandte ich mich in Gedanken an Padre Pio: «Padre Pio, hilf uns!» Dann hörte ich, wie Doktor Del Gaudio mich rief und zu mir sagte: «Mach in einer Spritze fünf Ampullen Adrenalin bereit!» Ich schickte mich an, sie zu bereiten, aber blickte, bevor ich es tat, aus dem Fenster, das auf den Platz zugeht, schaute auf die Kirche und bat noch einmal: «Padre Pio, rette den kleinen Matteo!» Ich machte das Mittel bereit, ging zum Patienten und spritzte es ihm in eine Vene.

Doktor Del Gaudio hielt mich dann an und fragte mich: «Hast du alles verabreicht?»

Und ich: «Ja; weshalb sollte ich nicht?»

«Nein, ich hatte dich nur gebeten, es bereitzumachen; ich wollte ihm nur ein wenig aufs Mal verabreichen.»

Ich war beschämt; wie konnte ich es nur wagen, ihm ohne Erlaubnis des Arztes das Mittel zu verabreichen?

Unverhofft begann die Herzfrequenz sich zu steigern und stabilisierte sich dann. Auch der Blutdruck begann die ersten Signale zu geben, obwohl er noch niedrig blieb. Als Doktor Del Gaudio mich so niedergeschlagen sah, beruhigte er mich: «Mach dir keine Sorge; wahrscheinlich war das die richtige Dosis, die er benötigte.»

Die Herz-Kreislauf- und Lungenparameter des Kindes stabilisierten sich nach und nach, und schließlich begann das gespannte Klima, das um das Kind herum entstanden war, sich zu beruhigen.

Wenig später besprach ich mit Doktor Del Gaudio den Fall, und er bekannte mir, dass auch er fast wütend gedacht hatte: Padre Pio könnte uns doch behilflich sein!

Die Behandlungen des Kindes gingen weiter, und man konnte fast von Tag zu Tag eine Besserung des Befindens feststellen. Man befürchtete zwar, die Krankheit könnte andere Organe (Herz, Hirn, Nieren) beschädigt haben, aber alle Untersuchungsergebnisse sprachen dagegen. Der kleine Matteo wurde aus der Reanimationsabteilung entlassen und für geheilt erklärt.

Auszüge aus dem Zeugnis und dem Bericht des Inspektionsarztes Doktor Alessandro Vilella

Die in das Krankenjournal eingetragene Entlassungsdiagnose ist in Bezug auf prognostische Anliegen sehr besorgniserregend sowohl *quoad vitam*: da die Entwicklung häufig zu tödlichem Ausgang führt, als auch *quoad valetudinem* wegen des sehr häufigen Vorkommens von schlimmen neurologischen, endokrinologischen, die Nieren und das Herz-Kreislaufsystem beeinträchtigenden Folgeschäden.

...Die Prüfung des Krankenjournals dokumentiert, dass der Zustand des kleinen Matteo äußerst schlimm war, und in Erwägung dessen sind die Behandlungsärzte so weit gegangen, dass sie bei der Therapie höhere Dosen von Heilmitteln verwendeten, als sie normalerweise Gleichaltrigen verabreicht werden.

...Alles in allem muss ich zugeben, dass die dem Minderjährigen zuteilgewordene Behandlung sicherlich angemessen und zweckdienlich war. Andererseits muss ich doch bekennen, dass es in der Abfolge der klinischen Geschehnisse, medizinwissenschaftlich gesehen, Grauzonen gab in dem Sinn, dass sie die vollständige Heilung des kleinen Matteo Colella nicht wissenschaftlich zu erklären vermögen, sondern dass man denken muss, es könnte ein übernatürlicher Eingriff stattgefunden haben.

...Der jetzige Gesundheitszustand des kleinen Matteo Pio ist gut und weist keinerlei Überbleibsel auf mit Ausnahme von Hautnarben, die Zeichen der vorangegangenen Äußerungen der Krankheit auf der Haut sind. Auch die hämatochemischen Untersuchungen... bezeugen Werte, die innerhalb der normalen Grenzen liegen.... Ich bestätige meine persönliche Verblüffung über das gänzliche Fehlen neurologischer, motorischer und/oder sensitiver Folgeschäden, über die normalen Erkenntnis- und Ausdrucksfähigkeiten und über das Fehlen von Überbleibseln zu Lasten der anderen vom Krankheitsprozess betroffenen Organe.

Auszüge aus dem gerichtsmedizinischen Gutachten des Professors Giovanni Rocchi, Peritus «ex officio» des Medizinischen Rates

Die ersten Daten, die sich aus dem Krankenjournal ergeben, zeigen das Vorliegen eines sinusalen Herzjagens beim Elektrokardiogramm (120 Herzschläge in der Minute), verbunden mit hohem Fieber (über 40° C.), einer Hypoglykämie mit leichter metabolischer Azidose... Voraus gingen Piastrinopenie, Veränderung des Fibrinogens und der Produkte seines Abbaus (D—Dimeres) wie im Fall von CID; die Kreatininämie und das Bilirubin waren vermehrt vorhanden.

Die Gesamtheit dieser Daten ließ die Entwicklung einer multiorganischen funktionalen Insuffizienz (MOFS) ahnen.

...Schon beim Eintritt in eine intensive Therapie wurde der Patient ruhig gestellt, in der Atmung unterstützt und mit geeigneten Heilmitteln behandelt, um der CID und der MOFS entgegenzuwirken...

Vormittags um 10.00 Uhr zeigte sich ein Lungenödem; aus der Rachenhöhle wurde Blut abgesaugt und trotz der Luftzufuhr sank die Sauerstoffsaturation auf kritische Werte des Sauerstoffmangels.

Der klinische Zustand des Patienten verschlimmerte sich noch... An diesem Punkt schritten die Ärzte zur äußerlichen Herzmassage..., ohne bedeutsame klinische Reaktionen zu erhalten: Die Blausucht dauerte sehr ausgeprägt weiter, die Blutergüsse waren auf der ganzen Oberfläche des Körpers verbreitet, und es wurde eine zweiseitige reflexlose Pupillenerweiterung konstatiert.

Die so äußerst bedenkliche klinische Situation dauerte ungefähr eine Stunde weiter...

...Am 5. Februar war der Patient fähig, spontan zu atmen, und er wies keine motorischen Defizite auf; am 6. Februar war er «ganz wach, orientiert und mitwirkend», fähig zu Gesprächen und Spielen (er spielte auf der Play-Station).

Am 12. Februar wurde das Kind von der Reanimation zur Pädiatrie überführt, aus der er am 26. Februar 2000 geheilt entlassen wurde.

Die schulische Tätigkeit wurde nach ungefähr einem Monat mit Gewinn wieder aufgenommen. Später von zwei Fachleuten einer medizinischen Untersuchung unterzogen, erklärten beide, das Kind sei bei guter Gesundheit, nicht von Restschäden befallen, insbesondere nicht von neurologischen, motorischen und sensitiven Mangelerscheinungen, und im Besitz normaler Erkenntnisfähigkeiten.

Erwägungen der Periti

... Im Fall des kleinen Matteo Colella haben sich sichtlich sämtliche schlimmsten Äußerungen der Meningokokken-Meningitis mit septischem Verlauf, verbunden mit einer negativen prognostischen Entwicklung, eingestellt.

... Die Möglichkeit, dass die im Zentrum der Intensivtherapie großzügig und rational angewandten Behandlungen bei der oben beschriebenen sehr schlimmen Lage eine entscheidende Rolle gespielt haben können, erscheint winzig klein..., wenn man das Mitvorhandensein der anderen größeren Verwicklungen mit möglicher ungünstiger Prognose bedenkt.

Medizinisches Rechtsgutachten des Professors Francesco Di Raimondo

— Die Erkrankung, an der der kleine Matteo Colella litt, lässt sich, wie im Entlassungsschein angegeben, klassifizieren als «Überaus schlimme Meningokokken-Sepsis mit starker konsumierender Koagulopathie und korrelativem Syndrom multiorganischer Insuffizienz».

— Die für jeden der beiden Aspekte des obigen Krankheitsbildes besondere Prognose ist ungünstig «quoad vitam», wobei «Exitus» (der Tod) in kürzester Zeit vorauszusehen ist.

— Die totale Heilung des ganzen zutage getretenen Erscheinungsbildes ist als ein nur kurz dauernder progressiver Vorgang anzusehen, der zuerst die klinischen Zeichen und die analytischen Befunde in Bezug auf die Meningokokken-Sepsis und dann die schlimmen Leiden betraf, die in wenigstens sechs lebenswichtigen Bereichen festgestellt worden waren.

— Die vorgenommene Behandlung, die in quali- und quantitativer Hinsicht eine ausgezeichnete war, erschien als passend und völlig entscheidend, was die Meningokokken-Sepsis betrifft; die pharmakologischen Maßnahmen und instrumentalen Eingriffe hingegen, die vorgenommen wurden, um dem voraussehbaren Verscheiden des Patienten entgegenzuwirken, können, auch in ihrer vollen Korrektheit und potentiellen Wirksamkeit in der gegebenen Zeit nicht als das Instrument angesehen werden, dem eine positive Wendung des ganzen Krankheitsbildes zuzuschreiben wäre.

— In Anbetracht des in den vorhergehenden Punkten Angedeuteten ist anzunehmen, dass der ganze zutage getretene Symptomenkomplex nicht einzig auf Grund der vorgenommenen Behandlungen auf eine Heilung hinausgelaufen sein kann, sondern dass er in wissenschaftlicher medizinischer Sicht mit gutem Grund unerklärlich bleibt, besonders wenn man das oben vorgebrachte offensichtliche Syndrom multiorganischer Insuffizienz in Betracht zieht, und zwar seiner schädigenden Wirksamkeit im Ganzen nach, als auch dem Umstand nach, dass der Schaden sich auf jeden einzelnen betroffenen Bereich auswirkte.

— Die Heilung erfolgte relativ rasch, total und nachhaltig; sie wurde in nachher erfolgten klinischen und analytischen Kontrollen bestätigt.

Was den von der Reihe der vorgenommenen Elektroenzephalogramme dokumentierten Gehirnschaden betrifft, ist hervorzuheben, dass beim Herauskommen aus dem Komazustand sich sofort das wache Bewusstsein äußerte, das im Raum und in der Zeit vollkommen orientiert und zu Mitteilungen fähig war, die wegen des emotionellen und relationellen Betroffenseins beanspruchend waren wie beim spontanen Bericht über eine mysteriöse freundschaftliche Gegenwart (des seligen Padre Pio?) während des Komazustandes. Es ist daran zu erinnern, dass die Rückkehr zu einer vollen neuropsychischen Normalität, vor allem sämtlicher sogenannter «höherer Funktionen», schon beim Herauskommen aus der Bewusstlosigkeit normalerweise nicht eintritt, gleich, ob es sich nun um ein «natürliches» Koma handelt oder um einen «künstlichen», das heißt um einen pharmakologisch herbeigeführten Komazustand.

... Der Schreibende nimmt, zum gegenwärtigen Zeitpunkt, vorwiegend die Hypothese an, dass die Überwindung eines dem Tod geweihten Krankheitszustandes, der so offensichtlich irreversibel war, dass er die ganze Medizinerequipe dazu brachte, jede Therapie abzubrechen (damit erklärten sie die «Kapitulation» vor dem Sterben, das in diesem Zeitpunkt im Gang war) nicht natürlich erklärbar ist. Angesichts des Ausbleibens eines positiven Ansprechens auf die vielfältige Behandlung, die perfekt durchgeführt wurde in der Hoffnung, sämtliche betroffenen anatomisch-klinischen

Bereiche, vor allem den Hirn- und Herz-Kreislauf-Bereich zur Lebensnormalität zurückzubringen, wurde der Tod bereits als sicher vorausgesetzt.

Theologisches Gutachten
(Votum I der Konsultoren-Theologen)

In wenigen Fällen liegt, wie im vorliegenden Fall, eine solche Fülle von klaren und überzeugenden Beweisen für ein so wichtiges Element vor wie das der einmütigen Anrufung und der chronologischen Übereinstimmung zwischen Anrufung und Heilung und folglich auch für den direkten kausalen Zusammenhang zwischen den beiden Fakten, die sowohl auf der geschichtlichen als auch auf der rechtlichen Ebene einwandfrei erwiesen sind. In der Tat fand für die Heilung von Matteo Pio Colella ein eigentlicher Kreuzzug von Gebeten zum seligen Pio von Pietrelcina statt, von dem Augenblick an, als man um die Schwere der Krankheit, die den kleinen Erkrankten befallen hatte, wusste, bis zu seiner völligen Heilung, die selbst die behandelnden Ärzte verblüffte, die ihn aufgegeben hatten.

Zunächst die Eltern des Kleinen, die beide Padre Pio sehr verehren, aber auch die Angehörigen, Freunde, Ordensleute, die Kapuziner von San Giovanni Rotondo baten zur Rettung des Knaben Padre Pio unablässig um Hilfe.

Schon bevor er erkrankte, besuchte Matteo mit seinen Eltern jeden Sonntag des Grab Padre Pios. Während der Krankheit betete er, sobald er das Bewusstsein wiedererlangt hatte, zu ihm, auch deshalb, weil dieser «im Schlaf» (im Zustand des Koma) ihm erschienen sei und die Heilung zugesichert habe.

Sein Vater, Doktor Antonio, versichert, dass er schon in der Nacht der Hospitalisierung des Sohnes sich zusammen mit seiner Frau, mit den befreundeten und weiteren Personen an Padre Pio gewandt und seine Fürbitte für die Heilung des Kindes erfleht hat und dass die Gebete nie unterbrochen wurden. Alle diese Aussagen werden von der Mutter Matteos bestätigt. Für dasselbe Anliegen beteten auch die folgenden Personen:

— Doktor Alfredo Del Gaudio, Spezialarzt für Anästhesie und Reanimation;

— Herr G. Palladino, Krankenwärter;

— Frau A.R. Clemente, Krankenschwester;

— Doktor Gorgoglione Nicola, Kinderarzt;

— der Chirurg Doktor Ippolito Nicola, Onkel mütterlicherseits des Geheilten. Er sagt: «Wir begaben uns in kleinen Gruppen an das Grab des seligen Pio, vor allem am Abend zum Rosenkranzgebet», und fügt hinzu, dass man auch in den Vereinigten Staaten betete und während der ganzen Krankheitszeit Matteos weiterbetete.

— Doktor Michele Pellegrino, Kinderarzt;

— Frau Centra Concetta, Schullehrerin Matteos; diese hatte, Witwe geworden, die religiösen Praktiken gänzlich aufgegeben, bei diesem Anlass aber den Glauben wiedererlangt, und sie betete um die Heilung ihres kleinen Schülers;

— Herr Augello Raffaele, Krankenwärter; er sagt generell: «Die Gebete wandten sich an Gott durch die Fürbitte Marias und der Heiligen»; gleich nachher spricht er aber klar von Gebeten zu Padre Pio;

— auch der Doktor De Vivo Paolo, Chefarzt der Abteilung für Anästhesie und Reanimation II versichert, er habe zu Padre Pio für den kleinen Kranken gebetet.

Interessante Einzelheiten finden sich in der Aussage des Kapuzinerpaters Rinaldo Totano, Verantwortlicher für die Jugendgruppen. Er begleitete die Eltern Matteos zum Gebet in die Zelle Padre Pios; am Abend betete er den Rosenkranz vor, der am Grab des Seligen zusammen mit den Mönchen und den Eltern des Kindes verrichtet wurde; zudem lud er alle ihm bekannten Personen zum Beten ein.

Auch als sich das Gerücht verbreitete, das Kind sei gestorben, betete man weiter, und nach der Heilung des Sohnes ließen die Eltern zum Dank an Padre Pio heilige Messen zelebrieren.

Schluss

Ich glaube, dass wir über mehr als hinreichende Elemente verfügen, um mit aller moralischen Gewissheit den Schluss zu ziehen, dass die Heilung von Matteo Pio Colella, die vom Medizinischen Rat einstimmig für unerklärlich erklärt worden ist und in perfekter chronologischer Übereinstimmung mit den ununterbrochenen Gebeten erfolgt ist, die so viele Personen an Padre Pio richteten, der Fürbitte unseres Seligen zuzuschreiben ist, denn sie weist sämtliche Merkmale des Wunders III. Grades *quoad modum* auf.

Dritter Teil

Die «Zufälle» und die Träume

Bei dem an Matteo geschehenen Wunder haben in jeder Hinsicht unglaubliche Fakten, merkwürdige Zufälle, mitgespielt.

Und da ich überzeugt bin, dass die Zufälle, die in unserem Leben — zumal in besonderen Momenten — vorkommen, die Steine eines vom Herrn geschaffenen Mosaiks, zu merkende und zu verstehende Zeichen sind, will ich einige davon erzählen.

Wie die Zufälle waren zudem die Träume ein seltsamer Leitfaden dieses besonderen Ereignisses.

Zu den Träumen bieten Psychologen und Psychiater organische, neurologische und wissenschaftliche Erklärungen.

Auch ich, die ich Medizin studiert habe, weiß, dass es bewusste und unbewusste Mechanismen gibt, die den Schlaf und somit den Traum regeln, und bin mir ebenfalls bewusst, dass wir beim Schlafen oft Geschehnisse und Emotionen, die uns betreffen, verarbeiten.

Doch ein Teil von mir vertraut sich dem Transzendenten an und will an die prophetische Kraft des Traumes glauben.

Das Alte Testament strotzt von solchen Bezügen.

Auch die Geschichte der Heiligsprechung Padre Pios ist voller Episoden, in denen er sich in Träumen bekundet hat.

Ich will bloß an das erinnern, was mir persönlich passiert ist oder was andere mir berichtet haben, obschon ich weiß, dass Ungläubige oder Positivisten meinen Bericht belächeln (oder vielleicht sich darüber lustig machen) werden.

Ich bin und bleibe so, ein wenig sonderlich, in die Metaphysik, in Zeichen, in die Liebe Gottes verliebt, der sich äußert wann und wie er will.

«Ich bin der Herr, der alles bewirkt, der ganz allein den Himmel ausgespannt hat, der die Erde gegründet hat aus eigener Kraft, der das Wirken der Zauberer vereitelt und die Wahrsager zu Narren macht, der die Weisen zum Rückzug zwingt und ihre Klugheit als Dummheit entlarvt, der das Wort seiner Knechte erfüllt, und den Plan ausführt, den seine Boten verkünden» (Jes 44,24-26).

Was im Dezember 1999 geschah

Das Weihnachtsgedicht

Wie ich es bei besonderen, religiösen oder profanen, Gedenktagen zu tun pflege, schrieb ich im Dezember 1999 auf Weihnachten hin für Matteo einige Zeilen, ein einfaches Gedicht zum Auswendiglernen, um von den Großeltern, Onkeln und Tanten Komplimente und zur Belohnung ein kleines Geldstück zu erhalten.

Nach langer Zeit fand ich, sagen wir «zufällig», den Zettel, auf den das Gedicht geschrieben war.

Heute haben diese Worte für mich einen seltsamen, tiefen Sinn, doch damals schrieb ich sie in drei, vier Minuten nieder, ohne dabei viel zu denken, wie es bei mir stets der Fall ist, wenn ich mich zum Schreiben entschließe.

Es sind die Worte:

Ich erwarte dich

Jesus, ich erwarte dich
als einen lieben Freund.
Komm zu mir,
reiche mir die Hand,
um weit zu gehen.
Bringe mir dein Lächeln,
wir werden es einsamen Kindern weitergeben.
Bringe mir deine Kraft,
wir werden sie Verängstigten geben.
Bringe mir deinen Mut,
wir werden ihn Verzweifelten geben.

Jesus, ich erwarte dich
als einen geliebten Bruder.
Komm zu mir,
gib mir dein großes Herz,
Stück um Stück;
wir werden es der Welt geben,
um sie in Wonne zu hüllen
und um dem Schmerz ein Ende zu machen.

An eben dieser Weihnacht erwartete Matteo, wie sein Heft bezeugt und wie ich es in meinem Zeugnis schon angedeutet habe, Jesus, den wahren Jesus, um ihn zu erkennen, ihm zu begegnen.

Wahrscheinlich hat eine Bitte von ihm mich veranlasst, diese Worte zu schreiben.

Jetzt erschauert es mich, wenn ich sie wieder lese, denn ich konnte ja damals nicht voraussehen, dass Jesus ihn durch das Leiden einholen und ihm seine Kraft und seinen Mut zur Hinwendung an andere Leidende geben würde, damit sie miteinander mit dem Schmerz fertig werden.

Ich konnte mir nicht vorstellen, dass Jesus ihm durch Padre Pio die Hand reichen würde, um ihn zu uns zurückzubringen.

Als die Lehrerin Concetta während der Italienischstunde im Briefchen, um das sie die Schüler gebeten hatte, die nur wenigen Worte über die Weihnachtsgeschenke las, die das Knäblein niedergeschrieben hatte, war sie über den Mangel an Eifer Matteos enttäuscht und tadelte ihn, weil er sich nicht stärker angestrengt hatte.

Nun aber erinnert sie sich stets sehr gerührt an diese dürftig erledigte Schulaufgabe, die zum Beginn der wahren Begegnung Jesu mit seinem kleinen Schüler werden sollte.

Was im Januar 2000 geschah

Der Traum Marias
(25. Januar 2000)

Maria wohnt gegenüber.

In einer der Nächte, in denen Matteo in der Reanimation im Koma lag, hatte Maria von Padre Pio geträumt, der sie inständig bat, mir ein Bildchen oder etwas anderes von ihm zu bringen, denn dann werde es Matteo besser gehen und ich erleichtert sein.

Aber Maria besaß nichts vom Padre, und zudem war es ihr als einfältig erschienen, in jenen Tagen großen Schmerzes zu mir zu kommen, um eine solche Einzelheit zu erzählen, die banal anmuten konnte. Zwar gingen die Worte Padre Pios ihr täglich im Kopf herum, aber sie vermochte nichts für mich zu tun.

Als, erst ungefähr ein Jahr nach der Krankheit, Maria sich entschloss, mir vom Traum zu berichten, habe ich ihn damit in Zusammenhang gebracht, dass mir in jenen Tagen Reliquien Padre Pios und seine Fotografie in die Hände kamen, aber von all dem wusste Maria nichts.

Lange war sie gequält, weil es ihr unmöglich war, mir etwas, das Padre Pio gehört, zu bringen, und weil sie, trotzdem ihre Schwester sie dazu anhielt, mir den Traum nicht erzählt hatte, und weil sie nicht zu begreifen vermochte, dass darin, was Padre Pio in jener Nacht von ihr verlangt hatte, ein Sinn liege.

Jetzt fragen wir uns, ob der Padre sein Eingreifen, sein Eintreten für die Heilung meines Sohnes nicht deshalb Außenstehenden mitteilen wollte, damit das bezeugt werde. Vielleicht wollte er indirekt sagen: «Wenn es Matteo gut geht, dann deshalb, weil etwas von mir, ich selbst, zu ihm gegangen ist.»

Mein Glaube lässt mich das annehmen!

Man wird mich für verrückt halten können, aber die Zeichen vom Himmel sind wie eine leichte Brise, die zu hören man stillstehen muss.

Der Traum von Elisa
(30. Januar 2000)

In der Nacht, bevor Matteo aus dem Koma erwachte, am 30. Januar, träumte eine Tante Antonios, Tante Elisa, von der Auferstehung Christi.

Sie befand sich in Rho in ihrem Haus und war eingeschlafen, als sie für Matteo betete, wie alle unsere Angehörigen es nun seit zehn Tagen taten.

Auf einmal war sie erwacht und auch erschrocken wegen dieser so unüblichen Bekundung ihrer Traumphantasie.

Sie hatte Jesus gesehen, wunderschön, von einem starken weißen, blendenden Licht umhüllt; er erhob sich strahlend zum Himmel, als ob er in diesem Moment aus dem Grab auferstehe.

Auf den ersten, bangen Moment folgte ein unverhofftes Gefühl unerklärlichen Friedens und dann Glückes.

Tags darauf vernahm sie per Telefon zu ihrer großen Freude, dass Matteo die Augen wieder geöffnet hatte.

Aber weder sie noch wir konnten uns damals vorstellen, was dank der Heiligkeit Padre Pios auf das Erwachen Matteos folgen würde.

Weder sie noch wir konnten uns vorstellen, dass Matteo wieder voll zum Leben zurückkehren würde und dass durch das an meinem Sohn gewirkte Wunder Gott und Padre Pio verherrlicht würden.

Wir konnten es nicht wissen, aber Christus, ja, er; und wahrscheinlich war dieser Traum die Vorwegnahme der Freude, die später die Kirche umfangen wird, und dieses blendende Licht ein Erstrahlen jenes überaus starken Lichtscheins, den

Matteo in der Box der Reanimation während seines unglaublichen Traums erblickt hatte und das seiner Begegnung mit Padre Pio und den Engeln vorausging.

Mehr als einmal hat mein Sohn, wenn er von jenem Licht sprach, es mit Jesus identifiziert: «Weißt du, Mama, ich glaube, dass das wunderschöne Licht, das ich gesehen habe, bevor ich Padre Pio erblickte, Jesus oder Gott war. Es war so stark, dass ich nachher die Antlitze der Engel nicht zu sehen vermochte; auch sie waren zu lichtvoll.»

Was im Februar 2000 geschah

Der erste Traum Raffaellas

Als Matteo im Koma lag, begab ich mich, um Kraft und Frieden zu finden, Tag für Tag zur Messe nach Santa Maria delle Grazie, und zwar für gewöhnlich an die Seite des Altars neben der Orgel, damit ich nicht gesehen wurde und unbehindert weinen und beten konnte.

Eine Freundin von mir, Raffaella, sah nun in einer jener Nächte im Traum Padre Pio, ins Gebet versunken, mit einem Rosenkranz in der Hand, und ein starkes Licht beleuchtete ihn von hinten.

Padre Pio hielt sich an eben der Stelle in der Bank auf, die ich in jenen Tagen ausgesucht hatte, um mich zu sammeln, seine Hilfe zu erbitten und die der lieben Himmelsmutter, die auf dem Fresko über dem Altar thronte.

Raffaella wusste das nicht, erzählte aber ihren Traum, der sie tief beeindruckt hatte, einer gemeinsamen Freundin, Antonietta, die mich wiederholt in die Kirche begleitet hatte.

Antonietta war erschüttert über den seltsamen Zufall, dass Raffaella Padre Pio an eben dem Platz sitzen gesehen hatte, an den ich mich jeweils setzte, und sie erzählte mir das.

Mich überkam es spontan, dem Padre zu danken, denn ich sagte mir, dass er durch diese Freundin und diesen Traum mich wissen lassen wollte, dass er während der ganzen Zeit, in der ich betend in der Kirche weilte, bei mir war, und gerade da saß, wo ich saß, um, wie er es tat, als er noch lebte, seinen Rosenkranz zu beten, um mich zu stützen, worum ich ihn inständig gebeten hatte.

Manche werden meine Phantasie an der Arbeit sehen, aber, abgesehen von den Träumen, fühlte und fühle ich immer noch, zusammen mit Maria, den Padre neben mir mit der Liebe zu allen, die ihn anrufen.

Der zweite Traum Raffaellas
(3. Februar 2000)

Raffaella hatte Matteo schon in den ersten Lebensmonaten gepflegt und mich ersetzt, denn in jener Zeit hatte ich als Professorin in San Marco in Lamis zu unterrichten begonnen.

Heute kam sie, glücklich über das Wiedererwachen des Kindes, um mir einen seltsamen Traum zu erzählen, den sie in der Nacht vor der Erkrankung Matteos hatte, und der in den vergangenen Tagen ihr die Hoffnung gab, dass das Kind davonkommen werde.

Raffaella war von einer Menge Schnee umgeben und erblickte in einem bestimmten Moment mit großer Angst einen Neugeborenen auf dem Eis gleiten und sich die Stirne verletzen.

Erschrocken näherte sie sich ihm und legte ihm frischen Schnee auf die Wunde, aus der sie Blut fließen sah.

Sie verwunderte sich, dass nicht seine Eltern in der Nähe waren, die sie hätten unterstützen können.

Das Kind hatte sich inzwischen beim Darmentleeren ganz beschmutzt, und sie hielt es für gut, es in ihr Haus zu tragen und zu waschen.

Als sie das tat und das Popochen des Kleinen berührte, wurde sie sich bewusst, dass dieser Neugeborene Matteo war, den sie so manches Mal gewaschen und gewickelt hatte, und sie war glücklich, dass sie ihm behilflich sein konnte.

Raffaella hatte diesen Traum für sich behalten, da er sie tief verwirrt hatte, und als sie dann von der sehr schweren Erkrankung Matteos erfuhr, hatte auch sie sich ans Beten gemacht, und sie war überzeugt, dass der Traum eine Vorwarnung gewesen sei und dass Matteo, ungeachtet der Komplikationen, davonkommen werde.

In den Tagen, in denen Matteo im Koma lag, schneite es in San Giovanni stark, und die größte Besorgnis von uns allen im Hinblick auf das Überleben Matteos betraf eben den «Kopf»: dass das Gehirn des Kindes durch den langen Sauerstoffmangel schwer beschädigt worden sei.

Die Träume von Valeria
(4. Februar 2000)

Meine Cousine Lucia rief mich in diesen Tagen jeden Morgen vor 7 Uhr an, um Nachrichten über Matteo zu erhalten, und jeden Morgen konnte ich ihr sagen: «Auch diese Nacht ist vorbeigegangen; Matteo hält durch; er ist noch da.»

Jede Nacht war für mich endlos, ein Alptraum, ein mit angehaltenem Atem die Sekunden zählen in der Hoffnung, dass nicht das Telefon läute, um mir schlimme Nachrichten zu geben.

Ich ging in dieser Periode nur meinen Brüdern zuliebe zu Bett, die mich drängten, mich hinzulegen, aber mein Hirn weigerte sich, sich dem Schlaf hinzugeben; ich tat nichts anderes als beten, Rosenkranz um Rosenkranz, um nicht den Gebetsfaden abreißen zu lassen, der meiner Ansicht nach Matteo hinderte, uns zu verlassen.

Die Stille der Nacht, die für frohe Menschen so regenerierend ist, wurde zu einem erschütternden Getöse von Leid; das Dunkel füllte sich mit mysteriösen Schatten, die meine Seele quälten.

Das Ticken der Uhr auf dem Nachttischchen wurde zu der Trommel einer Trauermusik, eines Totentanzes.

Zwischen einem Ave Maria und einem Vaterunser strengte sich mein Geist mit geschlossenen Augen an, das lächelnde Gesicht Matteos zu sehen, das mich am Morgen des 20. Januar unterhalb des Hauses von Dora grüßte, doch das einzige Bild, das ich zu erarbeiten vermochte, war das seiner mit immer mehr Petechien besäten Blässe, des keuchenden Atmens, des verlorenen Blicks und des Lifts der Pädiatrie, der sich hinter ihm schloss.

An einem dieser Morgen ruft mich Lucia aufgeregter als je an, um mir zu sagen, dass die Tochter Valeria einen Alptraum hatte.

Sie erwachte schreiend und auf etwas in der Nähe des Balkons hinweisend.

Es ist der Morgen des Wiedererwachens Matteos aus der Bewusstlosigkeit, der 31. Januar.

Lucia und ihr Mann versuchten, sie zu beruhigen, und die Kleine sagte schluchzend, sie habe nahe beim Vorhang Padre Pio gesehen und sehe ihn immer noch, auf den Knien und mit gefalteten Händen, und nahe bei ihm den Papst, stehend, der die eine Hand auf sein Haupt legte und mit der anderen ihn segnete.

Erst nachher wird die Kleine der Mutter erklären, der Papst, den sie gesehen habe, sei nicht Johannes Paul II. gewesen, sondern ein robuster Papst, den sie auf einem Foto gesehen habe, also Papst Johannes XXIII.

Und erst nachher wird sie der Mama auch einen weiteren Traum erzählen: Padre Pio lag tot in einem Glassarg, und wurde in einer Prozession einer seltsamerweise festlichen Riesenmenge getragen, und seine Hände waren ohne Handschuhe und vor allem ohne Wunden.

Valeria ist ein Jahr älter als Teo, folglich kennt sie die Geschichte von Padre Pio nicht und weiß nichts davon, dass beim Sterben die Stigmen des Padre verschwanden.

Damals, als meine Cousine mir das erzählte, war ich vom Drama meines Sohnes so sehr mitgenommen, dass ich auf alle diese Worte nicht Gewicht legte.

Wenn ich jetzt hingegen darüber nachdenke, frage ich mich, ob jene Prozession nicht ein Vorspiel des großen Festes war, das Padre Pio auf Erden verherrlichen wird.

Und ich frage mich auch, ob nicht Papst Johannes und Padre Pio, die beisammen gesehen wurden, die beiden Heiligsprechungsprozesse darstellen, die sich parallel für den Padre und für den guten Papst abspielen.

Vielleicht entschied sich Padre Pio in seiner großen Mönchsdemut dazu, auch im Traum vor dem Papst zu knien.

Möglicherweise sage ich Verrücktheiten, aber es ist eben mein Herz, das spricht.

Der Traum der Mutter von Dora
(5. Februar 2000)

Am Nachmittag ruft mich Dora an, um mir zu sagen, dass ihre Mutter, die sich in Borgo Mezzanone befindet, von einer Prozession mit Padre Pio hier in San Giovanni geträumt hat, von einer Prozession ihm zu Ehren und zu Ehren der Madonna von Fatima.

Die Prozession fand anlässlich eines großen Festes statt mit ungefähr tausend Personen in einer Atmosphäre gewaltiger kollektiver Freude, und sie ging unter Gesängen und Gebeten auch an der Casa Sollievo vorbei.

Die Mutter von Dora konnte nicht verstehen, dass sie, gerade während Matteo in der Reanimation war, einen so freudigen Traum hatte.

In Wirklichkeit ging Matteo in eben jenen Tagen in gewaltigem körperlichem und seelischem Schmerz wieder auf das Leben zu.

Und gerade in jenen Tagen hatte er mit Mühe und mit den Lippen zu meinem großen Erstaunen von seiner Begegnung mit dem Padre zu erzählen begonnen.

Sicherlich konnte die Mama von Dora, vierzig Kilometer vom Krankenhaus entfernt, noch nichts von den Geschehnissen und ihrer Entwicklung hier wissen.

Und wie übrigens auch wir, konnte sie nicht wissen, wie wichtig die Heilung Matteos für die Heiligsprechung Padre Pios sein werde.

Erst jetzt geht mir der Sinn dieses Traumes auf: Die Prozession zu Padre Pio und zur Madonna war sehr wahrscheinlich ein Hinweis und Vorspiel zu den Festlichkeiten anlässlich der Heiligsprechung des Padre, an der gewiss die Jungfrau Maria mitwirkte.

Die Jungfrau, die der Padre so sehr liebte und die ihn, als er einmal um seine eigene Heilung bat, erhörte.

Maria hat in ihrer Mutterliebe auch Matteo beschützt und gewährt, dass das Wunder für die Heiligsprechung des Padre gerade in dessen «Haus» erfolgte, an dem Ort, der von seiner Durchhaltekraft und seiner Liebe zu den Menschen geschaffen wurde.

Und so werden wir in naher Zukunft sehen, wie Padre Pio und die Himmelsmutter in einer Prozession miteinander vor dem Krankenhaus vorbeigehen, um die Kranken zu segnen und ihnen Liebe und Stärkung zu bringen.

Und ich wünsche mir, dass die Madonna jedes Mal, wenn sie den mütterlichen Blick auf die Casa Sollievo richtet, in ihrer grenzenlosen Güte für einen Leidenden eintritt, wie sie es vor vielen Jahren für den Padre getan hat und jetzt für Matteo.

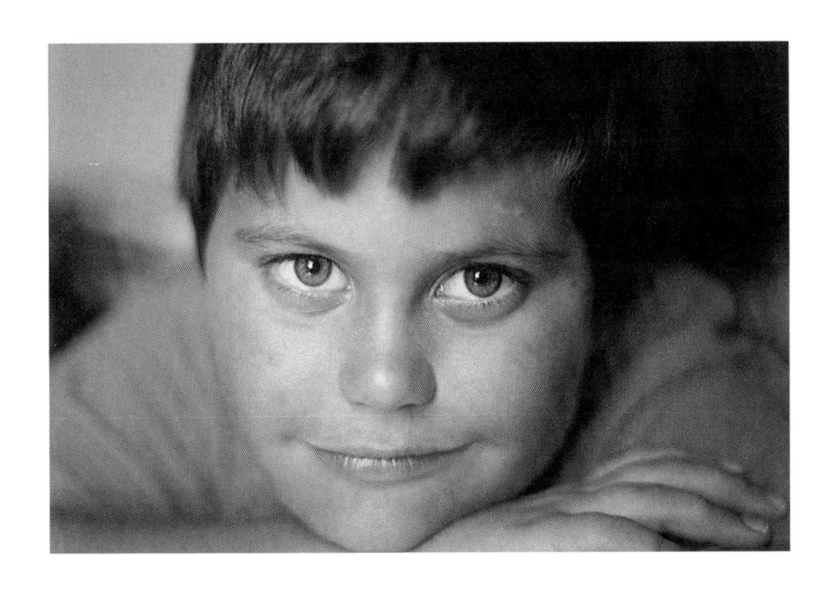

Matteo, Oktober 2000 (acht Monate nach der Heilung).

Die Schüler der 2. Elementarklasse der Schule Francesco Forgione im Juni 2000. Matteo ist der zweite von links, vier Monate nach der Heilung.

Verbalizza
Anche tu ricevi regali per
Natale? Quali doni vorresti
ricevere?
Racconta
Svolgo
Sì, io ho sempre ricevuto regali da
Babbo Natale. Per quest'anno
vorei conoscere Gesù vero.

Frage:

Bekommst du auch Weihnachtsgeschenke? Was hättest du denn gern?
Ja, ich habe immer Weihnachtsgeschenke bekommen. Dieses Jahr würde ich gern den echten Jesus kennen lernen.

Italienisch-Aufgabe, von Matteo kurz vor der Erkrankung geschrieben.

Venerdì 7 aprile 2000
Verifica e → e
Dettato
① Valentina è malata, perciò
è asente.
② I limoni e le arance sono
agrumi.
③ Il succo di pompelmo è un pò
amaro, ma ricco di vitamine.
O.

Freitag, den 7. April 2000

Diktat:

Valentina ist krank, deshalb ist sie nicht da.
Zitronen und Orangen sind Zitrusfrüchte.
Grapefruitsaft ist ein bisschen bitter, aber enthält viele Vitamine.

Italienisch-Aufgabe, von Matteo sechs Tage nach dem Wiedereintritt in die Schule (zwei Monate nach der Erkrankung) geschrieben. Die Schrift hat sich nicht geändert.

Maria Lucia Ippolito, die Mutter von Matteo (hier im Bild) und Alessandro. Sie unterrichtet in einer Berufsschule. Ihr Ehemann, Antonio Colella, ist Chirurg im Spital «Casa Sollievo della Sofferenza» in San Giovanni Rotondo.

15 Luglio 2000

Il mio sogno con Padre Pio.

Io mi sono visto attraverso
un buio vicino i machina
ci ho visto padre Pio che mi
ha dato la mano destra
e a sinistra gli angeli.
Padre Pio mi ha detto: presto
guarirai.
Con Padre Pio sono stato
bene e ho fatto un volo
che mi è piaciuto perché
è la prima volta che volo

15. Juli 2000

Mein Traum mit Padre Pio.

Ich war in einem Auto im Nebel und habe Padre Pio gesehen.
Er hat mir gesagt: «Bald wirst du geheilt.»
Mit Padre Pio fühlte ich mich wohl, und ich bin geflogen. Das hat mir gefallen.
Ich «schwebte» zum ersten Mal.

Aufgabe, von Matteo im Juli nach der Heilung geschrieben.

Matteo mit Pater Gerardo di Flumeri, Vizepostulator
des Heiligsprechungsprozess Padre Pios
(17. Oktober 2000, Abschluss des Diözesanprozesses).

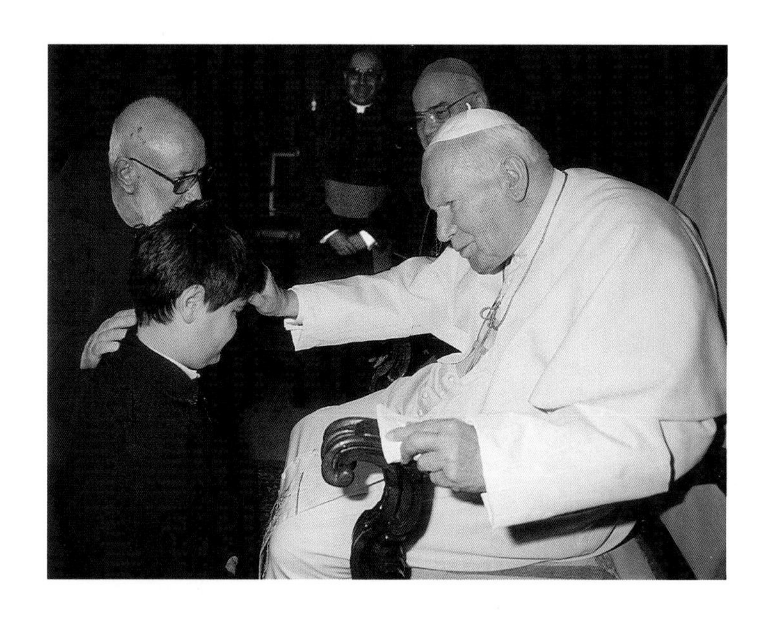

Matteo in Audienz beim Papst
(20. Dezember 2001, Tag des Dekrets über das Wunder).

Die Familie Colella im Januar 2002.

Was im Mai 2000 geschah

Der Traum der Schwester Augusta
(10. Mai 2000)

Die Suore Immacolatine Francescane waren die Schwestern, bei denen meine beiden Söhne mit viel Vergnügen den Kindergarten besuchten. Wie andere Ordensleute wurden sie von Padre Pio nach San Giovanni gerufen. Er regte sie dazu an, einen Bau zu errichten, um Kinder aufzunehmen und ihnen eine religiöse Erziehung und viel Liebe zu schenken.

Während der Krankheit Matteos beteten die Immacolatine in allen ihren in Italien bestehenden Häusern beständig mit uns zusammen.

Sie kamen oft, um mich zu trösten und mit mir den Rosenkranz zu beten.

Insbesondere Schwester Michelina und Schwester Matilde ermutigten mich, indem sie mich dazu brachten, fest an die gewaltige Kraft des gemeinsamen inbrünstigen Gebetes zu glauben. Sie stützten mich durch die unzähligen Ave Maria, die sie unablässig und unermüdlich mit mir zusammen wiederholten.

In den Tagen, an denen so viele von ihnen kamen, um den genesenden Matteo zu umarmen, kam auch Schwester Augusta, die Schwester des letzten Jahres, das Matteo im Kindergarten verbrachte.

Schwester Augusta, die sich jetzt — welch ein Zufall! — in Pietrelcina befindet, erzählte mir, dass während des Komas Matteos sie eines Nachts, nachdem sie gerade für meinen Sohn gebetet hatte, in einem Traum sich wiederum in San Giovanni Rotondo befand und mit den Kindern zusammen war, die mit Matteo befreundet waren. Sie sei im Begriffe gewesen, mit diesen Kindern ein Lied für eine sehr wichtige religiöse Zeremonie einzuüben.

Die zahlreichen Kinder wiederholten im Chor in einem Crescendo der Noten und der Stimme stets denselben Satz: «Wir verkünden, wir verkünden, wir verkünden.»

Der Traum hatte Schwester Augusta verwundert, in ihr aber auch ein unerklärliches freudiges Gefühl hinterlassen.

Am folgenden Morgen fragte sie sich, da sie sich ihn nicht erklären könne, nach dem Grund des Traumes und nach der Bedeutung des Satzes, den die Kinder so viele Male und so kraftvoll wiederholt hatten.

Heute, nach so langem Zeitabstand, kam es mir in den Sinn, dass die Kinder in jenem Traum die Verkündigung der Heiligkeit Padre Pios vorausnahmen.

Es war ein Loblied auf Gott, das sich nun, verstärkt und festlich, von jedem Winkel der Welt aus zum Himmel erhebt.

Der Traum von Michelina
(28. Mai 2000)

Die Mama von Anna und Michele Tancredi, Torre Michelina, sucht mich in der Schule auf. Ich war die Lehrerin von Michela und auch von Anna, die geistig behindert ist, gerade wegen einer im zarten Kindesalter erlittenen Meningitis.

Als Lehrerin hatte ich für Anna eine Schwäche, da sie mir als einsames Rehlein vorkam, und erst jetzt weiß ich, dass gerade eine Meningitis den Hirnschaden ausgelöst hatte.

Eines Tages war Frau Michelina zu mir zum Mittagessen gekommen, von Emanuela begleitet, einer strahlenden Gefährtin, die heute — welch ein Zufall! — eine Schwester der göttlichen Barmherzigkeit ist und in den Tagen der Krankheit Matteos mit mir vereint so viel gebetet hat.

Die Frau erklärt mir, dass Anna, die vom schlimmen Befinden Matteos und von der Ursache der Katastrophe erfahren hatte, geweint und für mein Kind viel gebetet habe. Doch das Merkwürdigste ist, dass eines Nachts die Mama im Traum Padre Pio im alten Kirchlein sah. Der Pater hatte die Messe beendigt und sich in die Sakristei begeben. Auch Frau Michelina betritt die Sakristei, um ihn zu grüßen, und findet ihn, wie er noch in den Messgewändern, mit der goldfarbenen Stola und der weißen Tunika dasitzt. Neben ihm ist ein eisernes Bettchen und ein alter Kühlschrank. Padre Pio bittet einen Mann in der Nähe, etwas aus dem Kühlschrank zu nehmen, und nachdem dieser Herr die Bitte Padre Pios erfüllt hat, nähert er sich mit zwei kleinen Säcklein. Padre Pio tadelt ihn: «Ich habe dir gesagt, ein Säcklein zu nehmen und nicht zwei; mir genügt eines; ich brauche nur eines.»

Zur großen Verwunderung der Frau sind in den Säcklein Zitroneneiswürfel. Padre Pio wiederholt: «Mir genügt einer.»

Wie seltsam, dass Matteo, als er am 31. Januar aus dem Koma erwachte und einen brennenden Durst verspürte, uns mit den Lippen eindringlich bat, ihm ein Eis zu bringen, jedoch ein Coca-Cola-Eis.

Um seinen Wunsch zu befriedigen, lief mein Bruder Nicola durch ganz San Giovanni, doch wegen der damaligen Kälteperiode konnte er nur ein Zitroneneis auftreiben, das er mir übergab. Mit der Hilfe des Vaters hatte Matteo begonnen, sich die Lippen zu benetzen, was wegen seines äußerst schlimmen Befindens und der Röhrchen, die ihn behinderten, äußerst schwierig war. Da brachte uns ein Krankenwärter der Reanimation zwei Säcklein mit Coca-Cola-Eis; er hatte sich erinnert, dass solche im Kühlschrank der Abteilung seien.

Sicherlich konnte Annas Mama nicht die so dramatischen und unglaublichen Einzelheiten des Wiedererwachens Matteos kennen, doch ich erblickte einen seltsamen Zusammenhang zwischen ihrem Traum und dem Vorgefallenen.

Was im Juni 2000 geschah

Der Traum von Alessandro
(22. Juni 2000)

Vor einigen Tagen hatte mir Alessandro gesagt, er bedauere es sehr, dass Padre Pio seinem Bruder so nahe gewesen sei und noch sei, aber nicht an ihn denke.

Lächelnd hielt ich ihm einen Satz entgegen, den Padre Pio oft wiederholte: «Ich gehöre allen», und erklärte ihm, dass der Padre stets mit uns sei, mit einem jeden von uns, und uns mit seinem Gebet begleite, wenn wir ihn als liebevolle Kinder anrufen.

Dann schloss ich: «Bete, Alessandro, bete; bitte ihn, dir nahe zu sein, dich zu beschützen, dich zu segnen, beim Herrn für dich einzutreten. Du wirst sehen, er wird dich nie im Stich lassen.»

Als wir heute nach Foggia gehen, sagt Alessandro zu mir begeistert, er habe von Padre Pio geträumt. Neugierig bitte ich ihn, mir alles zu erklären.

Alessandro beginnt zu erzählen: «Es brach eine Windhose aus; Damiano und ich flüchteten in einen Winkel der Tribüne, auf der wir standen und eine Vorstellung abhielten. Dort kommt, vom Wind getragen, heftig ein Balken auf mich zu und hätte mich getroffen. Doch da erscheint Padre Pio, nimmt ihn in die Hände und sagt: «Hab keine Angst, Alessandro, bei mir bist du in Sicherheit.»

Das ist der ganze Traum von Ale. Ich mache diesen darauf aufmerksam, dass sein Gebet zu Padre Pio, sein Verlangen, ihn zu sehen, so stark waren, dass sich der Padre ihm bekundet hat. Vernünftigerweise denke ich, dass der Traum die Verpackung des Geistes ist. Mein Glaube aber sagt mir, dass

Padre Pio meinem Kind ein überaus schönes Geschenk machen wollte, da es sich in dieser Periode ungewöhnlich gut verhält, obwohl es von uns sehr vernachlässigt wird. Und mir als Mama macht es Freude, in ihm die Idee zu pflegen, dass der Padre ihn behütet, wie er es dem Bruder gegenüber getan hat.

Alessandro war stark, ruhig, ein Fels des Gleichmuts und der Liebe, an den ich mich klammern konnte; er verdient viel Liebe und viel Heiterkeit.

Am Abend sind Ale und ich im Bett; seit das Brüderchen krank geworden ist, schläft er bei mir, denn Matteo fühlt sich im Krankenhaus nachts nur dann sicher, wenn der Vater in seiner Nähe ist.

Auf einmal, gerade, als Ale einzuschlafen scheint, springt er auf, erhebt sich auf dem Bett und sagt zu mir: «Mama, jetzt erinnere ich mich, dass Padre Pio im Traum der letzten Nacht mir etwas Merkwürdiges gesagt hat. Er sagte zu mir: "Ale, merke dir, dass das nicht ein Traum ist, sondern dass ich dir wirklich erschienen bin."»

Alessandro sagt mir etwas Beglückendes.

Ich lächle ihm zu und antworte ihm, dass Padre Pio wahrscheinlich ihm beibringen wollte, dass er auch ihm nahe sei, nicht nur Matteo.

Auch ich bin glücklich, denn obwohl meine Logik mir sagt, dass sein Hirn diesen Gedanken ersonnen hat, gibt mir mein Glaube an Gott ein, dass der Padre Ale für den Mut und das Vertrauen belohnen wollte, die er in dieser Notsituation trotz seines jungen Alters zu bekunden wusste.

Jedesmal, wenn er mich weinen sah, wiederholte mir Ale: «Wenn du Glauben hast, Mama, musst du nicht weinen, du musst Gottvertrauen haben; du hast mich das gelehrt.»

Dann, wenn ich ihn nicht ansah, war er es, der still wegen seines Brüderchens Tränen vergoss und viele Ave Maria wiederholte. Er betete sie auch mit mir zusammen, wenn ich ihn bat, miteinander den Rosenkranz für Matteo zu beten.

Und jedesmal umarmte er mich und wiederholte: «Mama, du wirst sehen, durch Beten werden wir es schaffen.»

Jetzt, mit kühlem Kopf, bin ich mir im Klaren, wie ungewöhnlich dieses Knäblein war… — ein Mann! Aber ich begreife auch, dass die Hoffnung, die er bewusst auf das Gebet setzte, Weisheit des Heiligen Geistes war, der sich seiner bediente, um mir in den Momenten mütterlicher Trostlosigkeit und Schwäche Mut zu geben.

Alessandro war Werkzeug des Erbarmens Gottes, um mich zu stützen und mich nicht allein zu lassen, und vielleicht wollte Padre Pio, indem er in seine Gedanken trat, ihn seine Nähe und Liebe verspüren lassen.

Ich hoffe, dass der Heilige Geist und Gott Vater ihm auch in Zukunft die gleiche Kraft geben werden wie in diesen Monaten; dass sie ihn in allen Schwierigkeiten des Lebens behüten, inspirieren, erleuchten und schützen werden.

Ich hoffe, dass Jesus seinen Glauben mit der Zeit noch wachsen lässt, damit dieser bei all seinem Tun seine Stütze, das Licht seines Horizontes, die Linse ist, um die Wirklichkeit und die Welt richtig zu sehen; dass er ihn Hindernisse und Schmerz überwinden lässt.

Das ist mein mütterliches Gebet für ihn.

Ich werde mich stets an den Tag erinnern, an dem er, als er mich angesichts des schlimmen Befindens seines Bruders erledigt, am Boden sah, mir erzählte, dass er von Padre Pio Folgendes gehört oder gelesen habe: Ein Blinder begab sich wiederholt zum Padre, um ihn zu bitten, beim Herrn für ihn einzutreten, damit er ihm das Augenlicht schenke. Der Padre empfahl ihm, Vertrauen und Geduld zu haben. Eines Tages aber fluchte der Mann, des Wartens müde, und als er so zum Padre zurückkehrte, sagte ihm dieser: «Was willst du von mir; du hast nicht genug Vertrauen gehabt; der Herr wird dir die Gunst nicht mehr gewähren.»

Seine so einfache und markante Erzählung hat mir damals so sehr Mut gegeben; sie ließ mich mir als «kleingläubige Frau» vorkommen und regte mich zum Glauben und Hoffen an.

Was im Juli 2000 geschah

Der Traum der Mutter
(15. Juli 2000)

Ich erhielt aus Rom den Besuch von Marcello, einem nahen Freund, einem Franziskaner-Terziar, worauf Padre Pio bei seinen geistlichen Söhnen und Töchtern sehr viel Wert legte.

Er pflegte zu sagen, wer Terziar werde und ganz den sittlichen Grundsätzen entsprechend lebe, sichere sich einen Platz im Paradies.

Wir sprachen mit Marcello über das, was Matteo durchzumachen hatte, und darüber, dass Marcello am Abend des 20. Januar, am Abend, an dem Matteo erkrankt war, einen unerklärlichen ängstlichen Drang verspürt hatte, meinen Bruder Giovanni anzurufen.

Als er ihm, von dieser seltsamen quälenden Ahnung getrieben, um 22.30 Uhr telefonierte, vernahm er, welches Drama unsere Familie seit ein paar Stunden erlebte.

Über die Nachricht vom schlimmen Befinden Matteos erschüttert und durch Giovanni von meiner Bitte um Gebet als der einzigen Schutzwaffe, über die wir verfügten, unterrichtet, telefonierte er, da er wie ich so sehr an die Rettungskraft des Betens glaubt, an Pater Carmine, einen reichbegabten Priester, an eine Freundin, Paola, die ebenfalls in den Dritten Orden eingetreten war, und an die Klarissinnen von Lourdes.

Sie alle begannen, für Matteo unablässig das Erbarmen Gottes zu erflehen. Pater Carmine ermutigte Marcello, und Marcello ermutigte mich mit den Worten: «Beten wir, Matteo liegt in den Armen der Madonna.»

Welch wunderbarer Satz, wie mir jetzt bewusst wird: Matteo ist in den Armen der Madonna, und Maria bittet den Herrn, ihn am Leben zu erhalten, ihn zu retten, unsere Gebete zu erhören. Die Madonna, diese wunderbare Mama, diese «Schmugglerin», wie Padre Pio sie nannte, ist stets bereit, ihren Sohn um Gnaden zu bitten. Maria ist es, die mich im Schoß meiner Mutter behütet hat.

Die Ärzte von damals waren der Ansicht, dass ich nicht lebendig zur Welt komme, oder falls ich doch geboren werde, krank sein werde. Meiner Mutter war im sechsten Schwangerschaftsmonat Fruchtwasser durchgebrochen. In die Gebärklinik von Foggia eingeliefert, wurde sie zur Verzweiflung meiner Angehörigen, meines Vaters und meiner Großeltern infolge einer Einspritzung, welche die Wehen und die Geburt hätte beschleunigen sollen, ohnmächtig und kam in ein besonderes Abteil.

In jenen Tagen hatte meine Mutter während eines merkwürdigen Traums deutlich eine Dame mit einem Kind in den Armen und einem Schleier auf dem Kopf gesehen, die auf ihrem Bett saß und sie beruhigte: «Sei unbesorgt, du wirst dein Kind haben.»

Als meine Mutter sich umdrehte, lag in ihren Armen ein neugeborenes Mädchen, pausbäckig und braun wie ich, als ich drei Monate später wirklich zur Welt kam.

Sie wachte aus der Ohnmacht auf, konnte das besondere Abteil verlassen und suchte zur ungläubigen Überraschung ihrer Mutter und ihres Mannes als Erstes nach dem Kindlein und der Dame, die sie im Traum gesehen hatte.

Die Geburt fand noch nicht während jenes Aufenthaltes in der Gebärklinik statt, und meine Mutter kehrte niedergeschlagen und besorgt nach Hause zurück. Spezielle Untersuchungen waren nicht möglich, da es sie damals noch kaum gab. Die weiteren drei Monate der Schwangerschaft verliefen unter Gebeten, Kummer und Tränen. Damals, vor vierzig Jahren, gab es noch keine Echographie oder sonstige Diagnostik, die den Zustand des Fötus hätten abklären können.

Doch die Prognosen der Ärzte lauteten ungünstig, denn alle waren mit Grund der Ansicht, dass die Probleme, welche die Mutter bei der Schwangerschaft hatte, sich auf den Gesundheitszustand und die Entwicklung des Fötus unheilvoll auswirken würden.

Doch entgegen aller menschlichen Voraussicht kam ich nach Ablauf der neun Monate ganz gesund und gut fünf Kilo schwer daheim zur Welt.

Deshalb heiße ich Sanità (Gesundheit), wie die Madonna, die im Heiligtum von Volturara Appula, dem Geburtsort meiner Mutter, thront und als «Heil der Kranken» verehrt wird.

«Die Madonna hat mich fest in ihren Armen gehalten; warum nicht auch Matteo?»

Das war in jenen Tagen meine Hoffnung auf Grund der Worte des Paters Carmine.

Ich habe sie mir wirklich mit Matteo auf der Brust vorgestellt, um ihn am Leben verankert zu halten, um ihm die Krankheit überwinden zu helfen...

Nun ist es Juli; wir waren in Lourdes, mein Mann, die Kinder und ich.

Wir haben eine Dankwallfahrt zur Mama der Kranken gemacht.

Als wir im Autobus, der uns am Flughafen abgeholt hatte, die Straßen durchfuhren, zeigte uns der Chauffeur unter anderem an einer gewissen Stelle das Kloster der Klarissinnen. Diese hatten sich dort, auf diesem heiligen Boden, von wo der Hilferuf des Menschen mächtiger zur barmherzigen Mutter aufsteigen kann, mit dem Chor unserer Gebete vereint.

Diese Mutter hat mit mir gebetet und mich gestützt, damit ich nicht zusammenbrach, sie, die milde Jungfrau, die angesichts des Todesleidens ihres Sohnes den ganzen Schmerz einer Mutter erlitten hat. Sie, die versprochen hat, allen beizustehen, die ihre Augen und ihr Herz zu ihrer maßlosen Liebe erheben.

Wie viele Male habe ich in den so langen Tagen des Wartens mich in meinem Schmerz, meiner Klage, und in meinen Hoffnungen, meinen Sohn wieder ins Leben zurückkehren zu sehen, an sie gerichtet.

Nun bitte ich sie, mir beizubringen, das ganze Leben lang meinen Dank zu bekunden, indem ich mich im Alltag ihrer Liebe angleiche.

Maria hat uns gebeten: «Liebe Kinder, sucht bei Gott die Gnaden, die er euch durch mich gibt. Ich bin bereit, mich bei Gott für alle eure Anliegen einzusetzen.»

Ein starker Blumenduft
(28. Juli 2000)

Matteo spricht einen seltsamen Wunsch aus: «Mama, ich möchte, dass mir Padre Pio wirklich erscheint.» Ich frage ihn, warum, und seine Antwort lautet: «Um ihm zu danken.»

Wir waren in diesen Tagen in Vallombrosa in Umbrien. Es ist ein wunderschöner Ort, um zu meditieren und zu ruhen, mit einem bezaubernden Benediktinerkloster, dessen Abt von San Giovanni Rotondo stammt.

Am ersten Abend begab ich mich in die prächtige Kapelle, um die Vesper in gregorianischem Choral anzuhören, und als ich zur Sakristei kam, roch ich einen starken Blumenduft. Ich nahm ohne weiteres an, dass der Duft von den weißen Blumen herkomme, die den Altar schmückten. Aber als ich mich nach dem Ende des gemeinschaftlichen Gebetes ihnen näherte, roch ich, dass sie nicht angenehm dufteten, sondern im Gegenteil unangenehm. Und so habe ich spontan gedacht: «Du hast mich bis hierher begleitet! Warum? Du bist wirklich immer bei uns.»

Tags darauf hielt ich mich im Pfortenzimmer auf, um mit Lidia zu sprechen, einer gottgeweihten, unglaublichen Frau, die in vorgerücktem Alter eine Berufung erhielt, die Familie verließ und sich in ein Kloster einschloss.

Sie wollte, dass ich ihr erzähle, was uns zugestoßen war, und am Schluss wurde ich tief beeindruckt durch eine Überlegung von ihr, die ihr spontan und unerwartet aus dem Herzen kam.

Sie sagte zu mir: «Weißt du, Maria Lucia, manchmal wählt der Herr etwas für sich, nicht für uns, und fast gewiss hatten die Krankheit und die Heilung Matteos eine bestimmte Bedeutung für die Kirche, für Bekehrungen. Der Herr, der so groß, liebenswürdig, barmherzig ist, hat unglaubliche Pläne, denen er uns zustimmen heißt, aber um durch unser Ja seinen Willen äußern zu können. Die Rettung Matteos diente — wie die Wunder im Evangelium — dazu, dass Glaubensferne sich wieder dem Glauben und dem Gebet zuwenden.»

Diese ihre Überlegung verblüffte mich; vielleicht missfiel sie mir ein wenig, dann aber sah ich ein, dass ein Wunder wirklich den Sinn hat, ein markantes Zeichen zu geben, damit Ungläubige glauben können.

Wenn ein Wunder geschieht, ist es nicht für sich selber, sondern für die Menschheit da, um die Macht des Herrn zu bezeugen, um in der Menschheit die Liebe zum Allmächtigen wachsen zu lassen, jene Liebe, die Berge zu versetzen und die Flamme der Hoffnung wieder zu entfachen vermag.

Was im August 2000 geschah

Die Statue der Schmerzensmutter

Ich weile in der Kirche San Nicola, um Maria noch einmal zu danken.

Hier wird sie als Schmerzensmutter verehrt.

Dargestellt wird sie von einer alten, wundervollen Statue, die so menschlich aussieht, dass sie, wenn man sie länger anschaut, fast beseelt erscheint.

Frau Grazia Giuliani hat mir erzählt, dass diese Statue, noch unbekleidet, bloß mit dem Kopf und dem Rumpf, in das Haus Ricci, das Haus ihrer Ahnen, gebracht wurde, das der Kirche San Nicola gegenüberliegt, und von da in die Kirche. Wie dieselbe Frau mir erzählt hat, vernahm der Bildhauer, wie die Tradition sagt, von dem von ihm vervollständigten Werk her die Worte: «Warum hast du mich so schön gemacht?»

Am Freitagmorgen, 21. Januar, gerade als Matteo um 10.00 Uhr zwischen der Erde und dem Himmel, zwischen dem Leben und dem Tod, schwebte, beschloss Filomena, die Mutter eines seiner Schulkameraden, als sie die schrecklichen Nachrichten über sein Befinden vernommen hatte, in diese Kirche zu gehen und Matteo ein besonderes Gebet zu widmen.

In der Kirche gestattet ihr der Wärter, ein Treppchen zu nehmen, um darauf die Statue berühren und bei diesem Kontakt Maria bitten zu können, Matteo am Leben bleiben zu lassen.

Ich, die zur selben Zeit im Krankenhaus bin und weiß, dass für meinen Sohn das Leben zu enden droht, was ich den Worten und Blicken der mich Umgebenden entnehme, fühle mich unversehens gedrängt, mich in einem letzten Aufschrei als Mutter an Maria zu wenden, und zwar an die Schmerzensmutter, in der Überzeugung, dass nur ihr durchbohrtes Mutterherz meinem ebenso gequälten Herzen beistehen könne.

So beginne ich schroff, doch vertrauensvoll, sie inständig zu bitten, wie ich es in meinem Bericht geschrieben habe, mich mein Kalvaria entgegen den Gesetzen der Natur und der Vernunft nicht auf den Tod, sondern auf das Leben hin durchschreiten zu lassen, einzig auf den Glauben an ihre Muttergüte gestützt.

Ich erinnere mich an die Worte Paolas, einer Freundin von mir, die, um mich auf den bevorstehenden Tod Matteos vorzubereiten, als Ärztin zu mir sagte: «Das Boot ist am Versinken.» Ich wollte das nicht hören und flüchtete mich in die Anrufe an Maria, an Jesus, an Padre Pio und sagte mir wiederholt: «Jesus hat Lazarus auferweckt.»

Nun bin ich gerührt, ja schluchzend hier, um zu danken, denn trotz meines Elends als sündige Tochter hat Maria mein Drama in ihr Herz aufgenommen, um es in Freude zu verwandeln.

Gütige himmlische Mutter, du hast allen, die sich vertrauensvoll an dich wenden, Hilfe versprochen. Was soll ich dir sagen? Danke, danke, vor allem für das Vertrauen als die Gabe, die den anderen Gaben den Weg öffnet.

Danke sodann dafür, dass du mir meinen Sohn wiedergeschenkt hast, du, der du um unserer Erlösung willen deinen Sohn hingegeben hast.

Gib mir die Kraft, nach dem Willen des Herrn und von dir zu leben.

Und segne, unterstütze alle Mütter, die leiden und sich dir anvertrauen, erleichtere ihren Schmerz, heile ihre Herzen und ihre Übel, bewahre ihre Kinder.

Padre Pio sagt in einem Brief: «Werdet nicht niedergeschlagen, betet demütig und erinnert euch, dass auf den Regen heiteres Wetter, auf das Dunkel das Licht folgt, auf das Unwetter und den Sturm ruhige Stille. Die gütige Hilfe der Vaterliebe unseres Gottes und die großen Gaben seiner göttlichen Majestät werden das Vertrauen derer, die ausharren, sicherlich belohnen.»

Mach, heilige Jungfrau, dass in so viele Häuser das Licht zurückkehren kann und mit dem Heil des Leibes und der Seele Ruhe und Frieden.

Höre, liebe Mama, gleichsam als mein und aller betrübten Mütter Vaterunser: «Meine Mutter, wie beschämt, wie schuldbeladen fühle ich mich vor dir, Reinste, du Unbefleckte schon vom Augenblick deiner Empfängnis an, ja du schon "ab aeterno" im Geiste Gottes als Reinste Empfangene. Erbarme dich meiner; ein mütterlicher Blick von dir richte mich wieder auf, läutere mich, erhebe mich zu Gott, erhebe mich über den Schmutz der Erde, um zu dem emporzusteigen, der mich erschuf... Vertiefe in mir die Liebe zu ihm, die in deinem Herzen brannte...»

Frau Grazia Giuliani hat mir zu meiner großen Freude eine kleine Reliquie der Schmerzensmutter gegeben, ein Stücklein vom Kleid, das vor dem Brand die Statue der Jungfrau bedeckte, als Zeichen der großen Gabe, die ich von Maria erhielt. Und ich hoffe, dass Maria die vorbildliche Mama Grazia, die ihre unglaublichen Leiden in Liebe dargebracht hat und abgeklärt zum Himmel entschwebt ist, in ihrer Nähe halten wird.

Was im Oktober 2000 geschah

Eine Unbekannte im Autobus
(14. Oktober 2000)

An einem Fest bin ich Antonietta, der Cousine einer Freundin von mir, begegnet. Sie kam mich fragen, ob ich noch eines der Rosenkränzchen habe, die ich am Abend der Dankmesse für Matteo hatte segnen lassen und zur Erinnerung an das Vorgefallene verschenkt habe in der Hoffnung, dass der besondere Segen Padre Pios in die Häuser all derer komme, die uns nahe waren und mit uns gebetet hatten.

Im Gespräch über Matteo und das große Gebetsnetz, das sich um ihn herum gebildet hatte, erzählt sie mir etwas, das ich nicht wusste. Es bekräftigt noch meine Überzeugung, dass in dem von so vielen Personen verspürten Bedürfnis, für Matteo zu beten, der «Finger» Gottes war.

An einem der Tage, an denen es um Matteo sehr schlecht stand, war Antonietta geschäftlich nach Manfredonia gegangen, und als sie bei ihrer Heimkehr im Linienbus saß, der nach San Giovanni hinauffuhr, stand eine ihr unbekannte Frau mit einem norditalienischen Akzent plötzlich auf und sagte zu den anderen Passagieren: «Ich möchte alle hier Anwesenden um einen Gefallen bitten: Ich möchte, dass ihr zusammen mit mir betet.»

Im ersten Moment hatte Antonietta an eine exaltierte Fanatikerin gedacht, wie man sie antreffen kann. Aber nach einer kurzen Pause fuhr die Frau fort: «Ich möchte, dass ihr für ein Knäblein betet, das im Krankenhaus von Padre Pio untergebracht ist und dem es sehr, sehr schlecht geht; seine Mama bittet im Gebet um Hilfe.» Dann machte sie ein Kreuzzeichen und begann zur Madonna den Rosenkranz zu beten und sagte, das sei für Matteo bestimmt. Wie bezaubert begannen alle Insassen, ihr zu entsprechen und bildeten einen einmütigen Chor. Die Ave Maria für Matteo gingen weiter, zur großen Verwunderung Antoniettas betete sogar der Chauffeur mit, bis dann der Bus vor der Kirche Santa Maria delle Grazie hielt.

Was soll man dazu sagen?

Der Herr hat mir in jenen schrecklichen Tagen sogar die Hilfe von Unbekannten geschenkt, und dieser Gebetsbeistand veranlasste ihn, uns gütig beizustehen.

Padre Pio schreibt in einem Brief: «Erinnert euch an den wahren Jakob (Jesus), der im Garten (am Ölberg) betet; erinnert euch, dass er dort für uns die wahre Leiter entdeckt hat, welche die Erde mit dem Himmel verbindet. Er ließ uns erkennen, dass Demut, Reue, Gebet die Distanz zwischen dem Menschen und Gott zum Verschwinden bringen und Gott zu uns herunter und den Menschen zu Gott empor steigen lassen, sodass die überaus große Distanz, von der der königliche Prophet sang, verschwand.»

Die Liebe, die ich in jenen Momenten erfahren habe, war außergewöhnlich; sie war ein schützender Lichtschein, der uns ermutigt und umhüllt hat; sie war abnormal groß, und auch darin habe ich ein Gottesgeschenk erblickt.

Ob es nun ein Freund, eine Freundin war, oder ob man uns bloß dem Namen nach kannte — alle, alle haben ungewöhnlich intensiv gebetet und teilgenommen, und wir werden nie aufhören, ihnen zu danken.

Der Abschluss des Diözesanprozesses
(17. Oktober 2000)

Heute wurde in Manfredonia der Diözesanprozess abgeschlossen; sämtliche großen Taschen mit den Dokumenten und den Berichten über die Krankheit Matteos wurden versiegelt, um dann an die Kongregation für die Heiligsprechungsprozesse nach Rom gesandt zu werden.

Das hat mich tief bewegt.

Als ich sah, wie Matteo fröhlich umherlief, als ob das schreckliche Übel an ihm vorbeigegangen wäre, sagte ich mir, dass ich mir nie vorgestellt hätte, dass auf den großen Schmerz eine so große Freude und so starke Rührung, ein so unverdientes Glück folgen würde.

Das Schönste ist die Abgeklärtheit Matteos, der mit der Hilfe Gottes über die mit seinem gewaltigen Trauma verbundenen Ängste und den starken körperlichen Schmerzen nach und nach hinwegkommt. Es gelingt Matteo, alles, was an Großem geschieht, äußerst einfach zu erleben. Natürlich ist auch das eine Gunst Gottes.

Diese Einfachheit bezeugt ein Satz, den er zu mir gesagt hat, als er einmal beim Heimkommen von mir getadelt wurde: «Ich bin bekannt, aber alles ist wie vorher, denn niemand von euch Großen respektiert mich, es dient also zu nichts.»

Ich lächelte und dachte, dass die Größe des Herrn auch darin zu erblicken ist, dass für Matteo alles, auch dieses unglaubliche Ereignis des Prozesses, wieder absolut normal geworden ist.

Und das ist ein Wunder im Wunder!

Wieder Blumenduft
(21. Oktober 2000)

Auf der Fahrt zur Schule in Sannicandro habe ich wie immer Radio Maria eingeschaltet.

Ich frage mich, ob das Geschehene einen Sinn hat: Unser Leben ist durcheinandergebracht; wir alle werden durch die Medienleute gequält, die informieren wollen, während wir in Ruhe gelassen sein möchten.

«Wie sollen wir uns verhalten, Herr?»

Da ertönen aus dem Radio die Psalmworte: «Im Munde der Kinder und Säuglinge hast du dir Lob bereitet» (Ps 8,3).

Muss also die Geschichte Matteos bekanntwerden, kann sie dienen, oder sollen wir möglichst abseits bleiben?

«Nur du, Herr, hast die Antwort; lass sie mich wissen!»

Gestern hat Matteo an Padre Pio ein seltsames Gebet gerichtet.

Um ungefähr 16.00 Uhr sitzt Matteo am Küchentisch und macht die Schulaufgaben, und ich falte neben ihm die soeben abgenommene Wäsche.

Wir haben ein Brieflein gelesen, das Pater Gerardo Matteo gesandt hat, um ihm für die Glückwünsche zum Namenstag zu danken, die er ihm am 16. Oktober, am Tag des heiligen Gerardo Maiella, in seinem und in unser aller Namen entboten hatte.

In diesem Briefchen segnet Pater Gerardo Matteo und ruft auf ihn und unsere Familie den Segen des Herrn und Padre Pios herab.

Auf einmal rieche ich einen höchst angenehmen Geruch, und unwillkürlich greife ich nach einem wollenen Leibchen, das ich falten will, und denke: «Dieses Einweichmittel ist prima.»

Doch beim Beriechen bin ich verblüfft: Der liebliche Duft geht nicht vom Leibchen aus.

Ich drehe mich um, aber es gibt nichts, wovon dieser Duft ausgehen könnte.

Darum frage ich spontan Matteo, ob auch er einen besonderen Duft rieche. Und Teo sagt beim Schreiben: «Ja, Mama, es ist ein Duft von Rosen.»

In diesem Moment rieche ich nichts mehr. Nichts!

«Bist du sicher?», frage ich ihn.

«Ja, Mama, man riecht es.» Teo schreibt weiter und sagt dann aufs Mal: «Ist es nicht Padre Pio?»

Dieser so spontane Satz erregt mich. Ich rieche nichts mehr; Matteo hingegen wiederholt zu mir überzeugt: «Man riecht den Duft von Rosen.»

Ich erhole mich mit Mühe von der Verwunderung, denn meine Bitte an Padre Pio war in diesen Tagen gerade die, mich nicht allein zu lassen. Mich zu stärken, mich seine Gegenwart fühlen zu lassen, jetzt, wo unsere Familie sich der Schwierigkeit stellen muss, nicht öffentlich in Erscheinung treten zu wollen, denn Antonio und ich befürchten, es könnte Matteo und Padre Pio schaden, wenn man sich aussetzen würde, und es könnte uns als vulgäre Profiteure einer Gnade erscheinen lassen, die hingegen für uns etwas ganz Großes darstellt und darum demütig und zurückhaltend entgegenzunehmen ist.

Doch ich schiebe diese ängstlichen Bedenken weg und sage zu Matteo: «Wenn Padre Pio mit uns ist, wenn er uns einsehen lassen will, dass er uns nahe ist, können wir bloß ein Kreuzzeichen machen und beten.»

Matteo bekreuzt sich mit der Rechten, verschränkt sie mit der anderen Hand und sagt spontan und unverhofft: «Jesus und Padre Pio, lasst niemanden mehr sterben, macht, dass man anderen nicht Drogen verabreicht und kein schlechter Mensch auf der Welt ist.»

Dann fängt er mit überraschender Natürlichkeit wieder zu schreiben an.

Nach ungefähr einer Stunde läutet das Telephon; am Draht ist Pater Gerardo. Ich erwartete seinen Anruf nicht. Er ruft mich an, weil er mich fragen will, ob wir mit ihm nach Rom gehen wollen, um die Aktenbündel zu überreichen. Ich antworte ihm, es sei nicht möglich. Antonio habe am Montag im Operationssaal zu tun.

In Wirklichkeit aber ist der tiefste Grund der, dass ich nicht will, dass wir in Erscheinung treten. Denn mein Mann und ich wollen, dass die ganze Erforschung des Falles von Matteo in völligster Ruhe erfolge, damit nicht unser Dabeisein Polemiken auslösen könne.

Polemiken sind übrigens schon losgegangen, denn Padre Pio ist stets angefeindet und torpediert worden, im Leben und im Tod. Und wir wünschen, dass, falls es zum Triumph kommt, dieser voll und lauter ist.

Unser Wunder, das Wunder für unsere Familie ist, dass «Matteo am Leben» ist. Und für uns ist Padre Pio schon von jeher heilig. Er war für unsere Familie schon heilig, als wir uns an ihn wandten mit den Bitte, für die Rettung Matteos einzutreten und zu beten. Für mich war er schon heilig, als ich beschloss, in San Giovanni Rotondo zu leben, um unter seinem väterlichen Schutz zu bleiben und ihm meine im Entstehen begriffene Familie anzuvertrauen.

Doch als ich nachher mit Pater Gerardo über Rom sprach, entschloss ich mich, ihm zu erzählen, was kaum eine Stunde vorher passiert war: das seltsame Gebet Teos und der Geruch.

Und Pater Gerardo antwortet mir: «Alles ist möglich. Der Herr bedient sich oft Unschuldiger, um seine Botschaften zu geben. Gerade gestern war ich in Foggia, um die Eucharistie für meinen an Drogen gestorbenen Buchdrucker zu feiern.»

Mein Herz beginnt zu pochen, was will all das sagen? War Matteo vielleicht erleuchtet, als er dieses so tiefe Gebet formulierte, ein allzutiefes für ein Kind von sieben Jahren, das im Begriff war, ruhig seine Aufgaben zu machen? Oder geht meine Phantasie mit mir durch?

Es bleibt mir nichts anderes übrig, als mich, wie immer, dem Herrn, seiner Güte, seiner Gnade anzuvertrauen, denn ich bin, offen gestanden, als begrenztes und armseliges menschliches Wesen verwirrt, aber als Glaubende weiß ich, dass die Größe Gottes über jede menschliche Grenze hinwegkommen kann.

Herr, was hast du mit uns vor?
Gib uns die Kraft, deinen Willen anzunehmen!
Du machst immense Geschenke,
aber du verlangst dafür,
dass man einen schweren und leidvollen Weg geht.
Doch dir sei Lob!
Ich komme mir als der Hauptmann vor,
der zu dir sagt: «Herr, ich bin es nicht wert,
dass du mein Haus betrittst…
Sprich nur ein Wort, dann wird mein Diener gesund.»
Und du Jesus sagst zum Hauptmann:
«Geh! Es soll geschehen, wie du geglaubt hast» (Mt 7,8.13).
Und in dem Augenblick war der Knecht gesund.
Hilf mir nun,
die Schwierigkeit, dir nachzufolgen, zu überwinden

und stets die Kraft zu haben,
dich gegen den Strom zu suchen,
mit deiner Gnade unser Leben zusammenzuhalten.

Die Botschaft von Don Domenico
(24. Oktober 2000)

Heute suchte ich Don Domenico Labellarte auf. Auch er hat, zusammen mit seiner Kongregation, viel für Matteo gebetet.

Jetzt bitte ich ihn, viel um die Heiligsprechung Padre Pios zu beten und beten zu lassen. Er machte mich darauf aufmerksam, dass das Kruzifix, das er immer bei sich trägt und beim Beichte-Hören zwischen sich und den Pönitenten legt, ein Geschenk Padre Pios ist und dass sich dank dieses Kruzifixes viele bekehrt haben.

Seine Zuneigung zum Padre, seine Kenntnis der Spiritualität Padre Pios sind sehr groß; es ist faszinierend, ihn von ihm sprechen zu hören.

In einem gewissen Moment sagt er mir: «Ich glaube, dass Padre Pio sein Krankenhaus für diese Heilung gewählt hat, um ein starkes Zeichen zu geben, denn die Menschen haben es nötig, heute mehr denn je, seine Gegenwart zu verspüren. Denn die Casa Sollievo war die große irdische Liebe des Padre, und er hat sich stets dafür eingesetzt, dass dieser Bau ein Vorbild beruflicher und sittlicher Werte sei. Und heute gibt es leider nur wenige Ärzte, die auf ihn vertrauen und an die Sendung ihres Berufes glauben. Küsse du das Kruzifix und bitte Jesus, dich und deinen Mann der Liebe würdig zu machen, die er euch erwiesen hat, und dann bitte die Madonna, euch besser zu machen. Padre Pio weinte vor der Madonna und bat sie: "Liebe Mama, mach mich dir ähnlich."»

Wie merkwürdig: Während Don Domenico spricht, kommt mir in den Sinn, dass ich einige Nächte vorher im Traum die Madonna von Pompeji und viele rote Rosen gesehen habe. Vielleicht verspreche ich mir, wegen der Gesundung Matteos wieder, eines Tages nach Pompeji zu pilgern mit einem Bündel roter Rosen in der Hand, wie Padre Pio das gerne sah.

Ich werde nach Pompeji gehen, um zu danken; sicherlich sind aber die schönsten roten Rosen, von denen der Padre will, dass man sie der Madonna darbietet, die täglichen «Fioretti»: «die kleinen Dinge jedes Tages, die man gut verrichtet», wie ein lieber Freund von mir, Don Biagio, sagt.

Und diese kostbaren Rosen sind am schwierigsten darzubieten.

Die Botschaft der Schwester Teresa

(30. Oktober 2000)

Ich habe den Pater und die Schwestern ihrer Kongregation kennengelernt, die ihr zu Ehren im Zönakel Santa Chiara die Eucharistie gefeiert haben.

Sie baten mich, vom Abenteuer Matteos und meinen Gefühlsbewegungen zu erzählen. Ich war gespannt, denn es waren Familien zugegen; ich hielt es für richtig, das Vorgefallene von meinem Gesichtspunkt aus zu erzählen.

Meine Freundin Flavia war bei mir. Als ich fertig geredet hatte und zu meinem Sitz zurückkehrte, war Flavia gerührt, und erst in diesem Moment wurde mir bewusst, dass ich mich überhaupt nicht an das erinnerte, was ich gesagt hatte. Es war, als ob jemand anderes an meiner Stelle geredet hätte, und ein Schauer überlief mich.

Nach der Feier grüßte ich Schwester Teresa von den Kapuzinerklarissen. Sie ist mir eine sehr liebe Freundin, die mir vor dem Wiedererwachen Matteos und auch nachher in allen diesen Monaten viel Kraft gab. Sie war wie eine ältere Schwester, an der Größe Gottes erstarkt, in innerer Ruhe dank des Friedens, den die Kenntnis Gottes einflößt.

Dank dir, Schwester Teresa,
Dank für dein Lächeln und deine inspirierten Worte.
Dank für die Gelassenheit und für den Mut,
die mich nach jeder Begegnung mit dir umhüllen.

Dank an Padre Pio dafür,
dass er dich auf meinen Weg gestellt hat,
um mir indirekt, durch die Abgeklärtheit deines Geistes,
seine ersehnten Botschaften zukommen zu lassen,
die mir Kraft geben, vorwärtszugehen
und trotz unserer unglaublichen Erfahrung
weiterhin in Gleichmut zu leben.
Ich glaube fest daran,
dass der Herr sich uns mitteilt,
und dass er sich dazu guter Seelen bedient,
wie du eine bist.
Deswegen bewundere ich dich und sage zu dir:
Seliggepriesen seist du, der es gelingt,
die Sprache Gottes besser als andere zu verstehen.
Padre Pio verweigert sich keinem, der ihn anruft,
und mit deinem Gebetsleben und deiner Liebesbotschaft
bist du ein Zwischenglied zwischen einerseits mir
und weiteren, die wie ich, den Wunsch haben,
geistliche Kinder des Padre zu werden,
und andererseits ihm, dem liebevollen großen Bruder,
der die Seelen Gott nahe bringt.
Dein Antlitz, deine Worte, liebe Schwester Teresa,
sind der Ausgangspunkt,
um den schwierigen Alltagsweg unter die Füße zu nehmen,
denn du vermagst mich daran zu erinnern,
dass der himmlische Vater und mit ihm Christus
uns nahe sind durch die Nächstenliebe und das Gebet.
Dank dir für all das, Dank!

Ich will eines der vielen aufmunternden und stärkenden Gespräche mit dir erzählen. Du sagtest zu mir: «Erinnere dich, Maria Lucia, dass der Herr uns durch Christus sieht. Christus ist ein Lichtfilter, der uns alle in den Augen Gottes schön erscheinen lässt. Sein Opfer, seine Erlösung tilgen unsere Sünden, und so sieht der Herr in seinem Erbarmen nur unseren Glauben, unsere Liebe und unseren Eifer, denn er sieht uns durch Christus. Niemand würde als Sünder die

Liebe und Hilfe Gottes verdienen, aber Jesus stellt sich mit seinem Leiden zwischen uns und Gott, und dank dem Filter seiner Passion werden wir in den Augen des Allmächtigen wunderbar und seiner Gnaden würdig.

Du gehörst nun dem Herrn an. Padre Pio meinte es gut mit deiner Familie und insbesondere mit Matteo; nun darfst du dich nicht damit quälen, dass du dich fragst, warum. Du sollst mit deinem Leben ohne Angst, ohne Stolz und ohne Zweifel bloß für die Freude und die Hoffnung zeugen. Sage nicht mehr: "Ich bin dessen nicht würdig" oder "Weshalb gerade ich?" Der Herr wählt, und basta. Aber nachher will er den Eifer und die Öffnung des Herzens in Gelassenheit und Vertrauen.»

Was könnte ich dir, Schwester Teresa, auf deine Worte erwidern? Noch einmal danke!

Deine Liebe zum Herrn hat mein verängstigtes Herz erhellt. Und so sah ich ein, dass ich mir nicht mehr Fragen stellen soll, sondern bloß Gott Dank sagen und diesen Dank in beständigem Beten und Gutestun in Ganzhingabe an Christus betätigen, damit sich das, was er mit einem jeden von uns vorhat, verwirklichen kann.

Deine Sicherheit im Glauben und dein Behaupten, dass Padre Pio ein großer Heiliger und stets bereit ist, auf unsere Bitten um Hilfe zu hören und sie dem Herrn hinzuhalten, hat meinen Glauben gestärkt und mir den Mut gegeben, gegenüber dem Tod zu hoffen, Vertrauen zu haben auf Gott, der auch den Tod zu besiegen vermag.

Hat denn nicht Jesus selbst zu seinen Aposteln gesagt: «Ich sage euch: Wenn euer Glaube auch nur so groß wie ein Senfkorn wäre und ihr zu diesem Berg sagen würdet: Rück von hier nach dort!, dann würde er wegrücken. Nichts wäre euch unmöglich» (Mt 17,20).

Und du, Schwester Teresa, hast mir so viele Male wiederholt: «Der Herr hat eine besondere Zuneigung zu dir, er hat dich gesegnet, euch alle gesegnet. Du sollst dich ihm ruhig anvertrauen, du sollst dich der göttlichen Vorsehung anvertrauen; denk daran, dass es Engel gibt, um dich zu behüten, um uns alle zu behüten.»

Danke, Padre Pio,
denn das Gespräch mit dir ist nie abgebrochen;
in Freude und im Leid fühle ich dich an meiner Seite.
Jedesmal, wenn ich Worte oder Ratschläge benötige,
schickst du mir jemand,
um mir deine Liebe, deine Hilfe, deinen Schutz zu bekunden.
Wie viele wunderbare Begegnungen hast du mir gewährt,
und sicherlich habe ich deshalb
auch Schwester Teresa kennengelernt.

Das Lächeln auf ihrem jugendlichen Gesicht, auf dem die Zeit stillgestanden zu sein scheint und das rund herum Frieden und Frohmut ausstrahlt, ist für mich eine regenerierende Kraft.

Als ich, liebe Schwester Teresa, im Verlauf des Prozesses in Manfredonia mich oft an dich wandte und dir andeutete, wie sehr das an Matteo gewirkte Wunder (denn für mich, für dich, für viele andere ging die Rettung Matteos vom ersten Moment an aus dem Wirken Gottes und der Fürbitte Padre Pios hervor) von einigen Medizinern in Frage gestellt werde, welche Mühe hatten, die menschliche und wissenschaftliche Grenze anzuerkennen, über die hinaus nur Christus zu wirken vermag, beruhigtest du mich, indem du mir wiederholt sagtest: «Habe Vertrauen auf Gott und sein Erbarmen! Und der Padre ist ja mitten unter uns, der Padre weiß, was richtig ist, und wenn die Rettung Matteos das Mittel sein soll, um zur Heiligsprechung zu gelangen, wird er alle Hindernisse überwinden lassen. Wir müssen bloß starkes Vertrauen haben und viel beten.»
Herr, ich preise dich und danke dir,
denn in dieser so schwierigen und verwickelten Periode meines Lebens
hast du mir herrliche Menschen zur Seite gestellt,

darunter die Schwester Teresa.
Du hast mir Menschen zur Seite gestellt,
die mir die Kraft übermittelten,
nicht zusammenzubrechen und nicht zu erliegen
unter der Ungewöhnlichkeit und Größe dessen,
was vorgefallen ist,
sondern vorwärtszugehen.

Am 24. Oktober hat mir Schwester Teresa am Sprechgitter, als ich gerade fortgehen wollte, gesagt: «Schreibe! Sprich von der Hoffnung, der Padre will es! Was du über die Geschichte deines Sohnes am Sammeln bist, wird Hoffnung heißen und zum Herzen vieler Menschen dringen, die hoffen und beten müssen, um wieder zu leben zu beginnen.»

Auch deswegen bin ich daran, von meinen Gemütsbewegungen, dem von mir Erlebten, von meinem Innersten zu erzählen in der Hoffnung, dass das ein ganz schlichter Dienst, mein Dank an den Padre und an das ganze Paradies sein kann.

Was im November 2000 geschah

Im Luna-Park in Rom
(5. November 2000)

Matteo bat, zur Weltausstellung in Rom gebracht zu werden.

Gestern sagte er beim Abendessen: «Mama, wenn wir nach Rom zum Jubiläum gehen, musst du mich zum Luna-Park bringen, damit wir die Grotte des Bergwerks mit der Lokomotive sehen, die ich mit Padre Pio überquert habe.»

Ich gab ihm zur Antwort: «Gewiss werden wir dich dahin bringen, wohin du mit Padre Pio gegangen bist. Aber sage mir etwas mehr über diesen Flug. Seid ihr am Tag oder in der Nacht nach Rom gegangen?»

«Ich weiß es nicht», antwortete mir Teo bestimmt, «denn der Traum war in Schwarz und Weiß. Als ich im Krankenhaus war, sah ich alles in Farben, auch Padre Pio und die Engel. Als ich nach Rom flog, war alles schwarz-weiß, ich weiß nicht, ob es Tag oder Nacht war. Aber ich bin sicher, dass wir die Grotte überquert haben.»

Antonio und ich blickten uns verwundert an. Und ich fragte mich: «Wenn Matteo das, was er erzählt, nicht wirklich gesehen oder geträumt hätte, wie hätte er es so genau sagen können? Herr, sei demütig bedankt, denn du lässt mich jeden Tag durch die harmlosen Worte meines Sohnes die Ungewöhnlichkeit deiner gewaltigen Wundertaten erleben.»

Doch über all dem steht stets ein Schatten, der Schatten dessen, der dich fragt: «Warum nicht mich?»

Eine Dame, die ich kaum kenne und die mit so vielen für Teo gebetet hat, fragte mich gestern abend auf der Straße, wobei es mich eiskalt überlief: «Weshalb habt gerade ihr dieses Glück? Weshalb hat der Herr gerade eure Gebete erhört? Es gibt doch so viele Mütter, die wie du gebetet haben, und doch sind ihre Kinder gestorben!»

Diese Frage ließ mich wie betäubt werden.

Ich weiß, dass ich schlechter bin als so und so viele Mütter.

Aber was sollte ich sagen? Ich kann nur danken für das gewaltige Gnadengeschenk Gottes, das ich erfuhr und das wir von nun an mit unsern Worten, Gedanken und vor allem mit einem entsprechend eifrigen Leben bezeugen werden müssen. Mit einem Leben, das vom großartigen Geschenk der Heilung meines Sohnes betroffen und umgewandelt worden ist.

Eine Heilung, wegen der ich mich verpflichtet fühle, Hoffnung zu übermitteln, auch wenn ich nicht in das Mysterium Gottes eindringen kann, der uns ohne Verdienste von unserer Seite begnadigt hat.

Ich kann nichts anderes tun als das: danken und andere aufmuntern, zu hoffen.

Auch schon vor der Heilung Matteos lobte ich Gott um der Schönheiten der Schöpfung und um der Gnaden willen, die er einem jeden von uns Tag für Tag gewährt. Aber jetzt ist das Wissen um die Ungewöhnlickeit des Daseins voll und ganz da.

Ich habe gelernt, die Gegenwart zu leben, anzuhalten, um mich am Augenblick zu erfreuen: an der Dämmerung, am Regen, an der Sonne, den Blumen, den Sternen, der Stille und dem Lärm der Kinder, am Haus, an der Arbeit, am Lächeln meiner Kinder.

Jedes kleine, für andere bedeutungslose Ding kommt mir als etwas Großartiges vor, denn für mich sind, wie für Johannes vom Kreuz, «die Berge, die schattenreichen einsamen Täler, die fernen Inseln, die rauschenden Gewässer, die verliebten sausenden Lüfte der Geliebte».

Zudem glaube ich, wirklich begriffen zu haben, was es heißen will, in Milde und Demut, in Hoffnung, in Glaube und Liebe zu leben.

In Milde und Demut leben, denn ich kann mich nur vor dem Herrn niederwerfen, weil er seinen Blick uns so Unwürdigen zugewandt hat, und diesen Dank ins Leben, in das so schwierige, manchmal fast unmögliche Bemühen umzusetzen, zu versuchen, von Tag zu Tag etwas besser zu sein.

In Hoffnung, Glaube und Liebe leben, denn ich habe erfahren, dass der Glaube so mächtig ist, dass er die Hoffnungen zu verwirklichen vermag, und die verwirklichte Hoffnung wird zu Lobpreis und Dank durch die tägliche Betätigung der Liebe. Ich habe den Sinn der Worte «göttliche Vorsehung» begriffen.

Und ich kann nur an andere Herzen klopfen und sagen: «Vertraue gegen alle Hoffnung auf das Erbarmen Gottes.»

Dem, der mich fragt: «Warum Matteo?», kann ich also, wie mir Schwester Teresa geraten hat, bloß antworten, dass der Herr seine Gaben seinen unergründlichen Plänen gemäß ohne Erklärungen spendet.

Ich kann bloß antworten, indem ich an den königlichen Beamten des Evangeliums erinnere, zu dem Jesus auf die Bitte hin, seinen im Sterben liegenden Sohn zu retten, sagt: «Wenn ihr nicht Zeichen und Wunder seht, glaubt ihr nicht.» Aber der königliche Beamte beharrt: «Herr, komm herab, bevor mein Kind stirbt.» Und Jesus antwortet ihm: «Geh hin, dein Sohn lebt» (Joh 4,48-50).

Das ist ein Wort Gottes, ein Wort Jesu; er war es, der das sagte, und eben er hat an Matteo ein weiteres Wunder gewirkt.

Doch heute waren wir zur Weltausstellung in Rom, im Luna-Park.

Matteo hat die Bergwerksgrotte gefunden und wiedererkannt, die er, wie er sagt, mit Padre Pio überflogen hat. Papa und ich und die kleinen Freunde Amilcare, Antonio und Pio machten einen Rundgang über diese Plattform.

Als Matteo herunter kam, fragte ich ihn, ob er sicher sei, dass das das Gelände sei, das er im Traum überquert habe. «Ja, ich flog mit Padre Pio darüber, höher als die Bäume. Ich bin dessen sicher, es ist wirklich das.»

Wie es bei mir nun oft vorkommt, bleibe ich sprachlos.

Ich habe keine Kommentare dazu zu machen, ich kann auch diesen Vorfall nur dem Herrn anvertrauen und sagen, dass ich ihn absolut aufrichtig geschildert habe.

Mir kommt ein weiterer Brief aus der Briefsammlung in den Sinn, der an Lauretta Albanese, worin Padre Pio sagt: «Der Herr wollte, dass auch Sie — wie Abraham, der seinen eigenen Sohn im Herzen opferte, um dem Gebot Gottes nachzukommen —, als Sie ihm nichts anderes mehr zu opfern hatten als diesen Sohn, ebenfalls die Nachricht von der Rettung des Sohnes erhalten sollten, wie der Engel Gottes den Sohn Abrahams rettete.»

Und ich will auch an eine Anrufung erinnern, die Padre Pio in der Weihnachtszeit an das Jesuskind richtete, worin er Gott um die richtige Weise des Dankens bat: «O Jesus, bilde unsere Herzen um, wie du die der heiligen Magier umgebildet hast, und mach auch, dass unsere Herzen, da sie die Gluten deiner Liebe nicht zurückbehalten können, dich den Seelen unserer Mitmenschen bekunden, um sie zu erobern... Mach, dass wir, weil wir die Mitteilung deiner göttlichen Liebe nicht zurückbehalten können, deine göttliche Freigebigkeit mit unserem Vorbild und Tun verkünden.»

Um den Bericht über die Reise nach Rom abzuschließen: Am Abend der Rückkehr nach Hause sagt mir Matteo etwas Seltsames: «Mama, als Padre Pio und ich den Flug nach Rom machten und in das Krankenhaus gingen, um das Kind zu heilen, traten wir über das Fenster ein, denn als Tote waren wir transparent.»

Ich bin wie immer verblüfft und sage nichts dazu, aber in meinem Innern arbeitet es. Ich denke: Matteo ist noch zu klein, um das Gefühl des Todes so unmittelbar und bewusst gewinnen und ausdrücken zu können. Es handelt sich ja dabei um eine so paradoxe Situation, dass sie sich in seinem Alter nicht erfassen lässt, außer man hat sie direkt erfahren.

Und ich frage mich, was wirklich der Fall war.

Ob nicht Matteo in einer wahren, eigentlichen praemortalen Situation war, worin es zu einer Begegnung kam, bei der die Zeit, der Raum, die Materie einen anderen Sinn haben als beim normalen Menschen, kurzum eine andere Dimension, nämlich die der Begegnung mit den Engeln, mit dem Transzendenten.

Das Foto von Padre Pio

(12. November 2000)

Heute abend ist ein Film über Padre Pio mit Michele Placido auf dem Programm.

Michele Lombardi, der mit mir befreundete Schreiner, ist eben weggegangen.

Ich wollte wieder lesen, was hinten auf dem Foto steht, das er mir am Tag, an dem Matteo wieder erwacht ist, gebracht hatte.

Michele ist gemeinsam mit mir der festen Überzeugung, dass nichts zufällig geschieht und dass also dieses ihm gehörende Foto für mich bestimmt war.

Ich fragte ihn, wer Lucia sei, an die die Worte des Padre gerichtet waren.

Bevor diese Lucia starb, hatte sie der Frau von Michele, Angela, einige Fotografien von Padre Pio geschenkt, unter anderen die mit dem Jesuskind, die ich jetzt habe.

Angela hatte sie lange Zeit hindurch aufgestellt, an ein Gemälde gelehnt, und da sie keine Kinder hatte, wandte sie sich wiederholt diesem Foto zu, um Padre Pio zu bitten: «Bitte, gib das Kindlein, das du in den Armen hältst, mir!»

Eines schönen Tages nimmt Michele das Foto weg und legt es in eine Schachtel, denn er glaubt, so frei hingestellt, könnte es Schaden nehmen, und er denkt, dass dieses Foto — wegen der Schrift auf der Rückseite — eine besondere Bedeutung habe und für jemand bestimmt sei.

In der Folge öffnete er oft die Schachtel, in die er das Foto gelegt hatte, um sich zu fragen, was diese vom Padre geschriebenen Worte sagen wollen.

Und so kommen wir zum 31. Januar. Als Michele vom Koma Matteos und von meiner unablässigen Bitte um Gebetshilfe erfährt, öffnet er die Schachtel, nimmt das Foto von Padre Pio heraus und liest die Worte auf der Rückseite.

In diesem Moment sieht er ein, dass die hinten auf die Fotografie geschriebenen Worte an mich gerichtet sind, dass ich jene Lucia, die zweite Lucia sein könnte, für die jene tröstlichen Sätze einen Sinn haben als Worte, die geschrieben wurden, um mich zu trösten und mich zu stützen.

So war es denn auch!

Heute abend wollte Michele die Rückseite des Fotos lesen.

Er ist überzeugt, dass dank der Worte «Dein Namenstag» noch etwas geschehen wird. Und in einem bestimmten Moment sagt er: «Und wenn Padre Pio, von Gott inspiriert, diese Worte im Wissen um das geschrieben hätte, was eines Tages deinem Sohn widerfahren würde?»

Dieser Gedanke scheint einer blühenden Phantasie zu entspringen, aber mir kommt eine Episode in den Sinn, die erzählt wird. Als der Padre einen Brief des damaligen Bischofs von Krakau, Wojtyla, erhalten hatte, soll er gesagt haben: «Legt ihn beiseite; eines Tages wird er sehr wichtig sein.»

Michele hat einen außerordentlich starken Glauben, und ich werde inne, dass ich mich fest und still auf seine Vermutungen verlasse.

Übrigens hatten er und Angela etwas Unglaubliches erlebt, als sie das Söhnchen Yuri adoptierten.

Doch bevor sie verreisten, ja schon bevor beide wussten, dass sie sich nach Russland begeben sollten, hatte Michele einen merkwürdigen Traum.

Er sah, wie ihm ein Arzt entgegenging und ihm ein Kind in Binden in die Arme legte und dabei «Iura, iura» sagte.

Als Michele erwacht war, dachte er, *iura* sei ein Dialektausdruck für «Giura» (Jura) und maß dem Geträumten keine Bedeutung mehr bei.

Als er sich jedoch kurz darauf mit seiner Frau zur Adoption nach Russland begab, sah er nach seiner Ankunft in der

Klinik, um das Kindlein kennenzulernen, einen Arzt auf sich zukommen, der auf dem Arm einen Neugeborenen in Binden hielt. (In Russland werden die Neugeborenen noch gewickelt.)

Als der Arzt bei ihnen angekommen war, sagte er zweimal: «Iura, Iura».

Und Iura war merkwürdigerweise einfach der Name des Knäbleins, das sie dann zu ihrem Adoptivkind annahmen und auf italienisch Yuri nannten.

Als am heutigen Abend Michele mich auf die Worte aufmerksam machte: «Liebe Lucia, ich wünsche dir einen heiligen Namenstag», fragte ich mich, was sich in der Folge ereignen würde, was zwischen den Zeilen zu lesen sei.

Vielleicht bin ich verrückt, aber je mehr ich diesen Satz lese, desto mehr nimmt in mir das Bewusstsein Gestalt an, dass Padre Pio in diesem fernen Jahr 1955, als ich noch nicht auf der Welt war, etwas Bestimmtes vorausgesagt habe.

Ich frage mich, ob es zu seiner Heiligsprechung kommt, ob sie eventuell im Dezember, im Monat meines Namenstages, vorgenommen wird, um meinen Namenstag wirklich und magisch «heilig» zu machen, oder ob es dann wenigstens im Dekret über das Wunder wichtige Notizen haben wird.

Nur die Zeit wird mir antworten, meine «Verrücktheit», mein irrationales, wahnsinniges Vertrauen auf die Zeichen bestätigen oder dementieren können.

Was im Dezember 2000 geschah

Don Biagio, ein schwarzer Priester
(19. Dezember 2000)

Lieber Padre Pio, ich will dir für ein weiteres großartiges Geschenk danken, das der Herr mir auf deine Fürbitte hin gemacht hat. Alessandro sagte mir heute abend: «Es ist schön, dass jemand wie Don Biagio unser Freund ist und uns so gern hat.»

Dieser Satz meines Sohnes ist sehr lieb und sinnvoll; es ist wunderbar, dass ein Knäblein von zwölf Jahren den tiefen Sinn der Begegnung mit Don Biagio erfasst. Wir haben mit ihm heitere Momente verlebt, die von einer starken, rein geistigen Zuneigung durchdrungen waren.

Als Matteo schlimm daran war, wandte ich mich, lieber Padre Pio, an dich, enttäuscht darüber, dass du nicht mehr am Leben und bei mir warst, um mir Kraft und Ergebung zu schenken.

Ich empfand fast Wut darüber, als ich an all deine geistlichen Söhne und Töchter dachte, die dank deinen Ratschlägen, deiner Führung zielsicher in deinem Schatten lebten.

Ich fühlte mich als Waise, die diesen großen liebevollen Vater für immer verloren hat, und gleichzeitig flehte ich dich an: «Sende mir einen geistlichen Vater, der mich in diesem Drama stützt, sende mir jemand, der meine Seele leitet, der mir behilflich ist, im Namen Gottes den Schmerz zu ertragen.»

Er traf auf geheimnisvolle oder vielleicht wunderbare Weise ein: Don Biagio.

Er hat nie gewollt, dass ich von unserer Begegnung, unserer Freundschaft, spreche.

Aber jetzt, da er ein freier Mann ist, will ich ihm danken für das unablässige Gebet für Matteo, das er verrichten wollte, für die Spenden zu seiner Heilung, für die Unterstützung, die er mir damals gab, und für den Frieden und die Gelassenheit, die er als Mann Gottes in meine Familie zu bringen wusste.

Don Biagio wollte sein Leben dem Zuhören, dem Gebet, der Selbsthingabe weihen, um anderen im Leiden Halt und Trost zu sein.

Für mich ist er ein wahrer Priester, wie man so viele möchte, nicht imstande, ein Wort des Trostes, eine Aufmunterung, ein Lächeln zu verweigern. Er ist ein geistlicher Vater, der mit seinen Kindern leidet, sie aufnimmt, losspricht und in die Arme Gottes drängt, denn Gott ist mit ihm wie mit allen guten Seelen.

Zum Herrn zu führen ist der Zweck eines Priesterlebens, und weil es Don Biagio gelingt, das schlicht und einfach, aber auch kraftvoll zu tun, halte ich ihn für einen heiligen und tüchtigen Priester. Du, Padre Pio, hast ihn, als ich trostlos war, auf meinen Weg gestellt, um mir behilflich zu sein, meinen Schmerz und den Willen Gottes anzunehmen und mich zugleich mit dem Gebet darum zu begleiten, dass der Kelch des Leidens, wenn möglich, von mir genommen werde.

Jetzt bin ich es, die zusammen mit dir für ihn betet, damit der Heilige Geist ihn in seiner apostolischen und pastoralen Sendung leitet und damit er noch lange für viele ein liebevoller und starker geistlicher Vater sein kann und das Vertrauen und die Hoffnung auf das Wort Gottes zum Wachstum zu bringen vermag.

Die Demut und Milde, mit denen Don Biagio zuhört und antwortet, die Aufmunterung, die er mit wenigen, aber tiefen Worten zu geben weiß, die Kraft, mit der er sich dem Gebet hingibt, und die Hingabe an Jesus und Maria und an das Evangelium, die er zu übermitteln weiß, gibt denen, die ihn kennen, die Gelassenheit, zu hoffen oder den Willen Gottes anzunehmen, und das ist Apostolat, Bezeugung, große Liebe zum Herrn, Gabe im Dienst am Menschen, Aufbau des Friedens und Stärkung des Glaubens.

Die Schrift von Matteo
(25. Dezember 2000)

Es ist der schönste Tag des Jahres: Christi Geburt.

Es ist das Weihnachtsfest des Jubiläums.

Für mich ist es eine spezielle, ganz spezielle Weihnacht.

Während der Messe konnte ich wie oft die Tränen nicht zurückhalten, denn in diesem Jahr hat sich etwas ganz Besonderes zugetragen.

Noch einmal haben Freudentränen mein Gesicht durchfurcht, wie die Krankheit und die Heilung Matteos meine Seele unaustilgbar durchfurcht haben.

Ich bin rundum glücklich, denn mein Sohn ist dem Leben wiedergeschenkt worden, und so erscheint mir alles, was mich umgibt, neu und wunderbar.

Und ich denke mit Bedauern an die so vielen Kinder, die heute, statt zu feiern, leiden und ihr Kreuz der Menschheit darbringen müssen.

Wegen dieses Mysteriums des Kreuzes und des Schmerzes möchte ich nie zu beten aufhören, damit der Schmerz eines Menschen wenigstens ein bisschen nachlässt.

Ich suchte nach dem Heft, in das Matteo vor einem Jahr in der Schule seinen Wunsch geschrieben hatte, Jesus kennenzulernen; ich wollte den Text wieder lesen und darüber nachdenken.

Jesus, Matteo hat dich kennengelernt, und dann ist er mir wieder zurückgegeben worden, um zu bezeugen.

Ich bewahre auch zwei Seiten auf, die Matteo nach der Krankheit schrieb, in diesem Sommer nach der Rückkehr vom Meer, als er sich wegen der noch frischen Narben nicht der Sonne aussetzen durfte, sondern die neugierigen Blicke der anderen Kinder, die erbarmungslosen Blicke seiner Altersgenossen aushalten musste. Da habe ich den Schmerz der Eltern von solchen Kindern, die abnormal sind oder sich abartig vorkommen, von Eltern, die sehen, dass man auf ihre Kinder wie auf seltene Tiere mit dem Finger zeigt, noch besser nachgefühlt.

Und ich hoffe, dass meine diesbezüglichen Worte die Leserinnen und Leser, Erwachsene und Kinder, veranlassen wird, sich rücksichtsvolles Schweigen anzuerziehen, so dass Menschen, die mit sichtbaren körperlichen oder geistigen Schäden behaftet sind, sich nicht als abnormal vorkommen müssen und nicht ausgegrenzt, ausgelacht, angestiert werden.

Ich musste mehrmals den Kummer meines Sohnes beschwichtigen, der als «Rotzbengel» oder «Scheusal» bezeichnet und ferngehalten wurde, weil andere Kinder schrien: «Was für ein ekelhafter Kerl, seht, was dieses Kind hat, wie hässlich es ist!»

Ich opferte seinen und meinen Schmerz für alle behinderten Kinder auf, für alle Kinder, die noch in Krankheiten um ihr Leben kämpfen.

Die Neugier und die Grausamkeit anderer ertragen zu lernen, nachdem man so viel gelitten hat, war nicht leicht, sondern erforderte viele Kräfte; gleichzeitig aber drängte es mich zum Entschluss, noch entschiedener für Eltern und Kinder zu kämpfen, die weniger stark sind als wir.

«Ich hatte weder Geleiter noch Licht außer dem, das mir im Herzen leuchtete, ein Licht, das mich sicherer als die Mittagshelle an den Ort führte, wo mich der erwartete, der mich durch und durch kennt.»

Im Fototeil dieses Buches werden einige Seiten wiedergegeben, die von Matteo vor und nach der Krankheit geschrieben wurden. Trotz des Dramas und des Schocks, die er erlebte, ist die Schrift fast die gleiche geblieben, wie auch seine Fähigkeiten unvermindert waren. Ich glaube, es kann kein sichereres und ehrlicheres Zeugnis als die Schulleistung Matteos geben, um das gänzliche Fehlen von Folgeschäden auf der Verstandesebene zu beweisen. Das gleiche ergibt sich auch aus dem Zeugnis der Lehrpersonen, die mir erzählen, wie sie auch im Diözesanprozess berichtet haben, dass es Matteo gelang, eine Prüfung über Multiplikationen und

Teilungen mit bestem Erfolg zu bestehen, obwohl er wegen seiner Absenzen in der Schule dem betreffenden Lehrstoff nicht folgen konnte. Dennoch gelang es ihm, über diese Themen in kurzer Zeit und irrtumsfrei die Prüfungsaufgabe abzugeben. Im Folgenden gebe ich den offiziellen Bericht wieder.

Staatliche Elementarschule — Kreis I

Netz «F. Forgione» — San Giovanni Rotondo

Der Schüler Matteo Colella, der in der Elementarschule «F. Forgione» die zweite Klasse besucht, ist nach einer längeren Abwesenheit wegen sehr schwerer Gesundheitsprobleme, die am 20. Januar begann, am 1. April 2000 wieder eingetreten.

Der Schulbesuch wurde ruhig und ohne jede Schwierigkeit wieder aufgenommen.

Matteo zeigt weiterhin die sehr guten Fähigkeiten, die er schon in der vorhergehenden Schulperiode an den Tag legte. Dank ihnen konnte er in kurzer Zeit die während seiner Abwesenheit behandelten Stoffe nachholen.

In der Schule ist er konstant aufmerksam und fleißig, kommt mit Erfolg nach und leistet bei jeder vorgeschlagenen Tätigkeit stets seinen bedeutsamen Beitrag.

Die bis heute in den verschiedenen Schulfächern erreichten Resultate sind sehr gut.

Eine besondere Episode ist zu erwähnen. Am 9. Mai hat die Klasse eine Prüfungsaufgabe im Rechnen über die Teilung gemacht, welche auch die umgekehrte Operation vorsah: die Multiplikation, die während der Periode der Abwesenheit Matteos behandelt worden war.

Der Schüler war imstande, die Prüfungsaufgabe korrekt abzuschließen; er war das vierte Kind, das sie abgab, obwohl er tags zuvor, als das Thema rekapituliert und vertieft wurde, nicht da gewesen war.

Die Beziehungen zu den Lehrkräften und den Kameraden sind weiterhin offen und ungezwungen.

Er kennt und respektiert die Regeln des Gruppenspiels und beteiligt sich begeistert an den verschiedensten gymnastischen Tätigkeiten, die jeweils vorgeschlagen werden.

12. Mai 2000

Die Lehrer: G. Bisceglia
P. Cascavilla
C. Centra

Das Fest der heiligen Familie
(31. Dezember 2000)

Wir besuchten die Messe in der kleinen Kapelle der Amigoniani-Terziaren.

Wir waren alle vier da: Antonio, ich, Alessandro und Matteo.

Heute ist das Fest der heiligen Familie; wir sind zur Kommunion gegangen, und das ließ durch Christus mich meinem Mann und meinen Söhnen noch näher fühlen. Matteo, der sich für gewöhnlich nicht gerne zeigt oder an den Altar geht, hatte mich gebeten, Ministrant werden zu dürfen.

Es war rührend, ihn nahe beim Priester mit den für das Weihnachtsfest goldbestickten Paramenten zu sehen.

Es war schön, ihn das Jesuskind küssen zu sehen.

Und dann die erste Lesung aus dem Buch Samuel: Anna bringt ihren Sohn dem Herrn dar, denn sie hatte ihn erhalten, empfangen und geboren nach inständigen Gebeten und hielt es deshalb für richtig, ihn dem Herrn darzubringen.

Diese Worte pressten mir das Herz zusammen.

Auch ich habe, als ich während der Krankheit Matteos Christus anflehte, ihn ihm dargebracht: «Herr, du hast so viele Engel, ich bitte dich, wenn du willst, lass diesen Engel hier auf Erden, damit er dein sei, für dich lebe, aber lass ihn am Leben!»

Als die Messe zu Ende ging, vor dem Segen, sagte Pater Salvatore unverhofft: «Heute ist das Fest der Familie, und deshalb glaube ich, mit euch zusammen ein Ave Maria beten zu dürfen, um dem Herrn zu danken für Matteo, für seine Heilung und für seine Familie. Heute, gerade am Fest der Familie, ist Matteo mit seinen Eltern und seinem Brüderchen hier. Ich hatte die Hoffnung, ihn geheilt am Altar zu sehen, und der Herr hat uns diese Freude gemacht.»

Meine Familie ist vereint, ich hoffe, der Herr wird sie zusammenhalten und durch das gemeinsame Gebet alle Familien, die unter seinem Segen entstanden sind, behüten, schützen und leiten. Ich bin der Überzeugung, dass in jeder von ihnen der Friede aus der Suche und dem Empfang der

Gnade Gottes hervorgeht, die ein unerlässliches Bindemittel zur Unauflöslichkeit dieses Sakramentes ist.

Und du, Jesus, suche die einigende Brücke zu sein, die unerschöpfliche Liebe, in der sich die Verstimmungen und Missverständnisse auflösen lassen, die das Zusammenleben mit sich bringt. Lass deinen regenerierenden Segen strömen, damit wir, statt nach dem zu suchen, was spaltet, auf das bedacht sind, was eint, und lass jedes Paar, jeden Familienkern in deinem Namen den Sinn dafür finden, das aufzubauen, was dein heimtückischer ewiger Feind zu zerstören trachtet.

Was im Januar 2001 geschah

Wilson
(5. Januar 2001)

Heute hat uns Wilson verlassen, ein albanischer Engel, der auf die Erde herabgestiegen war, um uns zu lehren, dass die Liebe keine Grenzen, der Glaube keine Nationalität hat, dass die Würde das Antlitz zweier vom Leid zerstörter Eltern hat, die Augen aber waren im Gebet stets zum Himmel gerichtet.

Ich werde mich immer an seinen Blick eines Rehleins erinnern, das sich verirrt hat, und an den Rosenkranz in seinen mageren Händchen.

Ich werde mich an das lautere, etwas schwermütige Lächeln erinnern, das er uns am Tag seiner Taufe schenkte, als er — welch seltsamer Zufall! — darum bat, für die Kirche «Matteo», Gottesgeschenk zu heißen, Gottesgeschenk wie mein lieber Matteo.

Wilson hat uns ein Jahr nach der Krankheit Matteos verlassen; er hat den Himmel, die Ewigkeit, die endlose Glückseligkeit erreicht, gewiss am Fegefeuer vorbei, das er auf der Erde verbüßt hat, da er in heldenhafter Gelassenheit unsäglich litt.

Heute habe ich für ihn gebetet, für ihn an der Eucharistiefeier teilgenommen, und bei der Konsekration stellte ich mit geschlossenen Augen ihn mir Hand in Hand mit Padre Pio vor, auf das unermessliche Licht, auf den völligen Frieden Christi ausgerichtet.

Als mein Sohn Matteo vernahm, Wilson sei gestorben, fuhr er auf, faltete die Hände zum Gebet und sagte zu mir kurz darauf: «Ich will ein Geschenk wünschen von der Befana (Geschenkbringerin an Epiphanie), etwas Besonderes. Sie soll morgen das Jesuskind bitten, zu seinem Fest wenigstens ein Kind, einen Knaben von irgendwo auf Erden zu retten. Meinst du, dass es mich erhören wird?»

«Ich glaube», sagte ich gerührt. «Du erbittest etwas überaus Schönes; du wirst sehen, Jesus, der so gut ist, wird dir dieses Geschenk machen; morgen wird ein anderes Kind wie du gerettet werden.»

Wilson und Matteo — zwei unschuldige Seelen, zwei Werkzeuge in der Hand Gottes.

Matteo ist Zeichen des Wunders, damit man an die Macht Gottes glaubt, an seine Macht, welche die Gesetze der Natur, den Tod herausfordert und überwindet. Wilson ist, wie Padre Pio, wie andere Märtyrer, Zeichen Jesu, des Lammes, das unschuldig leidet und geopfert wird, damit unsere Sünden vergeben werden

Herr, ich neige demütig mein Haupt und bitte dich um Vergebung um Deines Leidens zu unserer Erlösung willen und um des Leidens all derer willen, in denen du weiter leiden willst.

Herr, ich küsse die Erde und danke dir für das große Geschenk des Lebens Matteos, den ich im Zimmer nebenan lebhaft plaudern höre.

Herr, mach, dass die Flut von Worten und Gedanken, die mich in diesem Jahr begleitet hat, mir und meinen Lesern und Leserinnen im künftigen Leben helfe, bewusster, liebevoller, gläubiger den schwierigen Weg zu dir weiterzugehen.

Mach, dass die Geschichte, die unsere Familie erlebt hat, für viele Quell der Hoffnung sein kann. Lass solche, die ihr Leben nicht lieben oder es vergeuden, daran denken, dass dieses ein wunderbares Abenteuer ist, dessen man sich Augenblick um Augenblick erfreuen soll in der Schlichtheit und Schönheit der kleinsten Dinge, im Blick seines Kindes, im Schweigen der Nacht, im Brausen des Windes, am Tag, der beginnt und sich färbt, im erholsamen Dunkel, in einem Lächeln, im Alltag, den man wie etwas Ungewöhnliches genießt, im schlückchenweise verkosteten Augenblick, um die Zeit zu dehnen, um das Leben zu verlängern.

Ich habe gelernt, all das mit anderen Augen anzuschauen; ich habe wirklich gelernt, welch großes Geschenk es ist, aufstehen, sprechen, essen, arbeiten zu können, einhalten zu können, um zu ruhen oder nachzudenken oder zuzusehen, wie meine Kinder spielen.

Ich habe gelernt, dass jede Sekunde einzigartig und unwiederbringlich ist, dass im erlebten Augenblick das Wunder der Ewigkeit liegt, und ich will nichts von dem, was der Herr mir gewähren will, in Zweifel, in Unzufriedenheit, in Langeweile verloren gehen lassen.

Während ich schreibe, erhebe ich immer wieder den Blick zum Berg, zum Monte Gargano, den Padre Pio so sehr geliebt hat.

Es regnet; die Tropfen rinnen die Fensterscheiben hinunter; der Himmel ist grau.

Es herrscht hier völlige Stille und Frieden; ich frage mich, wie viele Male Padre Pio auf diese kahlen Gipfel, die im Kontakt mit dem Himmel, mit dem Unendlichen sind, geblickt haben wird, und ich sage mir, welch ein Glück es ist, sich derselben Landschaft zu erfreuen, die er geliebt hat, an den Orten zu leben, die er mit seinem Blut gesegnet hat.

Zu meiner Rechten habe ich in einem Holzrahmen ein Foto von ihm. Es ist eine außergewöhnliche Aufnahme, die mir sehr gefällt, denn sein Gesicht lächelt heiter, und jedes Mal, wenn ich es ansehe, geht mir das Herz auf.

In einem Augenblick habe ich die schreckliche Nacht des 20. Januar 2000 vor mir und wird mir bewusst, dass ich einige Stunden später Matteo hätte bestatten müssen; ich erlebe wiederum die zerreißende Anspannung des Leibes und des Geistes, den ununterbrochenen Schrei zu Jesus und Maria, die Aufopferung meines Lebens für das seine, die Leere des Zimmers und der Welt ohne meinen Sohn, die quälende Länge der Sekunden des Wartens.

Dann fasse ich mich wieder, trockne mir die Augen, blicke wiederum hinaus, auf den eintönigen Himmel und den unbeweglichen Berg, und sage mir, dass mit Matteo auch das Grau eines Wintertages wunderschön wird.

Und ich will das solchen sagen, die, ohne wirkliche Probleme zu haben, sich der Schönheit eines heiteren Daseins nicht zu erfreuen vermögen, solchen, die in Sonderbarkeiten, im Risiko nach Glück suchen, das hingegen darin besteht, die scheinbare Banalität des Gewöhnlichen in Stücke von Außergewöhnlichem zu zerlegen.

Mir ist das zuteil geworden, und wenn trotz des Großen, das ich erlebte, meine schwache, launische Menschennatur sich von Gefühlen des Unmuts, des Schmollens, der Angst, der Verdrießlichkeit mitreißen lassen möchte, erinnere ich mich an jene Nacht, vertraue meine Schwächen dem Erbarmen Gottes an und finde wieder den Seelenfrieden.

Früher haben oder hätten die mehr oder weniger großen Stolpersteine des Alltags mich zur Flucht, zum Aufbegehren veranlasst; heute wende ich mich in den enormen Schwierigkeiten, die mit meiner irdischen Begrenztheit gegeben sind, an Jesus. Und ich bitte ihn, mir mit seiner Kraft und seiner Liebe nahe zu sein, um vorwärts zu gehen, um mit einem schwierigen, aber aufrichtigen, ersehnten Umschwung seine Gegenwart zu bezeugen.

Ich vertraue meine Zweifel, Ängste, Schwächen, mein Nichts der Eucharistie an, vereine mich bei der Konsekration mit Christus in der Gewissheit, dass wir während seines unblutigen Opfers um Halt, Frieden, um gleich was bitten können. So gelingt es mir, die Wirklichkeit mit anderen Augen anzusehen, und eine von Christus herkommende ungeahnte Kraft ermöglicht mir, mich von Scheinproblemen aufzurichten und Gott um der mir gewährten Schönheiten willen zu preisen.

Das ist ein schwieriger, aber absolut notwendiger Weg für jemand, der wie ich vom Herrn eine großartige Gabe empfangen hat und sich verpflichtet fühlt, eine mühsam zu erringende, aber wunderbare Wirklichkeit, Glaube und Liebe, zu bezeugen.

Herr, wie klein bin ich! Hilf mir, besser zu sein, lehre mich, Freude zu bringen, zu lieben!

«Ja, mein Viel-Geliebter, auf diese Weise wird sich mein Leben verzehren... Ich habe kein anderes Mittel, dir meine Liebe zu beweisen, als Blumen zu streuen, das heißt, ich will mir kein einziges kleines Opfer entgehen lassen, keinen Blick, kein Wort, will die geringfügigsten Handlungen benutzen und sie aus Liebe tun... Aus Liebe will ich leiden und aus Liebe mich sogar freuen, so werde ich Blumen vor deinen Thron streuen; nicht eine will ich antreffen, ohne sie für dich zu entblättern» (heilige Theresia vom Kinde Jesu).

Am Grab des Padre

(21. Januar 2001)

Gestern war es ein Jahr her seit der Erkrankung Matteos, und die Erinnerung daran verließ mich keinen Augenblick.

Jede Minute, die vorüberging, warf ein Blitzlicht auf das, was sich zugetragen hatte, jede Stunde skandierte die Abfolge der schmerzlichen Ereignisse jenes fatalen Tages.

In mir war eine Melancholie, die sich mit der Freude darüber vermischte, dass Matteo noch da war.

Um 20.30 Uhr ging ich mit meinem Bruder und meiner Schwägerin am Grab des Padre beten. Ich kniete auf dem kalten dunklen Block und neigte das Haupt, um mich Padre Pio näher zu fühlen, denn ich wollte, dass mein Danken in Schweigen durch den kalten Stein hindurch im ganzen Paradies ertöne.

Ich wiederholte in meinem Herzen «danke, danke, danke», und erbat dann Vergebung für meine Schwächen, meine Grenzen, meine Unwürdigkeit.

Ich wäre gern die ganze Nacht hindurch knien geblieben, um den Padre wiederum zu bitten, meinen Lobpreis zum Herrn zu bringen, um für alle, für Groß und Klein, zu beten, die in diesem Moment leiden, schmachten, ringen.

Ich verspürte unter meinen Händen in diesem Steinblock die Kraft, die Liebe Padre Pios zur ganzen Welt.

Beim Knien in der Krypta fühle ich mich glücklich, verliere meine menschliche Enge, erlebe eine Freude und einen

Frieden, so lebhaft, dass sie mir die Kraft geben, in die Welt zurückzukehren, um aufs neue zu kämpfen, zu leben, zu bezeugen.

Heute erhielt ich das schönste Geschenk: Don Biagio zelebrierte an eben diesem Ort, in der Krypta, eine Dankmesse für Matteo.

Die Krypta war gefüllt mit Freunden, denselben, die vor einem Jahr uns mit Zärtlichkeit und Gebet umhüllt hatten.

Die Danksagung geschah mit gedämpfter Stimme, ohne Namen zu nennen; die Feier erhielt einen besonderen Charakter durch die Rührung Don Biagios bei der Konsekration.

Seine Tränen ließen mich physisch die Gegenwart Christi in dieser Hostie und unter uns verspüren.

Ich verstand noch tiefer als früher, was die Worte bedeuten: «Wo zwei oder drei in meinem Namen versammelt sind, da bin ich mitten unter ihnen» (Mt 18,20).

Ich blickte Matteo an und wurde mir voll bewusst, dass Christus, der ein Jahr zuvor unter uns war, durch unser gemeinsames Gebet darum gebeten und gerufen, heute mitten unter uns Betenden ist.

Am 21. Januar 2000 war Matteo im Begriff, wie Lazarus aus dem Leben zu scheiden; nun hört er, wie Lazarus, lächelnd auf die Worte seines außergewöhnlichen Freundes Don Biagio, des Mannes Gottes, der mich gestützt, gestärkt, geleitet hat, der sich entschloss, ganz leise in unser Leben, unser Haus einzutreten, um uns zu helfen, in Schlichtheit und Würde das große, heikle Geschenk zu erleben, das Christus uns gewähren wollte.

Nach der Messe gingen wir in das Kapellchen von Raffaelina Cerase, wo Don Biagio Freunde und Bekannte begrüßte und jedem ein Wort des Trostes und der Hoffnung mitgab.

Als er an mir vorüber ging, roch ich einen starken, fast betäubenden Duft von Rosen, nur einen Augenblick lang, aber unbeschreiblich intensiv.

Auch Roberto, ein mit mir befreundeter Architekt, der vor Jahren den Geruchssinn verloren hat, nahm den Rosenduft sehr stark wahr.

Seit Tagen hatte ich Padre Pio eindringlich gebeten, mich ein letztes Mal diesen unbeschreiblichen wunderbaren Duft riechen zu lassen, der mich während dieses ganzen Jahres in den Momenten, als ich es sehr nötig hatte, getröstet hatte, aber es war jedesmal nichts damit.

Doch heute abend, welches Geschenk!

Ich frage mich, welche Verbindung zwischen Padre Pio und Don Biagio besteht, ich frage mich, habe jedoch in mir schon eine Antwort.

Ich glaube, dass Padre Pio sich seiner bedient, um seine Botschaften auszurichten und um seine Gnaden zu spenden.

Ist es verrückt, so zu denken? Vielleicht. Aber eine Stimme in mir sagt mir, dass zu viele Zusammentreffen das Leben Matteos nicht nur an Padre Pio, sondern auch an diesen schlichten und scheuen, sehr demütigen Menschen, an diesen Mann Gottes binden, der allen, die zu ihm kommen, Kraft und Mut zu geben vermag.

Als es mit Matteo schlimm stand, ärgerte ich mich wegen Padre Pio, wie ich schon beschrieben habe. Ich war unwillig, weil ich, seine geistliche Tochter, nun seine Ratschläge schmerzlich vermissen musste, die er, als er noch am Leben war, den geistlichen Kindern, die zu ihm kamen, reichlich spendete.

Darum sagte ich zu ihm: «Schicke mir jemand, der mich tröstet, mir zuhört, wie du es tatest; ich bitte dich; ich kann deine Stimme nicht vernehmen.»

Und er kam, Don Biagio, genau am 22. Januar 2000.

Durch das Telefon begann er, mir Kraft zu geben, meinen Glauben zu stärken, mein Gebet andächtiger zu machen.

Der 22. Januar ist sein Geburtstag, und heute haben wir diesen mit ihm, zweien seiner Freunde, Anna und Carlo, und mit Grazia und ihrem Mann Pasquale gefeiert. Grazia hatte mir vor einem Jahr seine Telefonnummer mitgeteilt, damit er mir Mut gebe.

Zusammen mit Grazia haben wir uns an die Worte im Umkleideraum des Untersuchungs-Labors erinnert: «Du wirst sehen, Matteo wird davonkommen, Padre Pio benötigt ein Wunder, um heiliggesprochen zu werden.»

Und ich: «Ich möchte die unmögliche Heilung meines Sohnes bezeugen können; weißt du, ich schriftstellere, ich habe Talent dazu, ich möchte schriftlich erzählen können, dass mein Sohn davonkam.»

Grazia und ich erschienen an diesem erstickend engen Ort als zwei Exaltierte, zwei vom Schmerz betäubte Frauen, und ich frage mich, zum Verstand gekommen, wer mir diese Worte eingeben konnte, die in dieser grässlichen, dramatischen Situation des meinem Sohn bevorstehenden Todes, deren ich mich übrigens ganz bewusst war, so unangebracht waren.

Zwar sagte ich diese Worte, aber es waren nicht die meinen, nicht die meinen!

Heute abend sind wir hier, um die Geburtstagstorte mit Don Biagio zu teilen, zu lachen, zu danken.

Ich blicke auf Don Biagio, der Matteo für ein Erinnerungsfoto umarmt: diese beiden durch die Liebe des Padre miteinander verflochtenen Leben, und ich bin hier, im einstigen Haus von Lucietta Pennelli, überglücklich.

Der Hoffnungstraum zweier betrübter Mütter im engen Umkleideraum ist heute Leben geworden!

Der erste Jahrestag

(31. Januar 2001)

Seit dem Wiedererwachen Matteos ist ein Jahr vergangen.

Vor einem Jahr öffnete mein Sohn die Augen für das Leben, für ein Leben, das zweifellos von Gott, von seinem Erbarmen, berührt worden war.

Heute abend war ich mit Grazia und Antonietta am Grab Padre Pios.

Kniend hörte ich den von Pater Marciano vorgebeteten Rosenkranz an, meinen Kopf auf den nun gut bekannten schwarzen Granit gestützt.

Ich wiederholte die ganze Zeit «Dank, Dank und Lobpreis sei dir, Herr!»

Wie viele Male werde ich das gesagt haben?

Ich erinnerte mich an das, was Don Biagio mir vor einigen Tagen gesagt hat: «Du bist Zeugin des Evangeliums, Er hat es gesagt, Er hat es gesagt: Geht und bringt mein Wort.»

Ich kam mir an diesem Abend so klein vor, ich fühlte mich heute abend so klein auf dem Grab.

Ich bitte dich, Padre Pio, ich bin nichts, bin schwach, unbedeutend und vor allem Sünderin. Mach aber, dass auf deine Fürbitte hin die Geschichte Matteos Kraft und Hoffnung für Leidende sein kann und für solche, die glauben lernen wollen, für solche, die Verlangen nach Gott haben. Ich habe dich viele Male darum gebeten und werde dich weiterhin darum bitten, bis du müde wirst.

Mir kommt eine wunderbare Anrufung in den Sinn, die Augustinus in seinen «Confessiones» (Buch 13, 1) an Gott richtet:

«Ich rufe dich an, mein Gott, mein Erbarmer,
der du mich erschaffen und meiner nicht vergessen hast.
Ich rufe dich in meine Seele hinein,
die du durch das Verlangen, das du ihr einflößt,
fähig machst, dich aufzunehmen.
Verlass mich doch jetzt nicht, da ich dich anrufe;
bist du mir doch schon oft,
bevor ich dich anrief, zuvorgekommen;
du hast mich so oft durch vielfältigen Zuruf gedrängt,
dass ich doch aus der Ferne dich, der du mich riefest,
hören und umkehren und anhören möchte.
Denn du, o Herr, hast alle meine Missetaten getilgt,
damit du mich nicht zu züchtigen brauchst
um der Werke meiner Hände willen…
Und du bist allen meinen guten Werken zuvorgekommen,
um mir mit dem Werk deiner Hände vergelten zu können.
Denn ehe ich war, warst du;
ich war aber nicht so, dass ich durch dich zu werden verdient hätte.

Und siehe, nun habe ich doch das Dasein infolge deiner Güte,
die meiner Erschaffung… vorausging.
Denn du hast meiner nicht bedurft,
noch bin ich ein solch hohes Gut,
dass du, mein Herr und mein Gott, von mir Nutzen hättest…
Ich soll dir dienen und dich ehren,
damit es mir wohl ergehe durch dich,
der mich erschaffen hat als ein Wesen,
dem es wohl ergehen soll.»

Schon ich, Herr, existiere durch deine Güte. Matteo existiert durch deine Güte. Lehre uns, immer wieder das Haupt zu neigen und die Knie zu beugen vor dir und dem leidenden Bruder, in welchem du bist, um dir so endlos Dank zu sagen.

Was im April 2001 geschah

Die kleine Michaelsstatue
(7. April 2001)

Heute habe ich Matteo begleitet, der sich mit den Klassenkameraden und den Lehrerinnen nach Cagnano begeben hat, um die Grotte des heiligen Michael zu besuchen.

Dort war ein alter Mann, der Wärter, der auf einem Tischchen kleine Andenken, Rosenkränze, Ansichtskarten feilbot.

Matteo bat mich eindringlich, ihm eine kleine Statue des heiligen Michael zu kaufen; es war eine kitschige in Plastik, und ich suchte ihn davon abzuhalten, aber vergeblich, und so machte ich ihm schließlich die Freude.

Am Abend im Bett drehte und drehte er die kleine Statue in den Händen; ich erahnte, dass er über etwas Besonderes nachdachte und fragte ihn: «Warum betrachtest du den heiligen Michael so lange, Matteo? Gefällt er dir nicht, oder ist es etwas anderes?»

Und Matteo gab mir zur Antwort: «Mama, der heilige Michael, den ich gesehen habe, hatte keine Krone und kein Schwert, dieser hingegen hat sie, und dann hatte der, den ich gesehen habe, ein langes Gewand, und dieser nicht.»

Seine Bemerkung fiel mir auf; sie bestätigte mir, anderthalb Jahre nach der Krankheit, dass Matteo nicht nur geheilt wurde, sondern ein unglaubliches und vor allem «wahres» Erlebnis hatte.

Ich schwieg einen Augenblick und beruhigte ihm dann sofort: «Matteo, der Engel, den du gesehen hast, ist der wahre; der, den du in Händen hältst, ist nur der Phantasie des Herstellers entsprungen, und als der Engel bei dir war, hatte er kein Schwert nötig, denn er musste nicht kämpfen, sondern dir nur Gesellschaft leisten.»

«Du hast recht, Mama», schloss Matteo, stellte die Statuette auf das Kommödchen und schlüpfte unter die Decken, um zu schlafen.

Ich blieb noch fünf Minuten neben ihm und sagte mir, dass Padre Pio uns in etwas viel, viel Größeres gebracht hat, als wir sind, in etwas Wunderbares, aber es ist schwierig, es anzunehmen und sich ihm zu stellen.

Nach einer kurzen Weilen richtete ich die Augen auf ein Foto des Padre, das im Kinderzimmer ist, und sagte zu ihm: «Du hast mit mir zusammen gebetet, dass Matteo gerettet werde, nun bete mit mir zusammen, damit es uns gelingt, uns mit den mit deiner Heiligsprechung zusammenhängenden Ereignissen in Demut und ohne Traumata nach dem Willen Gottes auseinanderzusetzen.»

Ich kann mir nur mit Schrecken vorstellen, wozu es kommen wird, wenn Padre Pio heiliggesprochen sein wird; ich sorge mich um Matteo, um sein inneres Gleichgewicht, um unsere Ungestörtheit, doch dann sage ich mir: Der Herr ist gut und wird uns auch dabei zu leiten und zu schützen wissen.

Seine Wunder sind nie unvollständig; ich vertraue mich ihm und seiner Güte an.

Was im Mai 2001 geschah

Eine Schlange auf dem Kirchplatz
(13. Mai 2001)

Heute ist der Tag der Madonna von Fatima, für solche, die an die Botschaften glauben, die Maria der Welt übermitteln wollte, ein wichtiger Tag.

Ich bin nicht ruhig, ein Zweifel plagt mich: Warum begann vor einigen Monaten, gerade als ich mich von meinen Emotionen erholte, gerade als wir nach Rom gingen, um die Aktenbündel über die Krankheit Matteos zu prüfen, in meinem Haus der Friede zu fehlen?

Vor ungefähr einem Jahr, am 7. Mai, wurde in der großen Kirche Santa Maria delle Grazie von den Kapuzinern eine Dankmesse für die Heilung Matteos gefeiert. Ich hatte viele Messen feiern lassen, aber zu dieser kam eine besonders große Anzahl von Verwandten und Freunden zusammen. Diese Feier war ein wunderschönes Fest: Alle, die zusammen mit mir für Matteo gebetet hatten, waren zugegen, alle.

Damit schloss sich für mich der Gebetskreis um Matteo, und an jenem Abend war in der ersten Reihe neben dem Altar Matteo da, lebhaft wie vor der Krankheit.

Die Freude, die ich während jener Eucharistiefeier empfand, der Lobpreis, den ich während der Konsekration zum Herrn emporsandte, lassen sich nicht erklären.

Und doch kam es gerade an jenem Abend zu einem seltsamen Vorfall: Während im Innern die Messe für Padre Pio gefeiert wurde, war vor dem Seitenportal der großen Kirche eine ziemlich große, ungefähr einen Meter lange grüne Schlange zu sehen, die gerade ins Innere der Kirche schlich.

Es war eine von denen, die man in San Giovanni «cervone» nennt.

Jemand erblickte sie, und in der allgemeinen Verwirrung — der Kirchplatz war voll von Leuten — wurde sie mit Stockschlägen getötet.

Wir wussten das nicht und wohnten dem Gottesdienst bei. Doch eine Freundin von mir, Antonietta Bucci, die sich beim Parkplatzsuchen verspätet hatte, konnte all das erleben.

Gewiss ist es ungewohnt, auf einem prallvollen Kirchplatz, wie dem von Santa Maria delle Grazie, eine Schlange anzutreffen, besonders eine von diesem Ausmaß.

Zwar liegt in der Nähe der Berg, und oft kommen von ihm Nattern herunter, aber eine solche Schlange an diesem Ort wurde meines Erachtens noch kaum je gesehen.

Der Bericht darüber widerte mich an, aber ich machte mir im Augenblick nicht allzuviel daraus.

Einige Zeit darauf hingegen, als ich in Foggia in der Kirche der Immakulata, die ebenfalls von den Kapuzinern des Ordens von Padre Pio betreut wird, an der heiligen Messe teilnahm, fiel mir die Statue auf, die den heiligen Michael mit dem sich windenden Drachen darstellt, und unversehens dachte ich an die Schlange, die sich am 7. Mai hatte sehen lassen, und brachte sie mit dem bösen Feind in Verbindung.

Plötzlich musste ich jedoch lachen, denn ich sagte mir, ich sei doch dumm, dass ich eine solche mittelalterliche Gedankenverbindung mache. Im Grunde denken wir alle, auch wenn wir Christen sind und uns bemühen, gute Christen zu sein und den Glauben zu praktizieren, es gebe keinen Teufel; wir stellen ihn uns, wie ich einst, als eine Gestalt mit Hörnern und Schwanz vor, wie er in vielen herrlichen Gemälden und Skulpturen dargestellt wird, die aber in Wirklichkeit nicht existiert; er hat mit unserer technologischen modernen Gesellschaft nichts zu tun.

Und doch beschlich mich ein Zweifel. Wohl weiß ich, was Padre Pio durchmachte, ich weiß von seinen täglichen Kämpfen mit dem Teufel, aber ich sagte mir, dass der Teufel, falls es ihn gibt, nur die Heiligen versucht, die besonderen

Seelen, welche größere Gaben und ein feineres Gespür haben als wir gewöhnliche Sterbliche.

In diesen anderthalb Jahren zwischen der Heilung Matteos und heute ist mir jedoch bewusst geworden, dass es ihn gibt, dass er existiert, unter uns herumgeht, angriffsbereit, als eine übelwollende negative Kraft, die gewiss weder Horn noch Schwanz hat, aber die Macht, sich des schwächsten Teils eines jeden von uns zu bemächtigen, damit wir Wege gehen, die uns von Gott wegführen.

Der böse Feind ist die Kraft, die uns, wenn wir unsicher, im Zweifel, zerstreut sind, uns durch Aufregung, Wut, Unduldsamkeit, Schmähungen, Überheblichkeit böse werden lässt, indem er uns einredet, dass wir durch ein solches Verhalten als entschiedenere, mutigere Kerle dastehen.

So verlieren wir den Frieden mit uns selbst und mit den anderen, und die Scheinsiege werden zu einem dumpfen Schmerz.

In dieser Periode der Ermüdung habe ich mehr als je mich gedrängt gefühlt, gegenüber Ungerechtigkeiten und Kummer entschieden, heftig und hart zu reagieren.

Gerade ich, der das «Wunder» zuteil wurde.

Ich fühlte mich schwach, hinfällig.

Und oft habe ich auch an meinem Mann eine gewisse Härte und Gefühllosigkeit bemerkt, die doch durch die belebende Kraft des Geschenks der Heilung Matteos eigentlich hätten abbröckeln sollen.

Somit begann ich über die «Versuchung» nachzudenken, über den fatalen Bösen, der Padre Pio verfolgt hat und wahrscheinlich allen nachstellt, die der Herr zu berühren beschließt.

Sodann hat ein lieber Freund von mir, ein Exorzist, mir erklärt, dass der Dämon als erbitterter Feind Padre Pios sich ihm sogar bis zur Heiligsprechung widersetze, indem er unserer Familie, die in dieser Stunde der Geschichte zwangsläufig, wenn auch unverdient der Weg zur irdischen Verherrlichung Padre Pios ist, den Frieden raube.

Zuerst habe ich gelächelt, da ich diese Annahme für lächerlich hielt. Ja, ich habe, von meinem vernünftigen Kopf unterstützt, gelacht und mir gesagt: «Es ist eine Verrücktheit, Wahnsinn.» Dann begann ich zu denken, dass in diesem vergangenen Jahr, wo alles eigentlich einen idyllischen Verlauf hätte nehmen sollen, meine Familie tatsächlich außergewöhnlich intensive Zusammenstöße, verschiedene Schwierigkeiten und Widerstände erleben musste, die Spannung und Missgunst, materielle und geistige Hindernisse und Gesundheitsprobleme aller Art schufen.

Und dann die Kritiken von Leuten, von denen man es nicht erwartet hätte, von anscheinend ehrenwerten, ja befreundeten Personen, die ihre Zeit damit verbrachten, allerlei Gerüchte über mich, meinen Mann und unsere Familien in Umlauf zu bringen und sich ein Vergnügen daraus machten, über uns zu sprechen und schlecht zu reden. Es handelte sich um Annahmen, um mit reichlicher Phantasie ausgeschmückte Geschichten über Matteo und die Stabilität unserer Ehe. Es schien fast nach dem Gesetz des Wechselschritts zu verlaufen: Je mehr das Studium des an Matteo geschehenen Wunders vorankam, desto mehr Schwierigkeiten aller Art hatten wir durchzustehen.

Und eines Tages habe ich die Antwort gefunden in einem Buch über die vermutlichen Botschaften der Madonna in Medjugorje.

Darin glaube ich eine mögliche Erklärung gefunden zu haben. In der Botschaft vom 14. Januar 1985 sagt Maria: «Satan ist sehr stark und will meine Pläne mit aller Kraft zunichte machen.» In der vom 4. September 1986 sagt sie: «Liebe Kinder, Satan lauert euch allen auf.» Und in der vom 25. Mai 1995: «Satan ist stark und will mit all seinen Kräften möglichst viele Menschen an sich ziehen und in Sünde bringen.» Und in der vom 25. Januar 1994 sagt sie: «In dieser Zeit will Satan eure Herzen und eure Familien durcheinanderbringen. Gebt nicht nach; ihr dürft nicht zulassen, dass er euch und euer Leben lenkt.»

Beim Lesen dieser Botschaften habe ich so entdeckt, dass Satan nicht etwas Abstraktes ist, sondern die Kraft, die uns um den Frieden und die Gnade Gottes bringt, um die Hoffnung und die Freude, um die Befähigung zum Gotteslob, zu einem guten Leben.

Ich habe gelernt, was auch Padre Pio behauptete: Je überzeugter man sich dazu entscheidet, sich an den Herrn zu halten, desto stärker ist die Versuchung, desto mehr nehmen die Schwierigkeiten zu.

Zum Glück ermöglicht die mächtige Waffe, das beständige Gebet, entschieden und mutig jede Schlacht zu bestehen, auch die gegen den unsichtbaren Feind, der sich in den Herzen vermummt und sich in den Lügen falscher Freunde, scheinheiliger Menschen versteckt.

Padre Pio schrieb an Carlo Nardi, einen Priester vom Oratorium des heiligen Philipp Neri: «Weißt du nicht, dass die Versuchungen von Gott zugelassen werden, um die Seele, die er besonders liebt, zu läutern und immer höher zu heben? Weißt du nicht, dass die Versuchungen von Gott zu den Seelen zugelassen werden, die sich den Kranz für den Himmel flechten müssen? Und muss die Seele, falls sie unterliegen sollte, deswegen verzweifeln? Sie bringe sich wieder in Ordnung und bleibe dann ihrem Gott treu. Gott selbst will die Seele, die fiel und wieder aufsteht, nicht aufgeben. Wenn er sie aufgeben wollte, wie sie es eigentlich verdienen würde, würde er ihr nicht die Gabe geben, sich wieder zu erheben. Darum fasse Mut und habe ein klein wenig mehr Seelenstärke und Vertrauen; zweifle nicht, dass alles Übrige zur Beschämung Satans, der sich stark auf dich verließ, zur Ehre Gottes, zu deinem Heil und zur Erbauung der anderen gereichen wird.»

Und ich muss beten, damit ich diesen Mut habe, den Versuchungen und der Seelenqual, die sicherlich nicht vom Gott des Friedens und der Liebe kommen und kommen können, entgegenzutreten und sie zu überwinden.

Der Hummer und die Rosen
(17. Mai 2001)

Heute ist Fronleichnam.

Für mich ist es das wichtigste liturgische Fest, das Fest dessen, was vom Opfer Christi greifbar geblieben ist: der «Eucharistie».

Nach der Prozession blieb ich vor dem Allerhöchsten knien, um ihm zu sagen, dass ich, obwohl ich eine Null bin, ihn liebe, tief liebe, und um ihn zu bitten, mich zu leiten und mich nicht im Stich zu lassen, denn in diesen Monaten habe ich erfahren, wie schwierig es ist, demütig und geduldig, gütig und lieb zu sein, das Leben zu ändern, wie ich es nach der Heilung Matteos versprochen hatte.

Wie ich es schon geschrieben habe, erfuhr ich, wie groß und stark die Versuchungen sind und das Schlechte, das täglich und unermüdlich uns bei allem von den guten Vorsätzen abzubringen sucht.

Es gab Tage, an denen ich es auch physisch gespürt habe, wie schwierig es ist, der Straße zu folgen, die zu Gott führt, und an denen ich gerne dem Negativen und Bösen, das in mir steckt, freien Lauf gegeben hätte, um nicht leiden, nicht verzeihen zu müssen, um mich frei zu fühlen, gegen die neulich so vielen zu reagieren, die uns Schlechtes antun.

Und in diesen Tagen und Monaten habe ich voll begriffen, was mit dem bösen Feind gemeint ist, mit dieser Abstraktion, die dann in der kollektiven Phantasie zur hässlichen roten Fratze geworden ist, mit diesem Begriff, den jeder von uns zurückweist, als ob es sich um eine überwundene Einbildung handeln würde, die mit der jetzigen rationalen Welt nichts gemein habe.

Aber zum Glück gibt es die Eucharistie, in der sich alles Hässliche auflöst, und ihn, den Padre, der alles Böse abschreckt, mit uns zusammen betet und alles Negative verscheucht, indem er uns seine Gegenwart, seinen Schutz stark verspüren lässt.

Heute wurde ich denn auch zum x-ten Male von Rosenduft überflutet, als man beim Mahl nach der Erstkommunion von Luigi, einem kleinen Freund von Matteo, Hummer auftrug.

Kaum hatte ich aufgehört, mit Lucia, einer sehr gläubigen Doktorin, von Padre Pio und von Don Biagio zu reden, umhüllte mich Rosenduft.

Ich blieb still, denn ich scheute es, andere zu fragen, ob sie ihn auch wahrnehmen.

Einzig Alessandro, der neben mir saß, fragte ich, ob er nicht einen besonderen Duft rieche, und er antwortete: «Ja, von Fisch.»

Vor einigen Tagen, am 13., war das gleiche vorgekommen in der Schule, als ich das Protokoll schrieb.

Und so fragte ich Don Biagio per Telefon: «Werde ich verrückt?» Und er antwortete lächelnd: «Wir alle sind ein wenig verrückt; Padre Pio ist in deiner Nähe; hast du das noch nicht kapiert?»

Wie klein, ja wirklich klein fühle ich mich — ich habe es schon hundertmal gesagt — angesichts dieses großen Geschenks!

Welche Mühe macht es mir, mich zu bestreben, dessen würdig zu sein!

Das Leben mit den Alltagsproblemen nimmt mich in Anspruch, und die Notwendigkeit, mich mit der Welt, mit psychologischen Gewalttätigkeiten und Verletzungen auseinanderzusetzen, veranlasst mich, stark, angriffig zu sein, um mich zu verteidigen.

Dann wird mir bewusst, dass das Evangelium etwas ganz anderes ist, und erlebe in Schuldgefühl das Verlangen, umzukehren, zu verzeihen, hinzunehmen.

Verzeihen aber heißt oft, sich zertreten lassen.

So werde ich schließlich inne, dass ich nicht so bin, wie der Herr es möchte, aber es gelingt mir nicht, über mich hinwegzukommen.

Meine Kraft liegt einzig darin, dass ich mir immer wieder sage, was Matteo mir eines Tages sagte: «Habe keine Angst,

Mama, Padre Pio wird uns führen, er wird dir stets nahe sein, und auch ich werde dir immer nahe sein.»

Und ich weiß, wo Padre Pio ist, ist Christus, und Christus bekundet sich wundersam in der Eucharistie.

Darum knie ich hier vor der Monstranz, um diesem schneeweißen Kreis, in welchem der Sinn des Daseins liegt, meine Schwäche anzuvertrauen, damit «seine Gnade» sie in Kraft verwandle.

«Der Mut und die Energie in mir kommen nicht aus mir, sondern von Dem, Der in mir wohnt: von der Eucharistie» (Schwester Faustina).

Was im Juni 2001 geschah

Ein ärgerlicher Moment
(22. Juni 2001)

Ich meine immer, es gebe nichts mehr schriftlich festzuhalten, und doch mache ich immer wieder Erfahrungen, an die ich erinnern möchte. Heute war ich in Forino, genauer genommen in Celsi in der Provinz Avellino, um Don Biagio aufzusuchen, zusammen mit weiteren fünfzig Personen, von denen viele überaus des Trostes und des Gebetes bedurften, jenes gemeinsamen Gebets, das, wie Jesus selbst sagt, ihn anwesend sein lässt: «Wo zwei oder drei in meinem Namen versammelt sind, da bin ich mitten unter ihnen» (Mt 18,20).

Wie viele Male habe ich, um mir und andern Kraft zu geben, diesen Satz wiederholt!

Wir beteten auf der Fahrt und beteten in der Kirche bei der Eucharistiefeier; wir wandten uns an Maria, die hier von einer schönen Statue aus Fatima dargestellt wird.

Ich zog viele kritische Bemerkungen auf mich, weil ich Leute zu diesem Priester geführt, einen Reisebus organisiert hatte: «Sie will das Wunder an ihrem Sohn ausnutzen, um sich zur Schau zu stellen; sie ist eine Fanatikerin; es fehlt ihr etwas.»

Wie grausam, wie aufdringlich, wie oberflächlich, wie dumm, wie böse!

Ich menge mich nie in das, was andere angeht; ich lasse leben und wünsche nichts anderes, als mich in den Dienst von Notleidenden zu stellen in Erinnerung an die Güte, die Unterstützung, die ich während der Krankheit Matteos erhalten habe, zum Dank für die Heilung meines Sohnes.

Wer kann verstehen, dass das Drama dieses Sohnes und sein Ausgang in mir den nicht zu zügelnden Drang ausgelöst haben, täglich den Blick auf solche zu richten, die leiden, um ihnen wenigstens ein Lächeln, ein Wort des Trostes, eine moralische Unterstützung zu schenken?

Wenn ich mich an Festen und freudigen Anlässen in Gesellschaft von Freunden befinde, habe ich nicht mehr die Unbekümmertheit, die Fröhlichkeit, die mir vor der Krankheit Matteos zu eigen waren, auch wenn ich fest überzeugt bleibe, dass das Leben heilige Freude, Liebe ist.

Ein Teil von mir ist eben in die melancholische Gewissheit eingeschnürt, dass, während ich lächle, esse, scherze, mich vergnüge, ein anderer Mensch — ein Kind, ein Knabe, eine Mutter, ein Greis — Leid und Schmerz erduldet, und ich nichts tue, und so kommt mir meine Zeit vergeudet vor, vergeudet für Nichtigkeiten.

Ich will nicht als eine Samariterin, eine Mystikerin, eine Märtyrerin oder als eine zur Selbstquälung und Buße bereite Masochistin dastehen, nein, ganz und gar nicht.

Ich liebe das Leben, die Freude, liebte sie schon immer und liebe sie heute mehr denn je.

Ich möchte nur mehr tun für solche, die, wie ich vor anderthalb Jahren, mit Leid kämpfen.

So bestrebe ich mich, unter oft großen Opfern an Zeit und Vergnügungen, solchen zu widmen, die ein wenig Trost suchen; ich möchte Gott danken für meinen Sohn, indem ich solche, die sich verlassen fühlen, auf die Diener Gottes in der Welt hinweise, die imstande sind, mit der Kraft des Gebetes Hilfestellung zu leisten.

In einer der Botschaften von Medjugorje sagt die Madonna: «Liebe Kinder, ich bin eure Mutter und lade euch ein, durch das Gebet euch Gott zu nähern, denn einzig er ist euer Friede…, und nur, wenn ihr das Herz öffnet und betet, werden Wunder geschehen.»

Wie könnte ich also gleichgültig bleiben, ich, die mehrmals am Tag vor meinen Augen die Bilder ablaufen sehe, wie Matteo voller Wunden und Blasen ist, und gleichzeitig in meinem Herzen den dumpfen Schmerz wegen seines Leidens verspüre, wobei nur das Gebet die Länge dieser Tage abschwächt?

In den Momenten, in denen ich in den Alltagsbetätigungen als Mutter und Lehrerin innehalte, öffnet sich der Vorhang vor der schmerzlichen Erinnerung; ich höre das Pulsieren der Pumpen, sehe die Krusten, die ich ganze Monate lang jeden Morgen vom blutverschmierten Betttuch Matteos schüttelte.

Und so ruht mein Herz nur im Gesicht meiner Söhne, in den Küssen, die ich ihnen auf die Wangen drücke und in der bescheidenen, dürftigen Hilfe an solche, die, wie ich einst, Schmerz durchmachen.

Und dann ärgere ich mich über all die vielen — ich spreche vor allem von Ärzten, aber auch von Priestern —, die zwar gläubig sind, aber doch die Wahrhaftigkeit und Ungewöhnlichkeit der Heilung Matteos anzweifelten und behaupteten, wir hätten Phantasien gehegt und es eingefädelt, dass die Heilung meines Sohnes für ein Wunder gehalten werde.

Das Krankheitsbild des Kindes und die unglaubliche Reihe schwerster Komplikationen, die zum anfänglichen Krankheitszustand hinzukamen, waren so schrecklich, dass es keine Rettung mehr gab.

Nur der Eingriff von etwas oder jemand «Übernatürlichem» konnte Matteo wieder zum Leben zurückbringen, zu einem normalen Leben, ungeachtet der lobenswerten Anstrengungen der Doktoren, die ihn mit großer Liebe, rühmlicher Hingabe und höchstem beruflichem Können begleitet und gepflegt haben.

Ich weiß gewiss, dass keiner der Kollegen meines Mannes noch mein Mann selbst gewettet hätten, dass unser Sohn sich erholen werde.

Exitus (Tod) war die wahrscheinlichste, wenn auch nicht ausdrücklich geäußerte, Prognose.

Bestenfalls hätte man an ein Überleben mit schweren bleibenden Schädigungen mehrerer Organe denken können:

Taubheit, Blindheit, Lähmung, Geistesschwäche, vielleicht Dyalise bis zum Ende seiner Tage.

Ja, am Morgen des 21. Januars senkten alle Ärzte, die wir antrafen, den Blick, um nicht erklären zu müssen, wie schlimm es um Matteo stehe, und ungefähr um 10.00 Uhr kam jemand aus der Reanimation zu meinem Bruder herab, um ihm zu sagen, das Kind sei «am Ende, am Ende», es sei nichts mehr zu machen; er müsse mich darauf gefasst machen, dass ich «Matteo verloren» habe.

Doch trotz der Wissenschaft, trotz der Unreligiösen, Ungläubigen und vieler Hyperkritischer, welche die Abfolge der Geschehnisse und unsere moralische Integrität nicht gut kannten und deshalb oberflächliche Erklärungen gaben und meinen Glauben und meine Gutgläubigkeit anzweifelten, lebt Matteo gesund und unbeschwert.

Sein Leben ist ein «Überleben».

Und Matteo hat auch die schreckliche Erfahrung des Todes und der Verfolgung durch gewöhnliche Leute und Journalisten, die Ungewöhnlichkeit des ihm Widerfahrenen überstanden und auf sich genommen mit einer Gelassenheit, Raschheit und Entschiedenheit, die außergewöhnlich sind und die ich in Dank einem göttlichen Eingriff und der Kraft des Heiligen Geistes zuschreibe.

Ich hoffe nur, dass ich auch in Zukunft von oben her geleitet und gestützt werde, damit ich ungeachtet der Kritiken schlicht, aber kraftvoll meinen Weg der christlichen Liebe weiterzugehen vermag, indem ich mir das geistliche Wirken heiliger Priester, wie des Paters Gerardo von Flumeri und Don Biagio, zunutze mache.

Ich bin nur eine arme Sünderin, durch ihre Schwächen und Miseren gedemütigt, aber trotz der Versuchungen bereit, jeden Tag Gott zu danken.

Den Duft von Blumen habe ich noch viele Male gerochen trotz meiner Weigerung, an etwas Besonderes zu glauben, trotz meinem Hang, vernünftig und normal zu sein, der mich veranlasst, mir immer wieder zu sagen, nicht daran zu denken, mich nicht hineinverwickeln zu lassen, obwohl ich als Mensch geneigt bin, mich von frivolen Verhaltensweisen mitreißen zu lassen, um nicht mehr zu leiden, und obwohl der böse Feind seit dem an Matteo erfolgten Wunder mir nachstellt und mich verleiten will, der Sache den Lauf zu lassen oder zornig zu werden, mich gleichgültig zu verhalten oder die Offensive zu ergreifen; er bedrängt die Menschen unserer Umgebung, um sie zu verleiten, Lügen über uns zu ersinnen.

Wie schwer ist es, Vertrauen zu haben, zu verzeihen, weiterzugehen, zu kämpfen; wie schwierig, das Evangelium, das so schön zu lesen ist, in die Tat umzusetzen, und das so leicht zu erfassen ist, auch auszuführen!

Wie viel schwerer sind Taten als bloße Worte!

Zum Glück gibt es Maria, Maria, die zu uns sagt: «Liebe Kinder, ich lade euch zu voller Hingabe an Gott ein. Alles, was ihr besitzt, sei in den Händen Gottes; nur so werdet ihr in Herzensfreude leben.

Kinder, freut euch an allem, was ihr habt; dankt Gott, denn alles ist eine Gabe Gottes an euch. So könnt ihr im Leben für alles danken und entdeckt Gott in allem, auch im kleinsten Blümchen.

Ihr werdet eine große Freude entdecken: Gott.»

Ich habe die Größe Gottes und die Schönheit des kleinen Blümleins entdeckt.

Dank Maria, dank Padre Pio, dank Matteo!

Was im August 2001 geschah

Pater Gerardo
(25. August 2001)

Heute morgen begab ich mich zum Saal «Voce di Padre Pio», wo eine Tagung stattfand. Sie war angeregt worden von Padre Gerardo, einem leiblich kleinen, aber dem Geist und der Intelligenz nach großen Mann, dem es mit seinem gelassenen und vornehmen Wesen gelang, Frieden und Ruhe auszustrahlen.

Während ich den Referenten zuhörte, wurde ich von einem intensiven, überaus angenehmen Blumenduft umhüllt.

Da ich dachte, eine der anwesenden Damen habe zuviel Parfum verwendet, ging ich ein paar Meter weg. Nach wenigen Minuten war wieder das gleiche der Fall. Da begann sich in mir ein Zweifel einzunisten; deshalb suchte ich wieder einen anderen Platz in anderer Richtung auf, um jeden Verdacht zu verscheuchen.

Seltsamerweise folgte mir jedoch der Duft und betörte mich.

In einem bestimmten Moment verschwand er dann.

Am Schluss der Tagung näherte ich mich in der Menge Pater Gerardo und wollte ihn grüßen, war aber überzeugt, dass er, da er von so vielen Menschen umdrängt wurde, mir keine Beachtung schenken werde.

Doch da ging er durch die Menge hindurch auf mich zu, und genau in diesem Moment wurde ich aufs neue von einem Duft von Rosen und Veilchen umhüllt, und da fragte ich Pater Gerardo spontan, ob er ihn auch rieche.

Er verneinte das, und ich konnte nicht anders und erzählte ihm sehr verwundert, was ich soeben erlebt hatte.

Mit kaum angedeutetem Lächeln auf den Lippen erklärte mir Pater Gerardo, wenn man Padre Pio gefragt habe, was mit jenem Blumenduft sei, der ihm vorausging oder an seiner Stelle da war, habe er geantwortet: «Er ist meine geistige Gegenwart.»

Durch die Worte des Paters ermutigt, glaubte ich, ihn auch um die Erklärung einer anderen seltsamen Begebenheit bitten zu müssen, die ich mit Matteo erlebt hatte, aber ich hatte absolut kein Gewicht darauf gelegt, sondern war überzeugt, es könne sich um etwas vom Kind Erfundenes handeln.

Mindestens zweimal hatte mir mein Sohn in den vorausgehenden Tagen erzählt, er habe zweimal Padre Pio gesehen: einmal auf dem Bett, als Matteo bei mir und meinem Bruder war und wir zum Scherz mit geschlossenen Augen autogenes Training betrieben, um uns zu entspannen, und ein anderes Mal im Auto bei der Rückkehr vom Meer.

Er erzählte mir, er habe ihn weiß gekleidet gesehen, und berichtete mir von einem an mich gerichteten Satz: «Padre Pio sagte mir, ich solle dir sagen, du seiest mutig und müssest immer noch sehr stark sein.» Zu diesem Satz, der mir banal zu sein schien, lachte ich nur, womit ich Matteo beleidigte.

All das berichte ich Pater Gerardo in der Überzeugung, dass er mir sagen werde, alles sei der Phantasie eines Kindes entsprungen; statt dessen antwortete er mir: «Willst du Padre Pio hindern, nach seinem Belieben irgendwohin zu gehen? Matteo ist einer seiner Lieblinge.»

Ich erschrak und wurde, wie es nun bei mir oft vorkommt, verwirrt, aber am Schluss unseres Gesprächs verabschiedete sich Pater Gerardo von mir mit den Worten: «Sei stark!»

Als ich an diesem Abend ins Zimmerchen gehe, um die Decken Matteos zurückzuschlagen, finde ich ihn mit dem Rosenkranz in der Hand, frage ihn, was er mache, und er antwortet mir, dass er für jedes «Kügelchen» — so nennt er die Rosenkranzperlen — ein «Gib ihm die ewige Ruhe» bete.

Ich erkläre ihm, er müsse für jedes Kügelchen ein Ave Maria beten, aber er erwidert mir überzeugt, an diesem Abend müsse er für alle Verstorbenen beten.

Ich kann ihm nur den Gute-Nacht-Kuss geben und perplex zu Bette gehen.

Ich will das Vorgefallene bloß mit einem Satz der heiligen Theresia von Lisieux kommentieren: «Jesus gefällt es, mir den einzigen Weg zu zeigen, der zu diesem göttlichen Glutofen führt, dieser Weg ist die Hingabe des kleinen Kindes, das sorglos in den Armen seines Vaters einschläft... "Wenn einer ganz klein ist, komme er zu mir", hat der Heilige Geist durch den Mund Salomons gesagt, und derselbe Geist der Liebe hat ferner gesagt: "Barmherzigkeit wird den Kleinen gewährt."»

Was im Oktober 2001 geschah

Ein erschütternder Traum
(13. Oktober 2001)

Heute kehrt der Jahrestag der letzten Erscheinung der Madonna in Fatima wieder, und es kam mir in den Sinn, dass heute Don Biagio, wie er es jeden 13. Tag eines Monats macht, in Forino die Messe zu Ehren der Madonna von Fatima zelebriert.

Für mich war das eine seltsame Woche.

Heute ist Samstag, und vor sechs Tagen, am Montag, begab ich mich mit Livia und Isabella in die Zelle Padre Pios.

In mir war ein starkes Bedürfnis, dahin zu gehen, ich würde mich zu sagen getrauen ein Ruf.

Aber es ist eine Zeit, in der ich in meinem Geist große Konflikte erlebe und ein weiteres Mal die Schwierigkeit, zu verzeihen.

Zufällig gelang es mir nicht, jemand zu finden, der mir die Zelle öffnen würde; nach vielen Umtrieben und mit der Hilfe von Gino, einem Herrn, der den Patres in der Sakristei behilflich ist, glückte es uns schließlich, Umberto, den Telefonisten, zu finden, der die Schlüssel der Zelle hat. Das geschah gerade, als ich zu einem der vielen Porträts von Padre Pio in Gedanken zu ihm sagte, ich verdiene nicht, einzutreten; er habe recht, wenn er über mich erzürnt und aufgebracht sei. Aber gerade, weil ich mich verwirrt fühlte, hatte ich den Wunsch, an dem Ort, wo er am stärksten zugegen ist, ihm wenigstens einige Augenblicke nahe zu sein.

So glückte es mir und meinen Freundinnen schließlich, vor dem Bett des Padre zu knien und zu beten. Bevor wir weggingen, fühlte ich mich gedrängt, mich dem Kommödchen Padre Pios zu nähern und es zu beschnüffeln.

Ich weiß, dass von dort oft besondere Düfte ausströmen.

Als ich vor einigen Monaten mit meinem Bruder Giovanni die Zelle betrat, verspürte ich einen ganz starken penetranten Gestank von Karbolsäure, und Umberto hatte mir, keineswegs verwirrt, bestätigt, dass in der Zelle dieser Gestank oder Blumenduft, der die Gegenwart des Padre andeutet, oft zu riechen ist.

Auf jenen Besuch war für mich und meine Familie eine weitere Periode großer innerer Konflikte für jeden von uns und für die Familie gefolgt sowie Verfolgungen von außen, aber ich dachte nicht mehr an die Karbolsäure.

Montagabend jedoch rochen ich sowie meine Freundinnen den überaus lieblichen Duft von Blumen; einen Augenblick später näherte ich mich wieder und wurde statt dessen durch den beißenden Gestank von Karbolsäure angewidert, den hingegen meine Freundinnen nicht rochen.

Nach dem Verlassen der Zelle begaben wir uns auf das Grab, und dort traf ich Pater Terenzio, fragte ihn nach der Bedeutung dieser Gerüche, und er antwortete mir, dass ich Blumenduft gerochen habe, weil ich vom Padre gesegnet sei, dass aber die Karbolsäure nicht etwas Gutes, sondern Leiden und eine negative Präsenz bedeute.

Ich erschrecke nicht mehr über solche Aussagen, denn nun, fast zwei Jahre seit der Krankheit Matteos, höre ich täglich von Kräften des Guten und des Bösen reden, aber ich stand still, um über den mir noch nicht verständlichen Sinn gewisser Aspekte von all dem nachzudenken.

Am Dienstagabend ruft mich Isabella an und sagt mir, sie habe von Padre Pio geträumt, der sie darum gebeten habe, dass wir alle drei in die Zelle zurückkehren, denn er sei am Montagabend nicht darin gewesen; und Livia, die andere Freundin von mir, solle einen Apfel mitnehmen, einen halbreifen, ganz zerstückelten, den er um jeden Preis in der Zelle haben wolle.

Anfänglich lächelte ich auf diesen Bericht hin in der Gewissheit, durch den Besuch der Zelle am Abend vorher sei die Phantasie der Freundin beeinflusst worden. Dann jedoch fragte ich mich nach dem Sinn von dem und assoziierte, dass in der biblischen Tradition der Apfel die Versuchung, die Schwäche, darstellt und dass Padre Pio wahrscheinlich wollte, dass ich meine Schwächen und die meiner Familie zu ihm bringe.

Andererseits schreibt der Padre selbst in einem Brief der zweiten Briefsammlung: «Seien Sie deshalb ruhig, dienen Sie frohen Mutes dem Herrn, vertrauen Sie auf ihn und verlassen Sie sich stets auf ihn. Um Sie zu überzeugen, verweise ich Sie diesmal auf die Heilige Schrift: “Weil du Gott gefielst, musste die Versuchung dich prüfen” (Tob 12,13), sagte der Engel Rafael zu Tobit und in der Person Tobits zu allen Menschen. Ich füge nichts weiteres hinzu, leider wissen Sie selbst, wie vielen Versuchungen und Bedrängnissen Sie bis jetzt unterworfen waren.»

Aber es ist noch nicht zu Ende; wir kommen zu heute, 13. Oktober.

Antonio ist zur Nachtschicht gegangen und Matteo hat beschlossen, bei mir im großen Bett zu schlafen.

Bevor er einschlief, haben wir, wie gewohnt, gebetet und dann las ich einen Abschnitt aus einer Briefsammlung und eine Botschaft der Madonna.

Weil wir in einer Periode sind, die mir einfach dazu bestimmt scheint, sich mit den täglichen Schwierigkeiten auseinanderzusetzen, kam mir spontan der Gedanke, mit lauter Stimme zu sagen: «Padre Pio, du hast mich verlassen! Weißt du, ich habe nicht mehr das Gefühl, dass Matteo dein Freund ist; er antwortet mir nicht, spricht nicht mit mir, überhaupt nicht», und ich löschte das Licht.

Ich schlief ein, und hatte einen erschütternden Traum.

Wie vor zwei Jahren war ich wieder in einem Friedhof, diesmal mit Antonio und den Kindern, um der Bestattung eines überaus schönen jungen Mannes im Anzug eines Finanziers beizuwohnen, den aber weder ich noch meine

Lieben irgendwie betrauerten, wie wenn er nicht zu uns gehörte.

Sehr viele Leute waren mit uns da, und als ich mich in einem gewissen Moment umdrehe, erblicke ich den Grabstein meines Schwiegervaters.

Dieser so schöne junge Mann, der hätte tot sein müssen, beginnt sich auf erschreckende Weise zu winden, und alle sagen, man müsse etwas machen, damit er endgültig sterbe.

In einem gewissen Moment nähert sich ihm ein Arzt, der jedoch als Priester gekleidet ist, und spritzt ihm eine Flüssigkeit ein, ein Mittel, das ihn sogleich ruhig stellt und tötet und damit dieser seltsamen Agonie ein Ende macht.

Gleich nachher gehen Antonio, Alessandro und Matteo von mir weg, während am dunklen, nächtlichen Himmel eine gewaltige Fledermaus umherflattert. Ich habe mich verirrt und verspüre deswegen eine unglaubliche Angst.

Es gelingt mir nicht mehr, den Ausgang zu finden. In diesem Moment suchen ein Knabe und ein Mädchen sich mir zu nähern, die mit schmeichelndem, aber arglistigem Gehabe mich beim Namen nennen und mich ihnen nachgehen heißen.

Ich ängstige mich, denn es wird mir bewusst, dass es verdammte Seelen sind, und beginne dann zu Padre Pio zu schreien, er solle mir helfen.

Unversehens fühle ich mich im Flug in die Luft gehoben, entferne mich im Nu von diesen seltsamen Personen und befinde mich wieder am Gitter beim Ausgang des Friedhofs.

Dort ist Padre Pio. Wie ich ihn sehe, werfe ich mich ihm zu Füßen und halte mich mit den Armen an seiner Kutte, dann presse ich mich entsetzt an seine Beine und flehe ihn unterdessen an, mich nicht mehr zu verlassen, mich nicht im Stich zu lassen, denn ich habe Angst, bringe es nicht fertig, allein vorwärts zu gehen, denn ich bin entsetzt über jene Seelen und über das, was meiner Familie zustoßen wird, die wegen der bevorstehenden Heiligsprechung durcheinandergebracht ist.

Und er sagt zu mir mit väterlicher, aber ein wenig vorwurfsvoller Stimme und die Hände zusammenfügend: «Aber du, was willst du von mir; ich habe dich nie verlassen. Du meinst das, aber ich bin da, bei dir; ich habe dir das schon einmal gesagt. Ich bin bei dir, wovor ängstigst du dich? Und erinnere dich an Cleonice, die schrieb und schrieb, und du, warum schreibst du nicht mehr?»

Ich bin erwacht im Bewusstsein, dass ich mich unbedingt an den Traum erinnern und ihn aufschreiben müsse, denn seit mehr als zwanzig Tagen berühre ich den Computer nicht mehr und schreibe nicht mehr, weil ich der Ansicht bin, dass alles, was mir zugestoßen ist und ich gesammelt habe, so sonderbar ist, dass, wenn jemand es lesen müsste, er wahrscheinlich denken würde, dass ich eine verrückte Fanatikerin sei.

Doch nach dem Traum dieser Nacht, von dem ich nicht weiß, ob er eine Botschaft oder eine Ausgeburt der Phantasie ist, fühlte ich das Bedürfnis, wieder zu schreiben zu beginnen, und hoffe, dass ich mit der Zeit den Sinn von all dem einsehen werde.

Gleichzeitig hatte in dieser Nacht auch Isabella einen seltsamen Traum, und sie telefoniert mir, um ihn mir zu erzählen.

Sie sagt mir, sie habe geträumt, dass sie und ich zum Papst gegangen seien, um ihm mein Buch zu bringen, das sie sorgfältig unter dem Arm hielt. Der Papst war auf einem großen Platz voller Menschen und erwartete mich zur Überreichung des Buches an ihn.

Ich weiß nicht mehr, was ich denken soll, und setze mich in meinem Arbeitszimmer hin, um zu beten. Und während ich am meditieren bin, bleibt mein Blick auf dem Mitteilungsblatt von Medjugorje haften, das auf dem Schreibtisch liegt, und ich beginne es zu lesen.

In einem Artikel des Paters Ljubo Kutovic steht darin: «Das Gebet ist die beste Straße, auf der Gott sich uns nähert und wir Gott. Gott antwortet unserem für ihn bereiten Herzen. Der Friede kann nur dahin kommen, wo die Herzenstür offen ist. Gott steht vor deiner Tür. Wir tun, was wir können; Gott wird tun, was uns unmöglich erscheint.»

Was ist jetzt für mich das Unmögliche, das Gott nach dem, was er schon für Matteo vollbracht hat, noch tun kann?

Ist es vielleicht die Vollendung dieses Buches, das mir hingegen, je mehr ich am Schreiben bin, desto nutzloser und in gewissen Punkten geradezu banal vorkommt?

Ich verharre in Schweigen und sage Jesus, dass ich mit geöffneter Tür meines Herzens hier bin in der Hoffnung, er werde eintreten und mir helfen, mich leiten und erleuchten wollen.

In Erinnerung an Andrea
(14. Oktober 2001)

Heute abend um 22.00 Uhr ist Andrea von uns gegangen. Am 4. Oktober war er im Krankenhaus von San Giovanni unter fürchterlichen Schmerzen achtzehn Jahre alt geworden.

Nun hat der Himmel einen weiteren Engel, der für uns betet, aber mich verfolgt die Frage: Weshalb, weshalb dieser große Schmerz?

Zuletzt hatte Andrea wegen des Lymphoms, das an ihm zehrte, das Augenlicht und dann das Gehör verloren. Tag für Tag waren seine Sinne ein wenig schwächer geworden und hatte sich seine Welt immer mehr zusammengezogen.

Und doch betete er in seinem Bett beständig, wie mir Angela, seine Mutter, erzählte, eine ungewöhnliche Frau, die mit ihm zusammen in vorbildlicher, riesenhafter Kraft und Würde diesen schweren Kreuzweg ging.

Angela hat mit ihrer Selbsthingabe und ihrem Gebet für Andrea Gott dieses letzte Jahr seines Erdenlebens abgerungen.

Ich hörte sie von den nicht enden wollenden Leidenstagen erzählen, die sie bei diesem so geliebten Sohn verbrachte.

Jedesmal, wenn ich am Telefon mit ihr sprach, musste ich weinen und beten, von der Ohnmacht gegenüber so viel Leid ganz mitgenommen.

Ich hätte mehr tun wollen, konnte aber nur beten und weinen, und viele beteten mit mir zusammen.

Ich habe gelernt, für Andrea wie für Wilson und für alle leidenden jungen Männer, die ich nach der Krankheit Matteos kennengelernt habe, meine Stoßgebete aufzuopfern, vor allem aber meine «Fioretti», meine Schmerzen, meine Frustrationen, meine Vergebung, zu der ich in anderen Situationen nicht imstande gewesen wäre.

Was mich am meisten erschüttert hat, ist die Gelassenheit, mit der Angela ihren Sohn gepflegt hat; sie ging durch das enge Tor des Leidens, durch große Hoffnung, und gleichzeitig fügte sie sich voll und ganz in den Willen Gottes.

Ich habe Andrea bloß zweimal in seinem Krankenhausbett gesehen, ihn aber liebgewonnen wie einen eigenen Sohn.

Ich erinnere mich an ihn als an einen bleichen, aber frohgemuten jungen Mann.

Während des Tages kommt er mir, während ich am Steuer bin und während ich bete, oft vor Augen, und dann bitte ich ihn, auch mit mir zusammen zu beten für seine so tapfere Mutter, für seinen Vater und seine Brüder, für alle Mütter, die eigene Kinder verloren haben, für alle Kinder, die krank geworden sind.

Ich frage ihn, ob er jetzt, als ein Engel des Herrn, den Sinn des Leidens auf dieser unserer irdischen Pilgerschaft bis auf den Grund verstanden habe: die Erbsünde, unsere Bosheit, die Darbringung von Opfern für die Erlösung.

Ich bitte ihn, bei Gott für uns einzutreten durch sein Leiden, seine Hingabe, mit der er für Christus Simon von Zyrene war, damit der Himmel auf uns arme, elende Passagiere auf der Barke des Lebens blicke.

Sein junges Leben, das so bald durch die Krankheit verdunkelt, von den Tränen seiner Mutter benetzt wurde, hat eine Liebesbrücke zum Paradies geschaffen, die es vielen Seelen ermöglichen wird, in die Höhe zu steigen.

Padre Pio schrieb: «Die Bedrängnisse, die Kreuze waren immer das Erbteil auserwählter Seelen. Je mehr Jesus eine

Seele zur Vollkommenheit erheben will, desto größer wird für sie das Kreuz der Drangsal.»

Andrea hat Kalvaria, den «Berg der Heiligen» erstiegen, das Kreuz aufgepflanzt und ist hinaufgegangen zum Tabor, zum «himmlischen Jerusalem»; er wurde heilig, wurde zum Opfer für die Brüder, für unsere Bosheiten, wie Padre Pio, wie all jene, die sich im Leid verzehrten: die zahlreichen stillen Heiligen, die nie in den Kalendern verzeichnet sein werden, deren Aufopferung aber wir ein Stück Ewigkeit zu verdanken haben, deren Opfer wir es zu verdanken haben, dass der Herr uns weiterhin von der Barmherzigkeit und nicht von der Gerechtigkeit her anblickt.

Mein Mutterherz aber kennt das Lager eines leidenden Sohnes, der am Sterben ist, die Qual, wenn das Leben zu Ende geht, wenn die Zukunft in der makabren Stille eines Sterbezimmers erlischt. Es kann die Welt nur um mehr Gebete bitten, die miteinander zum Herrn aufsteigen, um zahlreichere Gnaden herabzurufen.

Jesus, wie wäre es schön,
wenn es uns allen gelingen würde, ein wenig besser zu sein,
und du den Schmerz, das Schlechte
aus der Welt tilgen würdest!
Der Aufstieg zum Tabor wird jedoch
stets mühsam und anstrengend sein,
um Sühne zu leisten
für die Verirrungen eines missbrauchten freien Willens,
der in grauer Vorzeit
über uns den Fluch des Leidens gebracht hat.

Andrea betete in seinen letzten Tagen, er betete beständig, und eines Morgens hörte die Mutter, wie er sich an Jesus wandte: «Ich möchte, dass du hier in meinem Bett wärest, ohne das Licht sehen zu können, ohne etwas hören zu können, um nachzufühlen, was ich durchmache, und wie sehr das Beten schwerfällt.»

Das Gesicht der geliebten Mutter nicht sehen zu können, die tröstenden Worte des Vaters nicht hören zu können, nicht mehr gehen zu können!

Jedesmal, wenn ich daran denke, lieber Andrea, wird mir das Herz schwer und sehe ich wieder den Leib Matteos voller Geschwüre und erinnere ich mich an mein Versprechen, für die Rettung meines Sohnes mein Leben hinzugeben, und ich werde mir bewusst, dass das Kreuz, das der Herr in diesen zwei Jahren auf mich gelegt hat, klein ist im Vergleich zu deinem Kreuz und dem deiner Mama, der Kinder und der Familien, die den Tod und die Trennung erleben mussten.

Ich bitte dich, Andrea, um Vergebung, ich bitte dich, Jesus, um Vergebung für alle Male, an denen ich nicht die Demut hatte, winzige Prüfungen zu ertragen, für den Unmut gegenüber einer dummen Beleidigung, für die Gleichgültigkeit gegenüber einem leidenden Menschen, für das krankhafte Haften an unnützen Dingen, die kein wahres Glück schenken und an denen wir unsere Lebensenergien verschwenden.

Ich bitte um Vergebung für alle Male, und es sind viele, an denen ich es nicht über mich gebracht habe, zu verzeihen, obwohl ich weiß, dass die Vergebung der einzige Weg zur Gnade und zu Gnaden ist, obwohl ich weiß, dass die Hingabe des Lebens bei mir wie bei weiteren unschuldigen Menschen zur Rettung solcher dient, die Gott nicht kennen und lieben.

Zu der Dienerin Gottes, Schwester Benigna Consolata Ferrero, sagte Jesus: «Gefällt dir das Kreuz, das ich dir geschenkt habe? Weißt du, es ist überaus fruchtbar... Ohne Opfer, ohne körperliches, geistiges, moralisches Leiden wirst du nicht Seelen retten. Ein unaufhörlicher Herzschlag der Liebe, und ein unaufhörliches Zucken des Schmerzes zur Bekehrung der Seelen. Ich habe sie mit einem Martyrium der Liebe und des Schmerzes gerettet, und so wirst auch du sie retten.»

Ich bitte dich um Vergebung, Andrea, für all jene, die vom Leben so viel gehabt haben: Gesundheit, materielle Güter, Erfolg, Überfluss, und die angesichts fremden Leides den

Mund verzerren, die Absätze drehen und sich verärgert wieder in die eigene Welt der Banalität und des Egoismus einschließen.

Als Alessandro, ein wunderschöner Engel wie du, nach vierzig Tagen des Isoliertseins wegen eines Osteosarkoms, das ihm scheußliche Schmerzen bereitete, wieder aus der Reanimation kam, sagte er, als er im Korridor eine Prozession mit Christus am Kreuz vorbeigehen sah: «Verzeih mir, Jesus, wenn es mir nicht gelingt, mein Kreuz zu tragen, das gegenüber dem deinen so klein ist, du, der du dein ungeheures Leid für die ganze Welt dargebracht hast.»

Und er bat Padre Pio in einem wundervollen Brief: «Lieber Padre Pio, ich schreibe dir, um dich wissen zu lassen, dass es mir nicht sehr gut geht, darum erwarte ich von dir ein Zeichen, damit ich innewerde, dass du mir nahe bist. Ich bitte dich, mach, dass es mir gut geht und mich nicht Schmerzen plagen... Ich erbitte das von dir, weil du der Einzige bist, der mich verstehen könnte, und hoffe, dass diese meine Botschaft von dir wohlwollend angehört werde.»

Herr, vergib den Bequemen und Trägen, die in der Unbeweglichkeit und Gleichgültigkeit ihres begrenzten Ganzen, in der Schläfrigkeit von Satten und Feisten nicht zum Geben und auch nicht zum Beten fähig sind. Ich bitte dich, uns beizubringen zu lieben, jene Liebe zu haben, die einen Teil von sich selber schenkt, jene Solidarität, die den Schmerz zu lindern vermag.

Mir kommt die Antwort in den Sinn, die Padre Pio einer Person gab, die ihn fragte, warum er nicht eingegriffen habe, um die Frau des Marchese Sacchetti zu retten, seines verehrten intimen geistlichen Sohnes. Die fromme und sehr gütige Frau, eine liebevolle und zärtliche Mutter, war an einer schweren Krankheit gestorben. Der Padre sagte von ihr: «Was kann ich da machen, wenn sie sich als Opfer für die Sünden der Welt angeboten hat?»

Die Aufgaben Matteos
(15. Oktober 2001)

Ich half Matteo, die Aufgaben zu machen.

Er musste zwischen konkreten und abstrakten Bezeichnungen unterscheiden und beide in zwei Kolonnen in sein Schulheft eintragen.

Zum Wort «Gott» sagte er nach einem Augenblick des Nachdenkens mit Überzeugung, es gehöre zu den konkreten Bezeichnungen.

Ich bemerkte zu ihm mit Missfallen: «Was sagst du da, Matteo? Wer hat Gott je gesehen! Du musst das Wort Gott in die abstrakten Bezeichnungen einreihen.»

Er entgegnete mir: «Was sagst du denn, Mama! Es stimmt nicht, dass ich Gott nie gesehen habe. Ich habe ihn gesehen; er war das Licht.»

«Und wann war das?», fragte ich ihn.

Und er: «Als ich krank war und mich auf dem Bett der Reanimation sah, dann bei Padre Pio und den Engeln, ja bevor ich sie sah, erblickte ich ein großes Licht, das sicherlich Jesus oder Gott war, das ist ja schließlich das gleiche.»

Nachdem er das gesagt hatte, trug Matteo das Wort «Gott» in die Kolonne der konkreten Bezeichnungen ein, und ich fühlte mich angesichts so naiver und verwirrender Sicherheit nicht gehalten, dagegen Einspruch zu erheben.

Dann habe ich mir überlegt, dass Gott entgegen der festen Meinung von uns Erwachsenen wirklich nicht eine Abstraktion ist. Wir sehen ihn zwar nicht mit den Augen, berühren ihn nicht mit den Händen, hören ihn nicht mit den Ohren, aber er ist in uns, in unserem Herzen, und er lässt sich umso mehr wahrnehmen, je stärker unser Glaube ist.

Jesus sagte, «das Reich Gottes ist in euch» (Lk 17,21), und die heilige Teresa von Avila fügt hinzu: «Ich hörte ihn nie sprechen, fühle aber, dass er immerzu in mir ist, mich leitet und mir eingibt, was ich sagen oder tun soll. Ich gelange gerade in dem Moment, wo ich ihrer bedarf, zu Einsichten, die ich noch nie hatte, und zwar zumeist nicht während des innern

Gebetes, sondern eher mitten in den alltäglichen Beschäftigungen.»

In seiner Naivität, in der Offenheit seines kindlichen Geistes hat Matteo eingesehen, dass Gott nicht eine Abstraktion ist, sondern lebendig in uns und außerhalb uns pulsiert.

Was im November 2001 geschah

Auf den Knien
(1. November 2001)

Mein Bruder Nicola erzählte mir in Gegenwart von Teo nicht sehr erfreuliche Episoden, die er erlebt hat, und an einem gewissen Punkt rief er verärgert aus: «Wenn es Gott gibt..., wenn es Christus gibt...!»

Als Matteo diesen Ausspruch hörte, verfinsterte sich sein Gesicht, und er sagte mit aggressiver Miene: «Onkel, wieso "wenn es Gott gibt"? Und ich?» Damit spielte er auf sich selbst an, darauf, dass er Gott sei Dank noch am Leben ist.

Das Bewusstsein, noch am Leben zu sein durch den Eingriff des Allmächtigen, ist in ihm so stark und so scharf, dass er in solchen Momenten, ohne es zu wissen, für uns Erwachsene zum Glaubenslehrer und Beweggrund zum Nachdenken wird. Und das geht weiter.

Heute abend gingen wir in die Kirche San Pio X zur Messe, wo meine Brüder und ich die erste Kommunion empfangen haben. Nach der Homilie kniete Matteo mit einem Ruck plötzlich nieder und blieb so bis zum Friedensgruß.

Er bewegte sich beständig, denn die Knie schmerzten ihn. Ich hieß ihn aufstehen, denn er werde in dieser unangenehmen Stellung es nicht bis zum Ende der Messfeier aushalten können, und er, noch so klein, brauche noch keine Buße zu machen. Er erwiderte, er «müsse» knien bleiben für Francesco in der Reanimation, für Andrea, für die kranken Kinder und für unsere Familien, insbesondere für den Papa, der seiner Hilfe bedürfe.

Und so blieb er unter den neugierigen Blicken der Umstehenden knien und brachte aus Liebe Gott sein kleines großes «Fioretto» dar.

Als er mir zu Hause wiederum das Motiv dieser Bußübung erklärt hatte, fügte er in aller Ruhe hinzu: «In diesen Tagen ist Padre Pio nicht mehr zu mir gekommen, denn er hatte Wichtigeres zu tun; er musste zu denen gehen, die krank sind, er muss machen, dass es allen gut geht, darum macht es nichts, dass er jetzt nicht bei mir ist, denn mir geht es nun gut. Aber ich habe begriffen, dass er und Jesus uns erhören, deswegen bin ich knien geblieben; wenn wir beten, hören sie auf uns und geben uns die schönen Sachen, um die wir bitten.»

Welch glänzende Philosophie in der Naivität eines Kindes; welches Beispiel kindlicher Hingabe an den Herrn! Wie groß ist die Weisheit des Heiligen Geistes, der weht, wo er will, auch über die Gedanken eines kleinen Knirpses!

Was im Dezember 2001 geschah

Das Dekret
(13. Dezember 2001)

Bevor ich gestern abend schlafen ging, blieb ich wie gewohnt vor dem Foto Padre Pios mit dem Jesuskind stehen, das mir am Tag des Wiedererwachens Matteos gebracht worden war.

Ich sah den Padre an, dankte ihm, bat ihn, mit mir den Herrn zu bitten, er möge meine Familie, all jene, die leiden, und jene, die sich auf unsere Gebete verlassen, beschützen.

Dann nahm ich das Foto von der Wand und drehte es um, um wieder die auf der Rückseite geschriebenen Worte zu lesen.

Das Foto steckt nämlich in einem Rahmen, der auch auf der Rückseite verglast ist, damit meine Söhne und ich jederzeit wieder die so schönen Sätze lesen können, die mich in diesen beiden Jahren begleitet haben.

Ich erinnerte mich, dass Michele, der Freund, als er mir das Foto schenkte, mit Bestimmtheit gesagt hatte, die Nachricht von der Heiligsprechung Padre Pios werde gerade an meinem Namenstag eintreffen.

Die Worte des Padre lauten nämlich: «Liebe Lucia, ich wünsche dir deinen Namenstag heilig.»

Als ich gestern abend das Foto in Händen hielt, lächelte ich, denn ich dachte, Michele und mit ihm ich seien in unserer so festen Überzeugung, dass alles Zeichen Gottes ist, zu weit gegangen.

Und lächelnd sagte ich zum Padre leise: «Morgen ist mein Namenstag, aber es wird nichts Neues geschehen können, denn die theologische Kommission ist am Prüfen des

Wunders, und nachher wird das Sache der Kardinäle sein; wir werden also erst nach Weihnachten etwas wissen; es wird noch lange Zeit brauchen.»

Dann fügte ich scherzend hinzu: «Du hast mich enttäuscht, lieber Papa; ich erwartete zu meinem Fest wirklich ein Geschenk; ich glaubte wirklich, dass diese 1955, gut fünf Jahre vor meiner Geburt, geschriebenen Worte ein für mich bestimmtes geheimnisvolles Projekt seien. Gut so, ich gehe zu Bett, gute Nacht, und behüte uns!»

Heute, am 13. Dezember, ist der Tag der heiligen Lucia; ich habe eine Reihe telefonischer Glückwünsche erhalten, der schönste aber war die Gratulation von Padre Gerardo, der um 19.00 Uhr mich vor Überraschung und Freude ganz erzittern ließ, denn er teilte mir mit, er sei eben von Rom zurückgekehrt mit der offiziellen Nachricht der Approbation des Wunders durch die Theologen- und die Kardinalskommission und der Verlesung des Heiligsprechungsdekrets am Donnerstag, 20. Dezember, in Rom anlässlich des nächsten Konsistoriums.

Als ich den Hörer auflegte, fühlte ich Herz und Hirn miteinander in unglaublicher Geschwindigkeit pochen.

Ich war weder zu gehen noch zu sprechen imstande, ich hatte einen Wirbel von Emotionen und Erinnerungen vor Augen.

Ich war wie gelähmt; dann gelang es mir mit Mühe, mich vom Diwan zu erheben, und ich ging in den Korridor vor das Foto.

Dort konnte ich nicht umhin, niederzuknien, um zu danken; meine ganze Freude in diesem Moment und mein ganzer Schmerz von zwei Jahren stiller Leiden, die ich der Tastatur meines Computers erzählte, gingen in einem erholsamen Weinen auf.

Wie ich es oft tue, begann ich mit dem Padre zu sprechen: «Du wusstest also, du hast es stets gewusst: Es gibt einen göttlichen Plan, nach dem jeder von uns von Ewigkeit her erschaffen wurde und in den man nur in der Überzeugung eintreten kann, zu ihm ja sagen zu wollen, in der vertrauensvollen Annahme, dass man dazu gehört.

Aber was sage ich da?? Ich weiß es nicht mehr. Ich weiß nur, dass ich sicher bin, dass du wie ein Schutzengel stets in meinem Leben dabei warst, schon bevor ich geboren wurde, ja zusammen mit meinem Schutzengel.

Wozu war ich aber bei all dem frei? Vielleicht dazu, mein Herz zu öffnen?

Ich möchte, dass du, dass Maria, dass Christus mir antworten.

Aber ich bin mir bewusst, dass auf diese so verzwickten dringenden Fragen — und in diesem so verzwickten Moment meines Lebens — nach dem Mysterium der Liebe Gottes, die sich auch durch dich äußert, die einzige mögliche Antwort der Glaube ist.»

In Audienz beim Papst
(20. Dezember 2001)

Vom Hotel aus ist die Kuppel des Petersdoms zu sehen.

Mehr als einmal stand ich ungläubig am Fenster.

Gestern abend war das Schauspiel wunderbar mit den verstreuten Lichtern, die meine Aufmerksamkeit anzogen und auf der Schönheit dieses Monuments des Gebetes, der Kunst und der Geschichte lagen.

Es kam mir wie ein Traum vor, die Einzelheiten der Kolonnade, die Aussicht sehen zu können, mir die Bewegungen des Papstes innerhalb jener Mauern vorstellen zu können.

Mir schlug das Herz höher beim Gedanken, dass ich in einigen Stunden diesem großen Papst begegnen solle, mit meinen Söhnen zu ihm gehen, sie ihm, dem so sehr mit Padre Pio Verbundenen, vorstellen dürfe, mein Kind, dessen Rückkehr zum Leben der Fürbitte des Padre zu verdanken ist.

Und schließlich kam es zu der mit solcher Spannung erwarteten Begegnung in der Sala Clementina, im Beisein von Kardinälen, Zeremonienmeistern, Mönchen. Ich folgte gerührt der Verlesung des Dekrets über das Wunder, verkostete den tosenden Applaus, zusammen mit meinem Herz war auch mein ganzer Leib festlich gestimmt, in voller Aufregung.

Als wir in der Reihe standen, um die Hand des Papstes zu küssen, sagte ich mir, dass Christus in seinem Geist diese beiden großen Persönlichkeiten, Johannes Paul II. und Padre Pio, miteinander verbunden hat; dass er sich in Padre Pio und im Papst (seinem Stellvertreter auf Erden) bekundet hat. Er bekundete sich aber als absolute Macht in meinem Sohn, dem lebendigen Wunder. Und so wurde dieses lächelnde pausbackige Kind zum Band zwischen Himmel und Erde, zum Ausdruck der Liebe Gottes.

Als Pater Gerardo di Flumeri Matteo dem Papst vorstellte, zeigte sich auf dessen leidendem Gesicht ein leichtes Lächeln und seine rechte Hand streichelte die Wange meines Kindes.

Es war für mich ein erhabener Moment gewaltiger Freude.

In diesem Augenblick sah ich die Box der Reanimation wieder, erinnerte ich mich an das Drama des Wartens draußen an der Fensterscheibe; ich senkte die Augen und bat den Herrn und Padre Pio um Hilfe, damit meine Freude zur Freude für so viele andere Familien werden könne, die ebenfalls in der Zange von Krankheit sind.

Ich entsann mich der Worte des Papstes Johannes Paul II. vom Wunder als einem Zeichen, dass «das Universum, worin der Mensch lebt, nicht nur in den Rahmen der Ordnung der den Sinnen zugänglichen Dinge eingeschlossen ist... Das Wunder ist Zeichen dafür, dass diese Ordnung überstiegen wird durch die Macht von oben», und dass diese Macht Gott selber ist.

Und dann blickte ich auf das Jesuskind, dieses vom Vater so sehr geliebte Kind, das der Superior Gian Maria Cocomazzi ohne unser Wissen nach Rom gebracht hat und das wir zu unserer großen Verwunderung und Freude am morgen in der Hotelhalle in seinen Armen angetroffen haben. Dieses Kind, das auf dem Foto ist, das mir am Tag des Wiedererwachens Matteos übergeben wurde, und das Matteo heute morgen auf der Via della Conciliazione bis zum Petersplatz in den Händen gehalten hat.

Es ist eine unglaubliche Koinzidenz, eine von denen, an die der Padre gewöhnt ist und an die auch ich nun gewöhnt bin.

Als ich an diesem klaren kalten Wintermorgen der Hauptstadt sah, wie mein Kind in seine blaue Jacke eingepackt, in Rührung und darauf konzentriert, das Kindlein nicht fallen zu lassen, und, da dieses sperrig und etwas schwer ist, ermüdet lief, ohne vom Privileg zu wissen, dass er die Statue mit sich trage, die Padre Pio so viele Male bei der Weihnachtsprozession getragen hatte, wurde mir bewusst, dass heute an diesem heiligen Ort, im Petersdom, der Padre, Christus und die barmherzige Liebe Gottes konvergieren und dass der Herr uns vielleicht durch das Jesuskind und das durch ein Wunder geheilte Kind daran erinnern will, dass wir wie Kinder uns an ihn wenden sollen.

«Der Herr will, dass wir uns völlig seinen liebevollen Aufmerksamkeiten überlassen wie Kinder in den Armen ihres Vaters» (heilige Margareta M. Alacoque).

Der Kreis, der sich am Tag des Wiedererwachens Matteos mit dem nun prophetischen Foto Padre Pios mit dem Jesuskinde geöffnet hatte, schließt sich heute mit Matteo, demselben Jesuskind und dem Papst.

Und in der Mitte dieses Kreises steht Jesus mit seiner grenzenlosen Liebe, die vom Zentrum des religiösen Lebens, das der Petersdom darstellt, in alle Richtungen ausstrahlt.

Auf der Terrasse des Krankenhauses
(21. Dezember 2001)

Heute ist der Geburtstag meiner Mutter.

Ihr und ihren Worten einer eifrigen Katholikin und dem Beispiel des Gebets und des Vertrauens auf die Vorsehung, das sie mir zusammen mit meinem Vater gegeben hat, verdanke ich das Wissen um die Kraft des Glaubens.

Heute sind es auch genau drei Jahre her seit dem Dekret über das Wunder an Consiglia de Martino, das zur Seligsprechung Padre Pios führte.

Vor drei Jahren befand ich mich in der Kirche Santa Maria delle Grazie, als nach der Ankündigung der bevorstehenden Seligsprechung die Glocken in festliches Geläute und die Pilger und gottgeweihten Personen in tosenden Beifall ausbrachen.

Ich wurde dadurch aufs höchste freudig erregt.

Ich war erfreut, dass ich dort war, dass mein großer Freund zum Seligen ernannt wurde, aber niemand hätte mich je auch nur vermuten lassen können, dass das Fest der Heiligsprechung mich, meinen Sohn, meine Familie angehen würde.

Nun bin ich hier, auf dem Krankenhaus. Die Aussicht, die man von da oben genießt, ist herrlich.

Zu meiner Rechten die Kirche und die majestätischen Stufen des Kreuzweges, die sich zwischen den Bäumen und dem Berg hinziehen.

Gegenüber die vom Tavoliere begrenzte Ebene, auf die sich der Blick ausweitet.

Zur Linken das ruhige bunte Meer des Golfes von Manfredonia.

Ich stütze mich auf die Brüstung, und meine Augen gleiten von der Terrasse des vierten Stocks auf das Gewimmel von Pilgern hinunter, die vorbeigehen, stille stehen, ankommen, sich entfernen.

Es ist Dezember, Weihnachten; die Bora, der kalte Fallwind, der diesen Ort treu und unermüdlich begleitet, durchschneidet mir das Gesicht und dringt frech in den Mantel ein.

Und doch sind der Vorplatz der Kirche und der Hof des Krankenhauses an diesem kalten Wintertag voll von Leuten.

Ich erhebe den Blick hinauf in das durch den Wind rein gefegte Blau und werde inne, dass ich glücklich bin.

Der «Padre», wie alle seine geistlichen Kinder Padre Pio liebevoll nennen, ist ein mächtiger Magnet, von jetzt an wird er es noch mehr sein.

Es ist schwierig, sich seinem stillen, aber unausweichlichen Ruf zu entziehen, der nicht enden wollende Menschenmengen hier vereint.

Man atmet in der Luft seine Gegenwart, seine Kraft.

Sein Geist macht den Ort charismatisch und die Gesichter der Unbekannten vertraut.

Seine Liebe zu den Leidenden umhüllt die Mauern dieses Krankenhauses.

Das Lächeln, das Padre Pio wollte, liegt vor allem im unermüdlichen Lächeln derer, welche die körperlichen Übel zu erleichtern suchen, aber nicht vergessen, dass das wahre Wunder dieses heiligen Menschen die Oase der Menschlichkeit, Freundlichkeit, Dienstwilligkeit ist, die dieses wissenschaftliche Zentrum darstellt.

Das «Wunder der Liebe», das in dieser Zeitspanne des Anfangs des Jahrtausends San Giovanni Rotondo, eine abgelegene Ortschaft am Garganogebirge zur Stütze des Glaubens des neuen Jahrtausends gemacht hat, vollzieht sich hier und ist — trotz der Ungläubigen — auch im Überleben meines Sohnes erfolgt.

Und während ich mich von der Bora stechen lasse, kommt mir wieder der Kehrreim des Wiegenliedes auf die Lippen, das ich in den Tagen, die vor fast zwei Jahren auf das Wiedererwachen meines Sohnes folgten, in der Reanimation ganze Stunden lang ununterbrochen gesungen habe, weil Matteo in Lippensprache mich immer wieder bat: «Noch einmal», und wenn ich zu singen begann, schloss er die Augen, bei diesem sich wiederholenden Klang schien sein Schmerz sich zu lindern.

«Lala lu, lala lu, die Sterne dort oben schauen, Kindlein, dir zu; lala lu, lala lu, schlaf süßer Schatz, mein Sternlein bist du; lala lu, lala lu, schlafe, Kleines, und der Himmel schenke dir Ruh´; lala lu, lala lu…»

Es war das Wiegenlied, das Matteo als Neugeborener besonders gern hörte; es war das Wiegenlied, an das ich mich in akutem Schmerz in den Tagen seines Komas erinnerte, als ich befürchtete, ich könne ihn nie mehr in meine

Arme schließen; jetzt ist es die Musik, die seine Rückkehr zum Leben versinnbildlicht und das mit seinen Tönen die ganze Tragödie fortzutragen scheint.

Matteo und Alessandro sind neben mir, schauen bewundernd auf die Landschaft, und ich werde mir bewusst, dass meine ganze Lebensfreude in ihnen besteht, die gestikulieren und plaudern.

Ich blicke auf die Kirche und auf das Krankenhaus unter mir, die einander gegenüberstehenden Werke, welche die Liebe Padre Pios zu den Menschen zum Ausdruck bringen und beweisen: die Liebe zu den Seelen und die Liebe zu den Leibern.

Während der Krankheit Matteos pendelte ich ungeachtet der Kälte zwischen der Kirche und dem Krankenhaus hin und her; meine Welt begann und endete dort; dort sind die Liebe zu meinem Sohn, das Gebet und die Pflege miteinander verschmolzen.

In jenen Tagen habe ich verstanden, weshalb der Padre wollte, dass das Krankenhaus und die Kirche nahe beieinander seien; um zu ermöglichen, den Schmerz in das Gebet einzubetten, um im Knien unter dem riesigen Bild der Madonna delle Grazie Trost finden zu können und um nicht nur den Leib, sondern auch die Seele zu stützen.

Und am Schluss wollte der Padre auf seine beiden großartigen Werke unter den Händen seiner Ärzte ein Siegel drücken mit einem Wunder in seinem Spital.

Ein Wunder, um das in seiner Kirche gebetet worden ist.

Ein Wunder, das sich gerade in den eiskalten Tagen eines sehr harten Januars vollzog, bei Schnee, in den Tagen des Gedenkens an seine Einkleidung und genau zehn Jahre nach dem Abschluss des ersten Prozesses, der ihn die erste Stufe zur Heiligsprechung hinaufgehen ließ.

Er, der in der ganzen Welt erschienen ist, der von einem zum andern Ende der Welt Gnaden gespendet hat, erwählte zum Besteigen der letzten Stufe zur Heiligsprechung ein Kind, das in der Ortschaft zur Welt kam, die ihn aufnahm und fünfzig Jahre hindurch liebte; er wählte sein Krankenhaus; er wählte eine Mutter, die, ohne zu wissen, was geschehen werde, aber vom Verlangen getrieben, ihren Sohn zu retten, an den von ihm geheiligten Orten betete.

Nun bin ich hier mit meinen Kindern und kann von dieser Terrasse aus, welche die Ortschaft beherrscht, nur still wiederholen: «Ich bin glücklich, doch du, lieber Padre, bleibe nicht stehen, streue weiterhin Gnaden über die ganze Welt aus durch die Verdienste jenes unglaublichen Leidens, das dich Christus so sehr verähnlichte!»

Und heute ist ein wunderschöner Tag auch aus einem weiteren Grund.

Am Nachmittag spielte sich die von den Lehrkräften der Mittelschule Pascoli organisierte Aufführung ab, und Alessandro war in die Kutte des Padre Pio gekleidet.

Die Professorin Ambriola hatte ihn ohne mein Wissen dazu gewählt, und Alessandro hatte, ohne mir viel davon zu erzählen, die Rolle eingeübt.

Ihn in der Kirche Sant'Onofrio wie gestern Matteo in Rom vor dem Jesuskind zu sehen, war somit rührend und eine große Ehre: dank Padre Pio meine beiden Schätze zusammen mit dem kleinen Jesus.

Alessandro erinnerte an die Ekstase des Padre und die Erscheinungen des Jesuskindes, und für mich war es ein Gefühl sondergleichen, aus seinem Mund die so oft und immer wieder gelesenen Worte zu hören.

Diese beiden Tage werden in meinem Gedächtnis und in dem meiner Söhne ein unbezahlbares Geschenk bleiben, das der Padre uns unverdient schenken wollte.

Ein Kuss auf die Stirne
(23. Dezember 2001)

Heute abend hat ein Privatsender eine Spezialsendung über Padre Pio übermittelt.

In dieser Sendung wurden ohne unser Wissen die dramatischsten Momente des Krankenhausaufenthaltes Matteos rekonstruiert, indem außenstehende Sprecher meine Zeugnisse und die Antonios vorlasen, die für den Diözesanprozess geliefert worden waren (und ich frage mich, wie die Journalisten sich unsere Berichte beschafft haben, die noch nicht im Umlauf sind).

Ich war allein in der Küche und wurde von sehr starker Emotion ergriffen, denn von andern und ohne Voranzeige die eigene Geschichte und vor allem die eigenen Worte zu hören, ist ein unangenehmes und wehtuendes Gefühl. In einem Augenblick habe ich den ganzen Schmerz, die Trostlosigkeit jener langen und dramatischen Tage wieder erlebt, und die Wunden, die so schwer vernarben, sind wieder aufgesprungen.

Matteo war in seinem Zimmer, um sich einen Film anzusehen, wie ich annahm, doch während ich mir die Augen trocknete und mich zu fassen suchte, hörte ich ihn herbeieilen. Er packte mich heftig und verschob dabei mich und den Stuhl, auf dem ich saß, umarmte mich fest und drückte mir zwei laute Küsse auf die Stirn: «Mama, ich habe dich gern, ich habe dich so gern, ich bin dir Dank schuldig.» Gleich gab er mir einen weiteren Kuss und fügte hinzu: «Du hast einen großen Schmerz erlitten, ich sehe das nun ein. Du, Mama, bist etwas ganz Besonderes.» Und er schenkte mir ein zärtliches Lächeln und einen weiteren Kuss auf die Stirn, da er weiß, dass sie mir gefallen.

Da habe ich erfasst, dass er etwas sah, das ihn betraf, aber ich täuschte vor, es nicht erfasst zu haben und fragte ihn, weshalb er mir so etwas sage. Er antwortete: «Als der Film fertig war, ergriff ich die Fernbedienung, wechselte den Kanal und hörte eine Frauenstimme, die vom Onkel Giovanni und von mir sprach; warst du es wirklich, Mama? Da habe ich begriffen, wie sehr du für mich gelitten hast. Wenn es mir nicht gut ging, meinte ich, du seiest nicht da; du aber weintest und betetest für mich und konntest mich nicht einmal sehen und umarmen; es tut mir leid; ich habe dich so gern.»

Ich dachte, Matteo werde erst als Erwachsener verstehen, wie sehr ich, obwohl leiblich fern, ihm in Liebe und Gebet nahe war. Doch zufällig, sagen wir zufällig oder durch eine «Verbindung», hat eine Fernbedienung die Zeiten, die mir äußerst lang vorkamen, gerafft, um die Liebe meines Sohnes zurückzugewinnen, welcher der Meinung war, nur sein Papa, dem als Arzt gewährt worden war, im Krankenhaus bei ihm zu sein, habe ihn in den Leidenstagen gern gehabt.

Jemand hat heute mein Schweigen zum Reden gebracht und mit jenen Küssen von Matteo meinem Herzen Frieden verschafft, das gequält war, weil es meinem Sohn nicht zu erklären vermochte, weshalb ich nur in Hingabe und Gebet bei ihm sein konnte.

Mir ist, als ob Jesus zu mir das sagen würde, was er zu der heiligen Faustina gesagt hat: «Tu, was du kannst; an den Rest denke ich.»

«Mama, warum weinst du?»
(Weihnachten 2001)

«Du bist stark gewesen, du bist stark gewesen,» sagen mir alle. «Du bist stark gewesen im Hoffen wider alle Hoffnung.»

Aber ich war nicht stark, ich war und bin nichts als eine Mama, die betete und, als sich das Drama des Endes Matteos abspielte, an das Evangelium, an Christus, an seine Verheißung dachte, die Padre Pio beim Rosenkranz wiederholte: «Bittet, dann wird euch gegeben; sucht, dann werdet ihr finden; klopft an, dann wird euch geöffnet» (Mt 7,8). «Was ihr vom Vater erbitten werdet, das wird er euch geben, in meinem Namen» (Joh 16,23). Das habe ich auch mir immer wieder gesagt.

In jenen Momenten des Schmerzes bat ich inständig und aufdringlich, aber des Zuhörens Jesu gewiss, seinem Willen gemäß, und ich versprach dafür mein Leben, mein Leben, wie es jede andere Mutter auch getan hätte.

Wie viele Male sagte ich zu meinen Söhnen: «Ich habe euch gern, lieber als mein Leben; für euch würde ich mein Leben hergeben.»

Und an jenem fatalen 20. Januar habe ich wirklich mein Leben für das von Matteo aufgeopfert.

Vor einigen Tagen erinnerte mich Don Biagio an mein Versprechen und erklärte mir, das Leben geben heißt nicht «sterben», denn sterben wäre viel zu einfach.

Das Leben geben heißt vorwärtsgehen und dabei sich ganz dem Herrn darbieten; es ist ein Austausch, der das Aufgeben des Geistes des Stolzes vorsieht, um sich gänzlich Gott anheimzugeben und so über die Schranken der menschlichen Gefühle der Rache, des Stolzes, der Selbstbehauptung hinwegzugehen.

Ich bin daran, all das zu erfahren; den Schmerz zu erfahren, sich beständig demütigen zu müssen, um Gott Dank und Lob zu spenden, während mein Charakter mich veranlassen würde, aufzuschreien gegen solche, die mich verwunden, zu zeigen, dass ich stärker bin.

Schwester Teresa, auch sie, hat mir das gleiche wiederholt: «Das Leben geben heißt nicht sterben, sondern heißt um Vergebung bitten, Vertrauen haben, und heißt vor allem lernen, anderen, insbesondere solchen, die dich schlecht behandeln, zu verzeihen und zu geben, auch wenn du sie zunichtemachen und zum Schweigen bringen könntest.»

Oft bin ich in Tränen, weil ich nicht imstande bin, so zu sein, wie ich sollte, wegen der Wut, die mich anfällt und mich zu Rache und Angriff verleiten möchte. Aber ich blicke auf Matteo und sehe ein, dass die Freude, ihn heranwachsen zu sehen, einen großen Preis hat: mein Leben. Der Verzicht darauf, jene zu sein, die ich in der Welt sein möchte und sein könnte, ist meine erlittene schmerzhafte Weihe an Gott.

Gestern abend, in einem Moment der Schwäche, der Müdigkeit, der Trostlosigkeit, sann ich drüber nach, wie hart es ist, die zu sein, die man zu sein gelobt hat, weil es mir noch nicht gelingt, mich von meinem Drang, den Ton anzugeben, zu lösen. Da begann ich laut mit dem Herrn und Padre Pio zu reden: «Warum ich, ich, die so kraftlos, schwach, schlecht bin, ich, die es nicht von allein schaffe, warum hast du mich gewählt, obwohl ich unfähig bin, dir nachzufolgen?»

Matteo hörte mich, kam zu mir, umarmte mich fest und sagte zu mir: «Mama, warum weinst du? Du bist doch stark, warst immer stark; ich bin stolz auf dich, weil du an die anderen Kinder denkst, den Menschen hilfst wegen mir. Es stimmt nicht, dass du nichts wert bist. Wenn du mich nicht geboren hättest, wenn ich nicht zur Welt gekommen wäre, wäre Padre Pio nicht heiliggesprochen worden. Und du, nicht ich, hast so viel gebetet.»

Seine Worte haben mich gestört. Ich erwiderte ihm, es gebe keinen Grund, stolz zu sein; ich hätte einfach gebetet, wie es jeder getan hätte; ja, ich hätte mich gesehnt, dass er zur Welt komme, hätte fest meinen zweiten Sohn gewollt, aber sicher nichts, absolut nichts getan für die Heiligsprechung Padre Pios; der Padre hätte heiliggesprochen werden können dank irgendeinem anderen Wunder; mein Leiden sei nichts gewesen gegenüber dem seinen; ich hätte bloß an seiner Stelle sein wollen, als es ihm schlecht ging, und wahrscheinlich sei ich die schlechteste von allen Christen.

Matteo aber wiederholte unerschrocken: «Mama, ich bin stolz auf dich; ich sehe dich, wenn du ganz allein in deinem Studierzimmer bist, um zu schreiben, nachdem du den Haushalt besorgt hast. Ich bin sicher, dass die Geschichte von mir vielen Menschen helfen wird.»

Ich weinte sehr, war aber am Ende wieder heiter. Diesem erstaunlichen Kind mit den grünlichen Augen, die einem in die Seele dringen, wenn es spricht; diesem erstaunlichen Kind, das ich trösten sollte, gelang es, mir Kraft zu geben, mich den Sinn meiner täglichen Hingabe an den Herrn voll und ganz erfassen zu lassen, denn dieser hat mir Matteo gesund wiedergegeben und ihn zum Träger der göttlichen Botschaft des Erbarmens und der Allmacht gemacht.

Ich erinnerte mich, dass ich vor einigen Tagen Pater Gerardo die Frage stellte: «Wenn man mich fragt: "Warum geschah das Wunder für dich?", was soll ich dann antworten?» Und er sagte: «Der Herr hat es so gewollt.»

Und da fragte ich den Herrn: «Wenn du es so gewollt hast, mache mich mit deiner Kraft dieses Geschenks würdig; gib mir die Gnade, so zu sein, wie du willst; deinen Willen zu erkennen und auszuführen.»

Gestern, als ich mir sagte, der Verdruss mit der eigenen Grenze sei sehr schwierig zu besiegen; als ich mir sagte, ich sei es müde, mir und den anderen Kraft zu geben, denn trotz des Glaubens und der Gnadengaben erliege man oft unserem kleinen, entnervten Menschsein, fiel mir ein Gebet des heiligen Ignatius in die Hände, das mich wieder aufgerichtet hat und mich den Sinn meines Weges wieder finden ließ:

«Nimm hin, o Herr, meine ganze Freiheit.
Nimm hin Verstand, Gedächtnis und all mein Wollen.
Was ich habe oder mein eigen nenne, hast du mir gegeben.
So gebe ich dir das alles zurück.
Ich vertraue es ganz der Leitung deines Willens an.
Nur schenke mir deine Gnade und Liebe.
Und ich bin reich genug
und verlange darüber hinaus nichts mehr.»

Dann hatte ich unversehens eine sehr seltsame Intuition: Es kam mir in den Sinn, dass Matteo an einem Freitag um drei Uhr nachts geboren ist — an einem Tag und zu einer Stunde, die an die Passion Jesu erinnern.

Auch den Herzstillstand hatte er an einem Freitag, zwischen neun und zehn Uhr morgens, zu der Stunde, als Padre Pio die Stigmata empfing.

Matteo war vierzig Tage im Krankenhaus, so lange, wie die Quadragesima, die Zeit des Gedenkens an die Passion Christi dauert. Gleich lang blieb Christus in der Wüste. Und vierzig Tage lang ging es Padre Pio schlecht, schwebte er zwischen Leben und Tod und wurde in Venafro von teuflischen Quälereien geplagt.

Matteo lag elf Tage im Koma, und Padre Pio war, bevor er nach San Giovanni Rotondo kam, in elf Klöstern.

So werde ich mir bewusst, dass alles in unserem Leben etwas Unglaubliches an sich hat und dass ich, Augenblick um Augenblick, lernen muss, alles, was wir erleben, mit dem Herrn in Verbindung zu bringen, indem ich alle Prüfungen, die er über mich kommen lässt, auf mich nehme: sogar die

Verleumdungen von solchen, die nichts anderes zu tun haben, als an uns herumzustudieren. In Bezug auf sie kommt mir in den Sinn, dass Jesus zu der heiligen Faustina sagte: «Es gibt Seelen, für die ich nichts tun kann; es sind die, die beständig die anderen ausspionieren und nicht wissen, was in ihrem eigenen Innern vorgeht; sie sprechen alles nur den andern nach... Arme Seelen, die nicht auf mein Wort hören...; sie suchen mich nicht im Innern ihres Herzens, sondern in den Klatschereien, worin ich nie bin. Sie verspüren, wie leer sie sind, erkennen aber nicht ihre Schuld, und die Seelen, in denen ich ganz herrsche, bilden für sie einen beständigen Gewissensbiss. Statt sich zu bekehren, strotzt ihr Herz von Neid... Und sie sind schon dem Abgrund nahe. Sie beneiden die anderen Seelen um meine Gaben, aber sie selbst wissen sie nicht anzunehmen und wollen sie auch nicht annehmen.»

Was im Januar 2002 geschah

Der Verein «Il Cireneo»
(6. Januar 2002)

«Mein geliebter Sohn, erinnere dich immer daran, dass das Leben ein wundervolles Geschenk ist und das Dasein auf jeden Fall eine Freude!
Habe stets Mut, Willenskraft und Glaube!
Sie werden der Antrieb sein, um deine Träume zu verwirklichen und deine Kämpfe zu unternehmen.
Dein Schicksal wird von deiner Bereitschaft bestimmt werden, in Respekt vor den Mitmenschen und mit Hilfe des Gebetes zu siegen.
Die Zukunft ist dein!

Mama.»

Ich habe, liebes Kind, unter Tränen wieder die Worte gelesen, die ich dir zu deiner Geburt gewidmet hatte, als ich mich entschloss, alle deine täglichen Fortschritte in ein Tagebuch voller bunter und fröhlicher Bilder einzutragen, wie ich es für Alessandro gemacht hatte.

Und heute ist mir beim Öffnen dieses Tagebuches und beim nochmaligen Lesen dieser Worte bewusst geworden, dass das Gebet, gerade das Gebet, dir geholfen hat, wieder zum Leben zu erwachen.

Der Herr sei gepriesen und Padre Pio sei bedankt für seine Fürbitte.

Ich hatte diese Worte geschrieben im Denken daran, dass du in ferner Zukunft, als Erwachsener, selbst wenn ich nicht mehr da sein sollte, dieses Buch ergriffen öffnen und in diesem einfachen Satz die Erinnerung an deine Mama finden würdest, die, als du Kind warst, dich sosehr liebte und von dir sosehr geliebt wurde.

Und statt dessen waren wir vor zwei Jahren im Begriff, alle Notizen über deine Fortschritte als Kind abzubrechen und den biologischen Kreislauf in umgekehrter Richtung verlaufen zu sehen.

So viele Seiten hätten für immer weiß bleiben müssen. Nun hingegen sind auch die Tage deiner Krankheit und deiner Genesung verzeichnet, und werde ich mir bewusst, wie sehr die Worte «Glaube», «Gebet» bekräftigt worden sind.

Vierzig Tage vor deiner Erkrankung musste ich mich als Notfall in das Krankenhaus begeben; es war der 11. Dezember, und ich hatte eine Fehlgeburt, denn die Schwangerschaft war fehlgegangen.

Ich war verängstigt, denn anfänglich hatte ich Mühe, etwas Neues, Unvorhergesehenes und Unerwartetes zu akzeptieren, vor allem wegen meiner schon vierzig Jahre, die mich um die Rettung dieses neuen Lebens fürchten ließen.

Als ich dann mit dem Willen, aber, ich muss es zugeben, nicht aus Überzeugung, mich dem Glauben anvertraute, nahm ich dieses Neue an, alles war überstürzt.

Auf der Notfallstation erhob ich ungewollt den Blick zum Kästchen mit den Heilmitteln.

Dort war ein Blatt mit einem sehr schönen Gebet aufgehängt. Ich las es; es gab mir Kraft.

Doch nachher dachte ich nicht mehr an dieses Gebet.

Vor einigen Tagen ging ich zum Kloster und beichtete bei Don Carlo, einem Pauliner, den ich im Zusammenhang mit der Erkrankung Matteos kennenlernte und der zu einem lieben Freund, mit seiner Sympathie zu einem Anhaltspunkt wurde.

Ich hatte gerade jenes Gebet in Händen, das ich nun wiedergeben will, denn ich habe in meinem Leben wirklich erfahren, dass eben dann, wenn ich mich alleingelassen glaubte, der Herr mir besonders nahe war.

«Diese Nacht hatte ich einen Traum.
Ich träumte, dass ich auf Sand gehe,
vom Herrn begleitet.
Und auf den Bildschirm der Nacht
wurden alle Tage meines Lebens projiziert.
Ich schaute zurück und sah,
dass in diesem Film bei jedem Tag meines Lebens
im Sand Fußspuren zu sehen waren,
eine von mir, eine vom Herrn.
So schritten wir voran bis zum Ende meiner Tage.
Dann stand ich still und schaute zurück;
Da bemerkte ich, dass auf gewissen Strecken
nur eine einzige Spur zu sehen war…
Diese Strecken entsprachen
den schwierigsten Tagen meines Lebens,
den Tagen größter Bedrängnis,
größter Angst,
größten Schmerzes…
Da fragte ich:
“Herr, du hattest doch gesagt,
du werdest alle Tage meines Lebens
bei mir sein,
und ich war einverstanden, mit dir zu leben.
Aber warum hast du mich allein gelassen
gerade in den schlimmsten Momenten meines Lebens?”
Und der Herr antwortete:
“Mein Kind, ich liebe dich
und sagte dir, ich werde stets mit dir sein
während deines ganzen Weges
und werde dich nie allein lassen,
nicht einmal einen Augenblick.
Und ich habe dich nicht im Stich gelassen…
Die Tage, an denen du
bloß eine Spur auf dem Sand sahst,
waren die, an denen ich dich auf dem Arm trug.”»

Immer wieder am Tag, während ich die verschiedensten Tätigkeiten verrichte: arbeite, herumfahre, den Haushalt besorge, die Aufgaben meiner Söhne durchgehe, durchläuft mich ein Schauer und spielen sich plötzlich vor meinen Augen und meinem Herzen die Bilder jener so schrecklichen Tage ab und lassen mich erstarren.

Ich sehe, wie Matteo auf dem Wärmebettchen zittert, während seine Temperatur auf dem Bildschirm beständig steigt, und wie ich in Angst bin und ununterbrochen bete.

Ich sehe Matteo in den Tagen nach dem Wiedererwachen. Er kann während der Nacht nicht länger als zehn Minuten schlafen, weil er Schmerzen hat, Angst hat, weil seine Rhythmen sich geändert haben, und es gelingt uns nicht, seine nicht enden wollenden Leidensstunden zu füllen.

Ich sehe wieder, wie ich unter dem Kittel und der erstickenden Halbmaske schwitze, während ich am Minutenzeiger der Uhr in der Box die unmöglich lange Zeit ablese, welche die Erholung meines Sohnes leise skandieren soll, während meine Brüder Stunde um Stunde jenseits der Fensterscheibe vorbeigehen, um mich nicht in meiner Ohnmacht neben meinem Sohn allein zu lassen.

Ich höre das durch den Luftröhrenschnitt veränderte Weinen Matteos bei der Behandlung der Wunden — der Wunden, die so sehr denen gleichen, die auf dem Foto an den Händen Padre Pios zu sehen sind.

Und ich sage mir, dass der Schmerz eines Kindes ein der Seele mit einem glühenden Eisen eingebranntes Brandmal ist, das jede Handlung für immer kennzeichnen wird, auch wenn Matteo noch da ist.

Somit denke ich an Mütter, die Kinder verloren haben oder in totaler Einsamkeit Schmerz erleben, und ich möchte der Welt zuschreien, dass man sich Leidenden zuwenden muss, denn Kreuze, die man allein tragen muss, sind zu schwer; eine Geste, ein Gebet, ein Wort, ein Lächeln hingegen erleichtern, wenn auch nur für einen Augenblick, die Qual der Seele und des Leibes.

Darum ist es mein Traum, dass unser Verein «Il Cireneo» zu etwas wird, worin die Liebe dem Schmerz etwas von seiner Dramatik zu nehmen vermag, und worin die Mahnung Padre Pios zum Ausdruck kommt, füreinander Mitträger des Kreuzes zu sein.

In der Einführung zu einer Fabel, die von meinem Bruder Giovanni, meiner Schwägerin Michela und mir geschrieben wurde, habe ich in einem kurzen, einfachen Satz unsere Absicht zusammengefasst. Ich möchte ihn gern wiedergeben, denn dieser Satz ist wirklich und ehrlich unser Credo und unsere Weise, Gott Dank zu sagen:

«Im Willen zu lieben, liegt eine Energie, welche die Widerstände des Schmerzes zu beheben vermag, und über jede pathologische Grenze hinweg die Brücke der Kommunikation zu schaffen vermag. Man braucht bloß an die Herzenstür jedes Menschen zu klopfen, mag er nun groß oder klein sein. Wir haben es erprobt.»

Und jetzt füge ich hinzu, dass wir es weiterhin erproben werden, solange wie der Herr uns die Kraft dazu gibt.

Papst Johannes Paul II., der «Mann des Gebetes», sagte in seinem Apostolischen Schreiben «Novo millenio ineunte»:

«In unserem Herzen hallen die Worte wider, mit denen einst Jesus, nachdem er vom Boot des Simon aus zur Volksmenge gesprochen hatte, den Apostel aufforderte, zum Fischen auf den See hinauszufahren: "Duc in altum!" (Lk 5,4).» Petrus und die ersten Gefährten vertrauten dem Wort Christi und warfen ihre Netze aus. «Das taten sie und fingen eine große Menge Fische» (Lk 5,6). «Duc in altum!» Dieses Wort ergeht heute an uns und lädt uns ein, dankbar der Vergangenheit zu gedenken, leidenschaftlich die Gegenwart zu leben und uns vertrauensvoll der Zukunft zu öffnen: «Jesus Christus ist derselbe gestern, heute und in Ewigkeit» (Hebr 13,8).

Gehen wir voll Hoffnung voran!... Der Sohn Gottes, der aus Liebe zum Menschen vor zweitausend Jahren Mensch wurde, vollbringt auch heute sein Werk. Wir brauchen aufmerksame Augen, um es zu sehen, und vor allem ein großes Herz, um selber seine Werkzeuge zu werden? (Nr. 1 und 58).

Diese wundervollen Worte des Papstes (des Papstes, der Padre Pio so sehr geliebt hat, des Papstes, dem zu begegnen Padre Pio meiner Familie ermöglicht hat), diese Aufrufe zum Gottvertrauen und zur Hoffnung, sind das Siegel für dieses Buch, das geschrieben wurde, um eine Botschaft des Glaubens und der Hoffnung zu übermitteln, und sollen der Ausgangspunkt sein für das Dasein aller, die unsere Geschichte lesen werden.

Duc in altum! — Fahre hinaus!

Matteo, der nun neun Jahre zurückgelegt hat, hat mir am 1. Tag des Jahres unglaublich schlicht und tief empfindend gesagt: «Mama, ich bin stolz, gestorben und auferstanden zu sein, damit so Padre Pio heiliggesprochen wird.»

In einigen Tagen, am 20. Januar, zwei Jahre nach seiner Erkrankung, wird in der Kirche Santa Maria delle Grazia eine Dankmesse gefeiert werden für Padre Pio und meinen Sohn, für eine ganz große und für eine unschuldige Seele, die in der Geschichte der Menschheit durch Gott und das Gebet miteinander verbunden bleiben werden.

Das Leben Matteos wird nun unauflöslich mit dem des Padre verbunden werden. Das erscheint mir als ein zu großes, zu schönes Geschenk, für das mein tätiger Dank stets zu gering sein wird.

Sodann will ich mir für immer die Worte von Mutter Teresa von Kalkutta merken: «Wir müssen in der Liebe wachsen, und dazu sollen wir fortfahren, zu lieben und zu lieben und zu geben, bis es uns weh tut, wie Jesus es gehalten hat. Gewöhnliches außergewöhnlich tun; kleine Dinge, wie den Kranken oder den Obdachlosen beistehen... Du sollst das geben, was dich etwas kostet. Das besagt, nicht nur das geben, was du entbehren kannst, sondern auch etwas, auf das du nicht verzichten kannst oder willst... Dann wird deine Gabe zum Opfer, das vor Gott Wert hat. Jedes Opfer dient zu etwas, wenn es in Liebe gebracht wird... Das tätige Gebet ist Liebe, und die aktive Liebe ist Dienst... Wichtig ist, etwas (wenn auch noch so Geringes) zu tun und mit seinen

Taten, mit dem Geschenk seiner Zeit zu beweisen, dass man gut gesinnt ist.»

Ein ganz großes Mysterium
(20. Januar 2002)

Es ist elf Uhr. Nach großer Aufregung, Vorbereitung, Sehnsucht beginnt die Feier in der Kirche Madonna delle Grazie.

Viele, sehr viele haben sich an der Vorbereitung beteiligt.

Die Sakristei ist voll von Kissen mit eigens gebackenen Brötchen. Isabella und Nunziatina laufen wie gestern Nachmittag hin und her, damit alles in Ordnung ist.

Der Hauptaltar ist mit Körben von roten Rosen geschmückt, den Rosen, die Padre Pio zur Madonna von Pompeji bringen ließ, um ihr für ihren Schutz oder ihre Fürbitte zu danken.

Ich träumte schon seit langem, der Madonna mit dieser Huldigung danken zu können, die der Padre ihr darzubringen pflegte, der so sehr um Blumengeschenke für Maria bat, dass er eines Tages zu Lea Bardelle, die ihm berichtet hatte, sie habe in seinem Namen der Madonna Blumen überreicht, sagte: «Ich fordere das fast. In jedem Blatt jener Blumen sind meine Kranken.»

Matteo sitzt vor uns, auf dem kleinen Sitz zur Linken des Altars, und in seiner Nähe sind sein Cousinchen Valeria und die kleinen Freunde Marco, Amilcare, Nunzia; etwas weiter weg sind Alessandro und Francesco.

Eine unglaubliche Freude erfüllt mich.

Ich schaue das Mosaik der Madonna an, das ich so sehr liebe. Ich blicke auf die Empore und mir scheint, ich sehe dort segnend und lächelnd den Padre sitzen, mit einer Hand auf die Brüstung gestützt, und mit dem Rosenkranz, der am andern Arm hängt.

Ja, mich dünkt, ich sehe ihn lächeln, ihn, der von dort oben dieser Liturgiefeier zu Ehren Jesu und seiner Mutter und zu seinen Ehren beiwohnt.

Pater Gianmaria Cocomazzi steht der Eucharistiefeier vor, und neben ihm sind Pater Gerardo di Flumeri in seinem bekannten demütigen und gesammelten Schweigen, die aus dem Ausland gekommenen Provinziale, der stets sanfte und sonnige Pater Paolo Cuvino und Pater Franco, der den Zeremoniar macht.

Psalm 40 wird gesungen, er scheint für mich ausgewählt worden zu sein: «Ich hoffte, ja ich hoffte auf den Herrn. Da neigte er sich mir zu und hörte mein Schreien... In dieser Schriftrolle steht, was an mir geschehen ist. Deinen Willen zu tun, mein Gott, macht mir Freude, deine Weisung trag ich im Herzen....»

Die Gabenbereitung ist rührend: Matteo mit dem Bruder, dem Cousinchen und den Freunden das Brot bringen zu sehen, ist für mich wie ein Traum.

Ich wollte Jesus einfache, doch von Herzen kommende Worte widmen, von denen ich hoffe, dass sie für mich und für alle anderen zur lebendigen Gegenwart werden.

Der Chor singt ausgezeichnet; es spielt auch eine Trompete, welche die Funktion noch packender macht und den Hintergrund für die Gabendarbringung bildet:

«Die Hostie, die, wenn konsekriert, in ihrer Weiße das Mysterium deiner Gegenwart und die Heilskraft deines Opfers in sich schließt und den Hetzen neues Leben zu geben vermag;

der Wein, das gesegnete Blut deiner Passion, Opfer für die Erlösung der Welt, durch das reiche Gnaden und Segnungen auf die Menschheit kommen;

das Brot, Frucht der Arbeit der Menschen, Gabe deiner Liebe, Zeichen deiner gänzlichen Hinschenkung an die Menschheit, das in deinem Namen zur Speise des ewigen Lebens wird;

die Traube, Erzeugnis des von den Propheten angekündigten heiligen Weinbergs und Gipfel des Mysteriums der Teilhabe am Leben Christi und der Gemeinschaft mit dem Heiligen Geist;

die Kerze, die dir sagt: Erleuchte uns, Herr, mit der Macht deines Geistes, damit du in uns die Flamme der Liebe und Güte entflammen kannst und damit durch das Beispiel von uns Christen dein Licht die ganze Welt erhelle;

die Blumen, damit du uns einsehen lehrst, dass alles, was wir haben, eine wundervolle Gabe deiner Güte ist und dass jedes Schöpfungselement, auch schon eine einfache Blume, deine Allmacht und Größe zum Ausdruck bringt.»

Auch die Fürbitten der Gläubigen sind etwas Besonderes; sie sind den Kranken und den Familien gewidmet:

«Für die Kranken, damit sie in der Passion Christi die Kraft finden, das Leiden als Akt der Liebe zu Jesus anzunehmen, und damit sie im Gebet Trost und das vortrefflichste Mittel finden, um von Gott geistliche und körperliche Gnadengaben zu erhalten...

...damit in den Krankenhäusern den Kranken beigestanden wird in voller Respektierung der menschlichen Würde und im Bewusstsein, dass in jedem Leidenden Christus, der Gekreuzigte, da ist und dass jeder Arzt Werkzeug des Willens und der Allmacht Gottes ist...

...damit die Familien, durch die Gnade Gottes bereichert und gefestigt, im alltäglichen Leben das Evangelium bezeugen und in alles Freude und Hoffnung bringen...

...damit jeder Glaubende den Eigenwillen zu verleugnen lerne, indem er sich dem Erbarmen Gottes anvertraut im Bewusstsein, dass seine Gnade stärkt und dass nur durch Demut, Geduld und Liebe der Friede anzustreben ist.»

Am Ende des Gottesdienstes steigen Instrumentalisten zum Altar hinauf, eine Freundesgruppe mit Flöte, Mandoline, Gitarre und Solist, die mir den «Sonnengesang» schenkt.

Ich hatte sie gebeten, ihn einzuüben, weil Padre Pio ein erlesener Sohn des heiligen Franziskus ist und weil ich hoffe, dass mit dieser Musik mein Dankgebet stärker zum Himmel steigt und auch meine feste Bitte, dass durch diese Eucharistiefeier auf uns, auf die Leidenden, ein besonderer Segen hernieder steigt.

Am Ende der Messe lassen meine Söhne und meine kleinen Neffen und Nichten vier weiße Tauben steigen zum Zeichen des Friedens und vor allem zum Zeichen der Verehrung des Heiligen Geistes und seiner Macht.

Dann bringen meine Freundinnen die gesegneten Brötchen, von denen ein Großteil auf dem Kirchplatz und an die Kranken in der Pädiatrie, in der Chirurgie, in der Urologie und in der Reanimation verteilt wurde.

Ich hoffe, dass mit diesen Brötchen in die Krankensäle ein Hoffnungs- und Liebeszeichen komme, und sage zum Padre: Wenn für jedes Brötchen ein einfaches Gebetchen zum Himmel steigen wird (es sind ja viele Brötchen), wird der Herr sicherlich nicht stumm bleiben, wenigstens gegenüber jemand, der um Hilfe und Segen ersucht, die vom Krankenhaus ausgehen.

Als wir ins Refektorium der Patres, deren Gäste wir sind, essen gehen, kommt mir wieder der Satz in den Sinn, den Matteo am Abend der Hospitalisierung im Behandlungsraum der Pädiatrie sagte, als er schon im Schockzustand war.

Für einen Augenblick öffnete er die Augen und mit in die Leere verlorenem Blick sagte er: «Papa, Papa, wenn ich groß bin, will ich reich werden, um alles den Armen zu geben.»

Dieser Satz, den ich mir beständig wiederholte, hatte für mich einen besonderen Sinn; ich fühlte, dass er für mich eine Hoffnungsbotschaft enthielt, weil er mir die Kraft gab, zu glauben, dass Matteo heranwachsen werde.

Nun gibt er mir die Kraft, mit Mut und Nüchternheit vorwärts zu gehen, um den weniger Begüterten zu helfen.

In diesen Tagen, an denen die Presse und das Fernsehen uns Angebote aller Art machten, die gewöhnlichen Leute jedoch sich fragen: «Wie viel Geld machte oder macht sich wohl die Familie Colella?», haben sich mein Mann und ich fest entschlossen, von niemand etwas anzunehmen, keine Alleinrechte zu erteilen, denn erstens lässt sich das Leben eines Kindes nicht in Geld bewerten, es hat keinen Preis, und zweitens hallen in mir die Worte Matteos nach.

Unser Zeugnis ist und wird sein einzig zur Ehre und zum Ruhm des Herrn und Padre Pios, damit durch uns schlichte Instrumente hindurch die Kraft der Hoffnung strömen kann, die aus dem Gebet kommt.

Bis zur Promulgation des Dekrets über das Wunder verharrten mein Mann und ich in Schweigen und gaben wir nie Erklärungen ab, denn wir wollten abseits respektvoll den Entscheid der Kommissionen abwarten.

Auch nach dem Dekret hätten wir am liebsten in Schweigen und Zurückhaltung weitergelebt, vor allem auch um Matteo vor einer unnützen, ja schädlichen Bekanntheit zu schützen.

Nach und nach wurden wir uns jedoch bewusst, dass unser, wenn auch erduldetes und mühsames Zeugnis ein Dienst sein kann an solchen, die nicht an Wunder glauben und diese Geschichte für aufgebauscht halten, und an solchen, die des Trostes bedürfen und im Gebet Kraft finden wollen.

Die Geschichte meines Sohnes ist ein großes Geheimnis. Er hat mir vor einigen Tagen, wie das gelegentlich unversehens (denn ich hatte ihn von der Schule abgeholt und folglich sprachen wir von etwas ganz anderem) vorkommt, gesagt: «Mama, ich bin glücklich, für Padre Pio gelitten zu haben», was in seiner Klasse der Fall gewesen war.

Ich war ihn von der Schule abholen gegangen und hatte ihn kaum gefragt, wie es an diesem Vormittag gegangen und was in der Klasse gemacht worden sei; folglich waren seine Worte nicht erfordert.

Ich verhielt mich so, als ob ich es nicht gehört hätte, und stellte ihm gleich eine andere Frage über die Schule.

Ich wollte nicht mit ihm auf dieses heikle Thema zu sprechen kommen, aber ich war bewegt und habe mir wiederholt gesagt, dass ein Kind, das soviel gelitten hat, darüber doch kaum glücklich sein könne.

Seine Geschichte ist wirklich ein Geheimnis.

Ein Geheimnis ist die lange andauernde Anoxie des Gehirns, das bloß noch mit 18% Sauerstoff versorgt war, der

Herzstillstand — und dann doch die volle Wiederaufnahme der Hirnfunktionen.

Ein Geheimnis ist, dass die Ärzte Matteo aufgaben angesichts einer sicher auf Tod lautenden Prognose, die keinen Ausweg, keinen Platz für Hoffnung auf seine Rettung mehr ließ — und dass Matteo doch gerettet wurde.

Ein Geheimnis ist, dass in dem Moment, als man ihn in das Sterbezimmer zu bringen gedachte, nach einer langen Pause der Machtlosigkeit, eine Doktorin, vom mütterlichen Sinn getrieben, den Kollegen veranlasste, einen letzten Versuch zu unternehmen.

Ein Geheimnis ist, dass in der Verwirrung so dramatischer Augenblicke, des Wissens, dass das Kind verloren ist, die Einspritzung von fünf Adrenalindosen das Herz wieder zum Funktionieren bringt.

Ein Geheimnis ist, dass ich die Kraft aufbrachte, zu glauben, dass Matteo es überstehen werde, obwohl sämtliche Ärzte der Reanimation und anderer Abteilungen — als sie meinen Sohn noch am Leben, aber durch die Verkettung immer dramatischerer und theoretisch unumkehrbarer Komplikationen gepeinigt sahen — meinem Mann und mir, meinem Bruder Nicola, der ebenfalls Arzt ist, und meinem Bruder Giovanni keinerlei Hoffnung mehr machten.

Ein Geheimnis ist, dass, obwohl Matteo munter war und in der Play-Station der Reanimation spielte, der Chefarzt und die anderen Ärzte mich nicht anzublicken und zu ermutigen vermochten, weil abgesehen vom Gehirn die anderen Organe an Apparate angeschlossen waren; es hätte der Fall sein können, dass die Nieren und die Lungen nicht mehr begonnen hätten, automatisch zu funktionieren.

Ein Geheimnis ist, was mein Bruder Nicola erzählt: Als er Matteo am Morgen nach der ersten Nacht der Hospitalisierung sah, waren die zahlreichen Flecken, die am Abend zuvor den ganzen Körper und das Gesicht bedeckt hatten, geheimnisvollerweise verschwunden.

Ein Geheimnis ist, dass seine Wunden allmählich eine nach der anderen heilten, ohne dass eine Infektion eintrat, während es nur eine der tiefen Wunden braucht, wie Matteo sie hatte, um Kern einer allgemeinen schweren Infektion zu sein.

Ein Geheimnis ist, was am Morgen des 21. Januar geschah, bevor die dramatischste Phase der Tragödie mit dem Herzstillstand zu Ende ging: Als ich außerhalb der Reanimation weinte und immer wieder betete: «Herr, man lässt mich ihn nicht sehen. Ich bitte dich, gib ihm die Hand, gib du ihm die Hand», ging Angela, die diensttuende Krankenschwester, eine großartige, sehr menschliche und sehr gläubige Frau, zu Matteo, um ihn zu trösten, und drückte ihm die Hand.

Ein Geheimnis ist, zu sehen, wie Matteo läuft, Basket- und Fußball spielt, die Aufgaben macht, sich mit seinen Freundinnen verlobt und sich von ihnen entlobt.

Es ist ein Geheimnis, das, wie ich hoffe, Leidenden Kraft und Mut geben wird, denn Gott vermag mehr als die Wissenschaft und kann menschlichen Irrtum beheben, den Tod in Leben verwandeln.

Es ist ein Geheimnis, das, wie ich hoffe, auch denen, die in Krankenhäusern arbeiten, den Ärzten und dem Pflegepersonal Kraft geben wird zu glauben, dass wir Menschen nur Werkzeuge sind, dass einzig Gott das Schlusswort hat, dass es ein Leben nach dem Leben gibt, dass man sich bei jedem Entschluss dem Heiligen Geist anvertrauen muss, dass man nicht einmal dann resignieren soll, wenn menschlich gesehen Schluss ist, denn die Allmacht und das Erbarmen Gottes können in jedem Moment wirken und einen menschlichen Fehler löschen oder unterstreichen.

Elisa, eine liebe Freundin von mir aus Foggia, welche die Spiritualität des Padre gut kennt, sagt zu mir oft: «Nimm deinen Stolz unter deine Füße, strenge dich an, demütig zu sein, jeden Tag mehr, und du wirst sehen, dass der Herr in dir und den dir Nahestehenden zu wirken vermag.»

Trotzdem frage ich mich oft, warum müssen so viele Kinder sterben, warum?

Und ich antworte mir, dass wir alle, alle beten und mehr Opfer bringen müssen, damit der Herr uns noch mehr

Erbarmen erweist, damit er, wie Padre Pio zu Raffaelina Cerase sagte, weniger «Exekutionen» zulässt. Wir müssen vielleicht unseren Glauben noch mehr kräftigen, damit die vertrauensvolle Hingabe an Gott dessen Gnadengaben vermehrt.

Bei einer kurzen Autofahrt zum Bischof von Manfredonia erzählte mir Pater Gerardo di Flumeri im letzten Sommer, um die Macht des Gottvertrauens zu betonen, eine Episode aus dem Leben des heiligen Gerardo Maiella, eines Heiligen von großem Gottvertrauen und auch von naivem Wesen.

Der heilige Gerardo befand sich im Garten des Klosters und sollte aus dem Brunnenschacht Wasser schöpfen. Da fiel ihm in einem Augenblick der Zerstreutheit der Schlüssel zum Refektorium in den Brunnen. Da ergriff ihn Panik, denn ohne diesen Schlüssel hätte keiner der Mönche sich verpflegen können.

Da entschloss er sich, das Jesuskind um Hilfe zu bitten, und ließ einen Strick mit einem Haken in den Brunnenschacht hinunter, um den Schlüssel zu fischen zu versuchen. Aber die Versuche waren vergeblich.

Sicher darauf hoffend, dass das Jesuskind ihm willfahren werde, nahm er schließlich eine kleine Statue des Jesuskindes, die er bei sich hatte, band sie an das Ende des Stricks und bat in der tiefen Überzeugung, dass er erhört werde, die Statue laut, den Schlüssel zurückzuholen.

Sein Vertrauen war so groß und lauter, dass er nicht daran zweifelte, dass der Herr ihm helfen werde.

Er senkte die Statuette am Strick in den Brunnenschacht, und als er sie heraufzog, war neben dem Jesuskind auch der so sehr ersehnte Schlüssel wieder da.

Ich weiß nicht, ob diese Geschichte eine bloße Anekdote oder wirklich geschehen ist, auf alle Fälle ist sie ein Bild dafür, dass ganz festes Vertrauen Wunder wirkt.

Ijob sagte: «Er mag mich töten, ich hoffe auf ihn» (13,15).

Pater Terenzio, der während der Krankheit Matteos und in diesen beiden Jahren, die auf die Genesung folgten, uns beistand, uns den Weg wies und uns half, den tiefen Sinn der

Sendung der Familie zu erfassen, das Evangelium zu bezeugen, sagte zu mir, als ich ihn am 8. Januar 2002 mit Consiglia de Martino und ihrem Mann besuchte:

«Erinnere dich, dass Matteo kraft des Vertrauens und des Gebetes am Leben blieb. Als du am Abend des 21. Januar kamst, um am Grab des Padre zu beten, waren Consiglia und der leitende Arzt der Casa Sollievo bei mir. Dieser gab mir auf meine Frage, wie es dem Kind gehe, zur Antwort, es sei klinisch tot und nur ein Wunder könne es zum Leben zurückbringen.»

Dass Matteo tot sei, sagte man ebenfalls meinem Bruder Nicola am Morgen des 21. Januar, und man brachte es auch mir bei. Mein Bruder Giovanni, der im Auto mit meiner Schwägerin von Caserta hierher kam, erfuhr es von meinem Vater, der ihn per Handy anrief.

Die ganze Ortschaft wusste, dass das Kind gestorben war.

Jetzt ist es, während ich schreibe, neben mir, umarmt mich immer wieder und überhäuft mich mit Küssen auf die Stirn, mit den Küssen, die mir in diesen überlangen Tagen wie das Brot fehlten und die er mir jetzt inniger als vorher schenkt, da sie vom Bewusstsein beseelt sind, wieder zum Leben zurückgekehrt zu sein.

Was im Februar 2002 geschah

Das Datum der Heiligsprechung
(26. Februar 2002)

Heute ist ein ganz besonderer Tag.

Heute morgen fand das Konsistorium statt, in dessen Verlauf in Gegenwart der Kardinäle das Datum der Kanonisation Padre Pios angekündigt wurde: der 16. Juni 2002.

Ich bin mit meinen Söhnen in Caserta, fern vom Rummel und von den Fernsehleuten, die sich im Konvent Santa Maria delle Grazie zusammendrängen.

Padre Pio wollte, dass ich die Ankündigung seiner Heiligsprechung in völliger Stille erlebe.

Ich bin deshalb in Caserta, weil mein Bruder Giovanni gerade heute das Doktorat in Psychologie machte, und ihn Doktor werden zu sehen ist für mich ein weiteres großes Geschenk der göttlichen Vorsehung und des Padre.

Wie viel habe ich gebetet und geopfert, dass es dazu komme: für seine Zukunft, aber auch zur vollen Verwirklichung des Projekts des Vereins «Il Cireneo», für die er als Psychologe viel mehr wird leisten können als bis jetzt.

Aber das ist noch nicht alles; die unglaublichste Koinzidenz ist die, dass Matteo genau vor zwei Jahren, am 26. Februar 2000, das Krankenhaus verließ.

Der 26. Februar von damals schloss seine unglaubliche Leidensgeschichte ab.

Am 26. Februar von heute schließt die Geschichte der irdischen Verherrlichung Padre Pios ab — natürlich versteht der Padre stets gut, «Kombinationen zu kombinieren».

Am 21. Januar 1990 schloss der Erkenntnisprozess über das Leben Padre Pios ab; am 21. Januar 2000 machte Matteo seinen Flug mit dem Padre oder, unverblümter gesagt, erlebte er mit dem Herzstillstand und mit all dem, was heute Vergangenheit ist, seine praemortale Erfahrung.

Am 12. Februar 1990 wurden von den Behältern der Dokumentation über den Prozess Padre Pios die Siegel abgenommen; am 12. Februar 2000 hoben die Ärzte die Prognose für Matteo auf und wurde das Kind in die Pädiatrie gebracht.

Für die katholische Welt ist der heutige Tag wundervoll, für meine Familie ein unvergesslicher Tag: Ich blicke auf Matteo, erinnere mich an die Freude von damals, als er das Krankenhaus verließ, an das Fest, das ihm seine Schulkameraden und seine Lehrer organisierten: Sie trafen einander unterhalb unseres Hauses mit Fähnlein, Spruchbändern, Konfetti und mit farbigen Glückwunschplakaten.

Matteo ging nicht; wir trugen den ganz Abgemagerten, der im Pijama war, auf den Armen; er hatte Augenringe; sein rechter Knöchel war fast nicht vorhanden, sondern von der Nekrose verzehrt, von jener Nekrose, die an und für sich hätte alle edlen Gewebe zerstören sollen, aber geheimnisvollerweise befiel sie nur die Haut- und Unterhaut.

An jenem prophetischen 26. Februar 2000 begann Matteo wieder, dem Leben zuzulächeln, und heute kommt es mir vor, der Padre sei bei ihm, halte ihn an der Hand und führe ihn wie im Traum mit sich nach Rom; sicher wird er ihn auf der, wie ich wünsche, langen und frohgemuten Lebensreise für immer Hand in Hand führen.

Heute rennt Matteo in der Aula Magna der Universität mit seinen Cousinchen herum, holt sie ein, küsst beide, Giordana und Consiglia, und beginnt dann wieder herumzurennen.

Sein Knöchel ist geheilt, die Gewebe haben sich wieder gebildet, die Beine funktionieren wieder ganz normal.

Auf dem Knöchel und am übrigen Körper sind nur noch Zeichen wie auf kleinen geographischen Karten vorhanden als das einzige berührbare Zeugnis des gewaltigen Dramas, das Matteo durchgemacht hat; sie dienen mir und der Welt dazu, nicht zu vergessen, sondern zu unterstreichen, dass das, was man erzählt und erzählen wird, nicht aus der Luft gegriffen, nicht aus Fanatismus hervorgegangen, keine Übertreibung ist, sondern absolute Wahrheit.

Matteo hätte jene Flecken eigentlich in seinem Innern haben sollen: am Gehirn, an den Nieren, an der Leber, an der Lunge, aber eine mitleidige Hand strich über ihn, behob das Übel und hinterließ bloß die äußeren Zeichen, um uns zu sagen: «Seht, ich kann heilen, den Tod in Leben umwandeln; ich, der Schöpfer, habe dem Menschen die Intelligenz gegeben, um die Wissenschaft zu erfinden; ich kann auch über die Wissenschaft hinaus wirken; ich bin der Herr des Lebens, vergesst es nicht!»

Ich frage mich oft, wieso Padre Pio in jener außergewöhnlichen Begegnung Matteo bat, das starre Kind mit der «Willenskraft» zu heilen, und eine quälende innere Stimme sagt mir, dass die Worte, die der Padre bloß in Gedanken äußerte, sich nicht nur an Matteo richteten, sondern an jeden, der nachher von ihnen wissen würde, und dass er sie dazu drängen wollte, die Kraft zum Glauben, Hoffen, Lieben, Bitten, Durchhalten aufzubringen, an die geistige und körperliche Heilung zu glauben und den Willen zu verpflichten, Vertrauen zu haben und zu beten, was zur Heiligkeit führt.

Die heilige Faustina schrieb die ihr von Jesus eingegebenen Worte nieder: «Wie leicht ist es, heilig zu werden. Man braucht bloß einen Funken guten Willen! Wenn Jesus in der Seele diesen Funken gewahrt, beeilt er sich, sich der Seele zu schenken, und nichts kann ihn daran hindern, weder Irrtümer noch Stürze, absolut nichts. Jesus ist es daran gelegen, diese Seele zu unterstützen, und wenn die Seele der Gnade Gottes treu bleibt, kann sie in kürzester Zeit zu großer Heiligkeit gelangen... Gott ist sehr großzügig und verweigert niemandem die Gnade; er schenkt mehr als das, worum wir bitten.»

So wird der Grund gelegt für die Straßen des Willens, der Heiligkeit und des Wunders.

Wie ungewöhnlich ist ein Wunder; wie mühsam und schwer ist die Verantwortung, es andern zu bekunden, es in

Würde zu erleben, ohne je das erhaltene Geschenk zu vergessen; wie sehr sollten wir alle beten, dass die Wunder wie die Brote und die Fische sich durch Jesus vervielfachen!

Einige werden denken: «Sie ist verrückt! Sie soll nicht auf Wunder ausgehen, denn das Leben ist Kreuz, ist Leiden.»

Ich weiß, dass das Leben ein Kalvaria ist, eine rutschige, ansteigende Straße; ich erlebte es und erlebe es jeden Tag. Wie aber Don Nello Castello in einem seiner Bücher berichtet, sagte Padre Pio zu Franco Mondino: «Alles kann man auf folgende Weise erlangen: Willst du körperliche Gnaden erhalten, bete; willst du geistliche Gnaden erhalten, bete; willst du von Gott Hilfe und Schutz erlangen, bete.»

Und das Gebet hilft auch, über Geistesdürre und Versuchungen hinwegzukommen. Meine Familie und ich haben in dieser Periode beides unglaublich intensiv durchgemacht, denn der Herr hatte das wahrscheinlich vorgesehen, um unsere Treue zu prüfen.

Als ich las, was Padre Pio über die «Dunkelheit der Seele» sagt, glaubte ich nicht daran; es kam mir als eine akademische Rede vor, die meiner einfachen, wenn auch tief empfundenen geistlichen Wirklichkeit fernsteht. Nun aber habe ich gerade in diesem wichtigen Moment die Müdigkeit des Innern, die Gleichgültigkeit, erfahren.

Zwar fuhr ich weiter, zu beten und mich dem Herrn anzuvertrauen, aber nur mit der Kraft des Willens, ohne Stärkung und Trost zu fühlen. Padre Pio schreibt dazu an Maria Gargani: «Die Geistesdürre, in die Sie eingetaucht und verirrt sind, ist eine überaus schmerzliche Prüfung, aber liebenswert wegen der Frucht, die daraus dem Geist erwächst. Sie ist von Gott angeordnet, um in Ihnen jene bloß oberflächliche Andacht auszulöschen, welche die Seele nicht heiligt, sondern schädlich sein und werden könnte. Sie ist von Gott auch dazu angeordnet, damit die Seele die wahre Andacht erwirbt, die in der Bereitwilligkeit zu dem besteht, was zum Dienst Gottes gehört, ohne dass man selbst Genugtuung erlebt... Die in diesen Zustand versetzte Seele darf den Mut nicht verlieren... Sie muss sich bestreben, ihre Andachtsübungen zu vermehren und immer mehr über sich zu wachen... Gehorchen Sie weiterhin, ungeachtet der innern Gegensätze und auch ohne den Trost, der im Gehorsam und im geistlichen Leben liegt, denn es steht geschrieben, dass der Gehorchende über seine Handlungen nicht Rechenschaft ablegen muss und von Gott nur Belohnung, nicht Strafe, zu erwarten hat. "Vir oboediens", sagt der Geist, "loquetur victoriam — die gehorchende Seele wird von Sieg singen"... Somit gefiel Ihre Seele Gott nie mehr als jetzt, wo Sie Gott in Dürre und Blindheit gehorchen und dienen.»

Diese wundervollen Worte gaben mir die Kraft, vorwärts zu gehen im Schweigen der Seele, wodurch der Herr nach dem großen Geschenk, das er mir machte, «meine Treue» prüfen wollte.

So, wie er sie auch prüfen wollte durch die beständigen Versuchungen in der Familie und außerhalb von seiten der Welt.

Es verging kein Tag, an dem nicht jemand mir erzählen kam, dass man draußen, in den Supermärkten, nur von uns spreche, von den (nicht existierenden) Geliebten meines Mannes, von einer (nicht vorhandenen) Erschöpfung von mir, von unserer bevorstehenden Trennung, von unserem Reichwerden durch die Krankheit meines Sohnes.

Ich wusste von all dem, wusste Vor- und Familiennamen solcher, die sich ein Vergnügen daraus machten, sicherlich von der negativen Kraft inspiriert, die zu Neid, falschem Zeugnis, Verleumdungen antreibt, und dennoch suchte ich, vorwärts zu gehen.

Wie immer, tröstete ich mich mit Padre Pio und seinen Worten: «Nicht einmal die unzähligen Versuchungen, die über Sie herfallen, sollen Sie ängstigen, denn der Heilige Geist weist die gläubige Seele, die sich anschickt, auf den Wegen Gottes voranzuschreiten, im voraus an, sich gefasst zu machen, sich vorzubereiten auf Versuchungen... Überlassen Sie sich nie Ihnen selber... Der Herr will Sie auch in diesem Punkt prüfen und erlaubte und erlaubt dem Feind weiterhin, Ihnen auch diese Falle zu stellen. Wachsamkeit,

Gebet und Demut sind die Waffen, um alle Versuchungen zu besiegen. Sie sollen nie getrennt sein von einem unbegrenzten Vertrauen auf Gott. Wir dürfen nie auf halbem Wege stehen bleiben…»

Was im März 2002 geschah

Die Erstkommunion
(16. März 2002)

Heute ist mein Geburtstag.

Ich möchte ihn nicht auf die gewohnte Art feiern, denn ich habe alles, was man sich als Geschenk erbitten kann: meine Familie, meine Söhne, Padre Pio und mit ihm Jesus und die Jungfrau Maria mir zur Seite.

Sodann habe ich nach der Gesundung Matteos das schönste Geschenk erhalten, das man sich denken kann: Papst Johannes Paul II., der Vertreter Christi auf Erden, wird am 16. Juni, gerade bei der Zeremonie der Heiligsprechung Padre Pios, Matteo die erste Kommunion spenden.

Das ist wunderbar, ein Geschenk für Matteo, besonders aber für mich.

Matteo besucht den Glaubensunterricht der ersten Klasse der Grundschule. Wegen seiner Krankheit hat er jedoch ein Jahr verloren und das Unterrichtslokal ist eher kalt, und so hielten wir es im letzten Winter für angebracht, ihn nicht dem Luftzug auszusetzen.

Der Pfarrer und die Katechetin hatten sich deshalb dazu entschieden, seine Begegnung mit Jesus auf das nächste Jahr zu verschieben.

Ich hatte das respektvoll akzeptiert; es missfiel mir jedoch, dieses große Erlebnis aufzuschieben, vor allem weil ich überzeugt bin, dass Matteo während seiner Krankheit und Rekonvaleszenz eine mit dem Kreuz, mit dem Leiden verbundene lebendige Katechese durchgemacht hat.

Zudem betet man in unserer Familie, ungeachtet unserer zahlreichen Fehler, regelmäßig; man stellt sich in einer freundlichen Haltung täglich auf die anderen ein in einem Entscheid, der Matteos Erkrankung zeitlich weit vorausgeht.

Seitdem es ihm nicht gut ging, wollte Matteo zudem viele Male von mir erzählt haben, was ich tat, als er im Koma lag, wie wir einzeln und gemeinsam beteten, wie wir in der Eucharistie Christus um Hilfe baten.

Matteo weiß also sehr gut, was die konsekrierte Hostie bedeutet: dass Jesus lebendig in ihr zugegen ist.

Nun sind wir im Begriff, uns gläubig und freudig auf diesen erhabenen Moment vorzubereiten, an dem Matteo aus den Händen des Heiligen Vaters Jesus empfangen wird.

Verwunderlich aber ist, dass Matteo seit Monaten mich inständig bittet, für seine Erstkommunion als Geschenk ein Kruzifix zu wählen.

Als er mir das zum ersten Mal sagte, war ich ratlos und fragte ihn, weshalb. Er aber wusste keine Antwort zu geben, sondern fügte einfach hinzu: «Ich will Jesus zum Geschenk, Jesus am Kreuz, den angenagelten.»

«Matteo, was sagst du, Jesus am Kreuz eignet sich nicht zu einem Erstkommuniongeschenk, das ist zu traurig.»

Nach einiger Zeit besuchte uns Monsignore Francesco Follo von Rom und brachte uns als Geschenk vom Papst gesegnete Rosenkränze und kleine Kruzifixe, die an die Seelsorge des Heiligen Vaters erinnern.

Kaum hatte Matteo ein solches Kruzifix erblickt, sagte er zu mir begeistert, das sei nun das Kreuz, nach welchem er gesucht habe.

Heute hatten wir die Freude, zu vernehmen, dass der Papst ihm die erste Kommunion reichen wird, und so kam mir der Gedanke, es sei kein Zufall gewesen, dass Matteo in einem unverdächtigen Zeitpunkt ein Kruzifix wünschte und insbesondere ein Kruzifix, das mit dem Papst in Beziehung steht.

Und all das geschah gerade in den Tagen, an denen der Brief des Paters Giacinto ankam, worin mir dieser eine geistliche Therapie anriet, einen Weg zu intensivem, kraftvollem

Gebet, um die Schwierigkeiten, die der letzte Akt der Heiligsprechung Padre Pios für unsere Familie mit sich bringen werde, gelassen und stark zu meistern.

Deshalb konnte ich nicht den Gedanken abwehren, dass der Wunsch Matteos, zum Andenken an die erste Kommunion ein Kreuz zu erhalten, dem höheren Willen des Herrn entspricht, durch das wichtigste Zeichen seiner Passion in möglichst viele Familien zu kommen.

Auch wieder in eben diesen Tagen hat Francesco, ein Freund Alessandros, von einem Zusammensein Padre Pios mit Matteo geträumt und mir das ganz besorgt erzählt.

In diesem Traum war Matteo bei Padre Pio und schrieb unter Diktat an einem weißen Schreibtisch mit einer weißen Feder in ein großes dickes Buch, und beide waren weißgekleidet.

Das Kind schrieb ungern, doch Padre Pio trieb es sehr autoritativ zum Weiterschreiben an: «Schreibe, Matteo, schreibe!», sagte er. «Aber ich habe keine Lust dazu, denn all das weiß ich schon auswendig», wandte Matteo ein. Und Padre Pio entgegnete: «Nein, Matteo, du musst das, was ich dir sage, aufschreiben, auch wenn du weißt, um was es sich handelt, denn wir müssen miteinander den Teufel vertreiben.»

Und wirklich, ich glaube, dass Padre Pio und Matteo miteinander den Teufel besiegt haben, denn ein neuer Heiliger ist für Satan eine Niederlage, vor allem ein Heiliger wie Padre Pio, dem es täglich gelingt, Wunder zu erbitten und Bekehrungen zu bewirken.

In Bezug auf die Wunder und auf das Wunder an Matteo wird mir ihre Größe jeden Tag mehr bewusst.

Vor der Erkrankung trug er eine Brille, er war astigmatisch. Ich bewahre den Befund eines Besuchs beim Augenarzt auf; es war im Jahr 1997, und Matteo war damals fünf Jahre alt; er sah mit dem rechten Auge 10/10 und mit dem linken 6/10.

Gleich nach der Heilung, im März 2000, unterzog er sich einer augenärztlichen Kontrolle, wobei er 4/10 mit dem rechten Auge und 9/10 mit dem linken sah. Durch eine Narbe, die seine Krankheit auf der Macula hinterließ, hatte er am vorher gesunden Auge viele Grade an Sehkraft verloren. Dennoch begann Matteo, ohne Brille zu lesen und zu schreiben und machte in den beiden letzten Jahren so weiter.

Immer wieder bat ich ihn, ein Auge zu schließen und mit dem anderen zu lesen, um mir sagen zu können, mit welchem er besser sehe. Aber letzthin bemerkte ich, dass er mit beiden Augen rasch zu lesen versteht.

Eines Tages ließ ich nämlich vom Doktor De Simone eine Kontrolle vornehmen. Und ohne, dass irgendein Verbesserungsmittel, wie zum Beispiel Brillen, verwendet worden wäre, hatte sich die Sehkraft bedeutend erhöht.

Auch das ist meines Erachtens ein wichtiges Zeichen. Mir kam eine sehr schöne Paraphrase zum Vaterunser in die Hände:

«Sage nicht "Vater",
wenn du dich nicht Tag für Tag als Kind verhältst.
Sage nicht "unser",
wenn du Tag für Tag in deinem Egoismus lebst.
Sage nicht, "Der du bist im Himmel",
wenn du bloß an die irdischen Dinge denkst.
Sage nicht "Geheiligt werde dein Name",
wenn du ihn nicht in Ehren hältst.
Sage nicht "Dein Reich komme",
wenn du Angst hast, zu sterben.
Sage nicht "Dein Wille geschehe",
wenn du ihn, falls er schmerzlich ist, nicht annimmst.
Sage nicht "Unser tägliches Brot gib uns heute",
wenn du dich nicht um Menschen kümmerst, die hungern.
Sage nicht "Vergib uns unsere Schuld",
wenn du einem Mitmenschen dauernd grollst.
Sage nicht "Führe uns nicht in Versuchung",
wenn du weiterhin sündigen willst.
Sage nicht "Erlöse uns von dem Bösen",
wenn du nicht Stellung nimmst gegen das Böse.

Sage nicht “Amen”,
wenn du die Worte des Vaterunsers nicht ernst nimmst.»

Immer wieder lese ich diese Worte, um mein Herz dem Wirken Gottes zu erschließen, um zur Sinnesänderung bereit zu werden und zur Verdemütigung, das heißt zur Annahme großer und kleiner Kreuze in der Hoffnung, dass Christus sich mir und meiner Familie noch kräftiger zuwende, dass er uns schenke, ungeachtet dessen, was geschehen ist, ein normales Leben zu führen und Alessandro und vor allem Matteo in absolut normalem Verhalten aufwachsen zu lassen.

Die Beichte
(26. März 2002)

Gestern ging ich bei Don Domenico beichten.

Es ist ein Vergnügen, mit ihm zu sprechen und von den wundervollen Begebenheiten zu hören, die er von Padre Pio erzählt. Heute fragte er mich wie schon früher einmal: «Hast du dir überlegt, weshalb der Padre zu diesem Wunder sein Haus gewählt hat? Er selbst sagte oft zu mir: “Es wird ein noch ferner Tag kommen, an dem aus diesem Haus Wasser so stark ausströmen wird, dass es kräftig hervorsprudelt, wie ein Segen die ganze Umgegend tränkt, und seine Heilkraft verspüren lässt.” Nun weißt du aber gut, dass das Wasser die Gnade, die Gnaden des Herrn versinnbildlicht, das Wasser, das Jesus von der Samariterin erbat, denn ihn dürstete nach ihrer Seele. Er bietet ihr den Glauben an, und sie nimmt den Glauben an, so, wie er heute durch das Zeichen, das er an Matteo wirkte, uns zu glauben auffordert.»

Als wir dann miteinander zur Statue des heiligen Josef hingingen, die vor dem Haus der Göttlichen Barmherzigkeit steht, fügte er hinzu: «Du bist eine “Brandstifterin” gewesen, du hast die unaufhaltbare Zündschnur des Gebets entzündet, das durch den Glauben genährt wird.»

Ich werde klein, aber welche Brandstifterin soll ich gewesen sein?! Ich bin bloß eine arme Mama, die gebetet hat, gebetet, und schlicht weiterbetet im Wissen um die eigene Nichtigkeit, eine arme Mama, die immerfort ringt mit ihrer irdischen Begrenztheit, stets aber auf der Suche nach einem tieferen Glauben, das wohl.

Ich bemühe mich jeden Morgen, das Ja zu sprechen, auch wenn es mich an gewissen Tagen furchtbar viel kostet, weil es ein Nein ist zu meinen eigenen Plänen, meinen menschlichen Ansprüchen. Es ist schwierig, die Liebe zu Gott in Liebe zu den Mitmenschen zu verwandeln.

So sage ich mir: Der Herr gibt mir Tag für Tag auch durch meine Schriften Gelegenheit, mich in Frage zu stellen und neu zu beginnen; er nimmt mein Elend, meine Geistesarmut als ein großes Geschenk an, und sein beständiger Anruf und mein Wissen darum lassen mich erneuert in Frieden vorwärts schauen.

Und was die Liebe betrifft, habe ich heute abend in Apricena von einer Gruppe, die einen runden Tisch organisiert hatte, um über den christlichen Einsatz im sozialen Bereich zu diskutieren, ein Büchlein erhalten, das Padre Pio in Bilokation anlässlich seines vierzigsten Geburtstages einem geistlichen Sohn diktiert haben soll.

Ich weiß nicht, ob es der Originaltext ist, ob er «echt» ist.

Aber durch ein seltsames Zusammentreffen habe auch ich vor einigen Tagen mein vierzigstes Lebensjahr vollendet. Und die unglaublichste Koinzidenz ist die, dass in diesem Buch das Herz Jesu spricht, das Herz, das ich von Kindheit an tief verehre.

In diesem ganz kleinen Büchlein von wenigen Seiten fand ich wunderschöne poetische Worte über die Liebe Jesu zu uns: «Ihr möchtet mir eure ganze Liebe schenken. Ich werde euch mit meiner ganzen Liebe die ganze Vorsehung schenken. Damit, dass ich euch mein Herz schenke, schenke ich euch alles. Die Liebe, die in euch lebt, im Herzen, das mein war und nun das eure ist, vermag alles...

Die Liebe ist Vorsehung. Sie trifft für alles Vorsorge...

Ihr wollt die Geschenke, die euch die Vorsehung macht, oft nicht anerkennen...

Ich kann es an nichts von dem fehlen lassen, was ihr erbetet, um euch noch besser hinzugeben...

Darum wird alles, was ihr ersehnt, vorgesehen sein, wenn ihr eure Dankbarkeit gegenüber der göttlichen Vorsehung steigert. Dankt mir für das wenige, das ihr schon besitzt.»

In meinem Leben scheinen Tag für Tag Worte auf über die Liebe Jesu, über die göttliche Vorsehung, über die Vergebung; es sind mächtige Magnete, die mich jedesmal, wenn ich mich unbewusst von ihm entferne, wieder zu Gott ziehen. Und auf diese Weise geht das Wunder an Matteo weiter, verbreitet und vergrößert es sich, um die Welt und mich daran zu erinnern, dass die Liebe Gottes grenzenlos ist und alles in sich aufnimmt und umwandelt.

Abschließender Brief an Padre Pio

Lieber Padre Pio, über dich wurde von so vielen so vieles geschrieben.

Um die Hoffnung zu bezeugen, um der Welt zuzurufen, dass die Liebe Gottes, die du verkörpert hast, mächtig ist, wollte ich anspruchslos die Geschichte Matteos und unserer Familie erzählen, die Geschehnisse, die meinem Kleinen ermöglichten, ein zweites Mal zur Welt zu kommen, die starken Gefühlsregungen, die wir angesichts des Wunders seiner Heilung alle erlebt haben.

Mit deinem Leben hast du Christus gebracht, mit deinem Leiden Sünder losgekauft und Gnaden erlangt.

Dann hast du zum Abschluss deiner irdischen Heiligkeitsgeschichte den Blick auf unsere unwürdige Familie gerichtet und bist mit deiner Wunder- und Evangelisierungskraft in unser Haus getreten.

Da wir nicht zu erklären wussten, weshalb uns dieses unverdiente Geschenk zuteil geworden ist, konnten mein Mann, meine Söhne und ich nichts anderes tun als das Haupt neigen und Danke sagen.

Und dann diese Gnaden unter Schwierigkeiten mühsam ins Leben umsetzen — ein Einsatz, der lebenslang dauern muss und nicht leicht ist und sein wird wegen unserer Grenzen, unserer hinfälligen und schwachen Menschennatur, wegen der Außenwelt, die sich oft zum Richter über das innerste Leben aufspielt und verderbliche Phantasiegespinste ersinnt, um ihre negative Kraft der Verleumdung und des Neides zu äußern. Das wird zu einer Prüfung des Gleichgewichts und des Widerstandes der Familie, die unverdient dazu bestimmt ist, ein ungewöhnliches Ereignis zu bezeugen. Das will ich tun auch damit, dass ich ungeachtet meiner Schwächen, meiner Bosheiten, meiner Unwürdigkeit das Vorgefallene meinen Glaubensüberzeugungen entsprechend erzähle.

Und zwar deshalb, weil ich mir wünsche, dass meine einfachen Worte einer Mutter und Glaubenden anderen helfen können, die Hoffnung und den Glauben zu finden, deren Bote und Apostel du warst, Padre Pio. Ich komme mir als Zachäus, der Zöllner von Jericho, vor, dem Jesus seinen Besuch und die Bekehrung gewährte.

Zachäus weiß, dass er nicht verdient, von Christus beachtet zu werden; er ist klein von Statur, vielleicht auch wie ich der moralischen Statur nach, aber er klettert, um den Meister zu sehen, ihn kennenzulernen, neugierig auf einen Maulbeerfeigenbaum. Jesus blickt zu ihm auf und sagt zu ihm: «Zachäus, komm schnell herunter! Denn ich muss heute bei dir einkehren.» Und als die Leute das sahen, begannen alle zu murren: «Bei einem Sünder ist er zu Gast» (vgl. Lk 19,2-7).

So ist es uns ergangen, denn Jesus wandte seine so gütigen Augen unserer kleinen Familie zu, damit wir uns bestreben, besser zu werden, damit wir bezeugen, dass Christus, wie er selbst sagt, nicht für die Gerechten gekommen ist, sondern für Sünder wie wir, zur Erlösung solcher, die dem Paradies fern sind und doch von Gott als seine Kinder geliebt werden.

Übrigens sagt im Evangelium Christus selbst: «Ist denn einer unter euch, der seinem Sohn einen Stein gibt, wenn er um Brot bittet, oder der ihm eine Schlange gibt, wenn er um einen Fisch bittet? Wenn nun schon ihr, die ihr böse seid, euren Kindern gebt, was gut ist, wieviel mehr wird euer Vater im Himmel denen, die ihn bitten, Gutes geben» (Mt 7,9-11).

Und so wollte der Herr für Matteo in seiner grenzenlosen Güte ein weiteres Mal der barmherzige Vater sein; er hörte auf die zudringliche sündige Tochter, die keine Verdienste aufwies und der es heute, auch nach diesem großartigen Geschenk noch Mühe macht, auf dem Weg der Heiligkeit zu gehen, da sie von den negativen Kräften der Aufregung, des

Grolls, der Unduldsamkeit umhüllt ist und bedauern muss, nicht so sein oder werden zu können, wie er sie sehen will.

Doch trotz unserer Schwächen lädt Jesus selbst uns ein, so zu sein wie der zudringliche Freund, der mitten in der Nacht um ein Brot bittet: «Ich sage euch, wenn er auch nicht aufsteht und ihm etwas gibt, weil er sein Freund ist, so wird er doch wegen seiner Zudringlichkeit aufstehen und ihm geben, was er braucht» (Lk 11,9).

Auch der fremden, syrophönizischen Frau, die ihn anfleht: «Selbst die Hunde bekommen von den Brotresten, die vom Tisch ihrer Herren fallen», antwortet auch wieder Jesus selbst: «Frau, dein Glaube ist groß. Was du willst, soll geschehen» (Mt 15,27-28).

Ich komme mir als der zudringliche Freund, als die fremde Frau vor; ich weiß, dass Jesus auf meinen Glauben und nicht auf meine Verfehlungen geschaut hat, weiß aber auch, dass ich meinem Leben eine andere Ordnung geben muss und dass diese Veränderung für mich das größte zu vollbringende Opfer ist, die schönste und schwierigste Weise, Gott zu lobpreisen, der einzige Dank, den er fordert, nachdem er überreich beschenkt hat.

Auch deshalb — und dessen bin ich mir nun sicher —, weil das Wunder in dem Moment, da es geschieht, nicht nur für den bestimmt ist, an dem es sich vollzieht, sondern «Zeichen» wird, Zeichen der Teilnahme Christi am Leben des Menschen, Zeichen seiner, der einzig richtigen, Wahrheit.

Johannes schreibt ja in seinem Evangelium: «Diese Zeichen sind aufgeschrieben, damit ihr glaubt, dass Jesus der Christus, der Sohn Gottes, ist, und damit ihr durch den Glauben das Leben habt in seinem Namen» (Joh 20,31).

Das an Matteo gewirkte Wunder ist Zeichen der Macht und des Erbarmens Gottes, damit man an ihn glaubt, heute, in der Ära der Technologie, in der alles wissenschaftlich erklärbar scheint, so sehr, dass man die Grenze der Natur und der Entdeckungen des Menschen übersieht und die Existenz von Transzendentem absolut leugnet.

Der Arzt Agacio da Silva Ribeiro, der auf die Fürbitte der Madonna von Fatima hin geheilt wurde, vertrat in einem Briefwechsel mit Joaquim Duarte die Ansicht: «Nun ist es an uns, uns der erlangten Heilung würdig zu erweisen, indem wir klar unseren Glauben bekennen und ihn in andern wieder zu beleben suchen.»

Ich teile diese Überzeugung voll und ganz und hoffe, dass mein Bekenntnis in andern den Glauben wieder beleben oder ihn zum Sprießen bringen kann.

Der Herr hat unserer Familie durch das Leiden und die Heilung Matteos den greifbaren Beweis seiner Allmacht und seiner unendlichen Barmherzigkeit gegeben, deren Zeugen wir bis zum Ende unserer Tage sein sollen.

Bleibe du, lieber Padre Pio, uns nahe, damit wir mit der Hilfe des Heiligen Geistes uns stets erinnern, dass Glaube und Vernunft einen Bund schließen können, denn mit der Macht Gottes erweitert der Glaube die Grenzen der Vernunft. Erinnern wir uns, dass es eine Sicht des Lebens als eines umfassenden immensen Geschenkes der göttlichen Gnade gibt, deren Höhepunkt und erhabener Ausdruck die Eucharistie ist.

Und von der Eucharistie gehen Kraft, Hoffnung, Liebe aus, um die Botschaft des Evangeliums ins Leben und in die Tat zu übersetzen.

Hilf uns, Padre Pio, durch unser Leben den Sinn für die Passion Christi, für die Erlösungskraft seines Opfers, und die Gewissheit rund um die Welt zu tragen, dass seine Hingabe unerschöpflicher Quell materieller und geistlicher Gnaden ist.

Es wird nicht leicht sein, sich nach dem Willen Gottes zu richten, denn die Materie, die Laster, die Schwachheiten ziehen uns in ihren Bann, aber mit der Hilfe Jesu und der Jungfrau Maria und mit deinem Beistand wollen wir es versuchen.

Die Autorin an die Leserinnen und Leser

«Weigert euch in keiner Weise und aus keinem Beweggrund, jedem Menschen Liebe zu erweisen... Das will der Herr, und das zu tun sollt ihr euch bestreben» (Padre Pio, Briefsammlung I, S. 1213).

Das Leiden wegen der Krankheit Matteos und das großartige Geschenk seiner Heilung trieben mich an, Gott und Padre Pio zu danken und in Wort und Tat Familien beizustehen und zu helfen, die gezwungen sind, den Weg des Kreuzes zu gehen.

Padre Pio, der «Simon von Zyrene» aller, ist der Stützpunkt dieses Anliegens des Vereins ONLUS «Il Cireneo» und des integrierten Zentrums «Francesco Pio Forgione», denn bloß durch das tätige Gebet kann man dem Schmerz einen Sinn geben.

Anschrift für solche, die uns unterstützen wollen:
Associazione «Il Cireneo» ONLUS
c/c n. 35618 Credito Cooperativa Cassa Rurale e Artigiana
San Giovanni Rotondo

Inhaltsverzeichnis

Andere Bücher beim Parvis-Verlag

Padre Pio - Lehrer des Glaubens

Über Padre Pio ist viel geschrieben worden. Die Beobachter haben ihr Augenmerk auf die außerordentlichen Phänomene
gerichtet, die ihn zeichneten so zum Beispiel die Wundmale, die Gabe des Hellsehens, die Bilokation. Padre Pio war jedoch vor allem ein Mystiker. Seine Worte waren anspruchsvoll und unbequem, aber auch gütig und ermutigend.
Der Autor dieses Buches, wollte diese Botschaft hier wieder freilegen und den Lesern zugänglich machen. Dieses Buch legt eine Zusammenfassung dieser Lehre vor und führt uns in die «Glaubenslehre» von Padre Pio ein. Es soll für uns zu einem Lieblingsbuch werden, das man mehrmals liest und in Zeiten der Mutlosigkeit und der Verworrenheit aufschlägt. Es ist wie die Stimme eines Freundes, wie ein Begleiter, der uns auf unserem Weg leitet.
Renzo Allegri ist Journalist und Autor mehrerer Werke, von denen drei Padre Pio gewidmet sind.
336 Seiten, 14,5x22 cm *€ 18.- CHF 27.-*

Pater Pio aus Pietrelcina

Auf dem ganzen Weg der Kirche durch die Geschichte hat der Herr, vor allem in Zeiten der Prüfung, prophetische Gestalten und geistliche Führer berufen. Pater Pio von Pietrelcina ist einer dieser Führer für unsere Zeit. Er war mit außerordentlichen Gaben und Charismen ausgezeichnet worden, die machtvoll zu seiner weltweiten Ausstrahlung beitrugen. Er durfte die Wundmale Jesu tragen, und war Hunderttausenden, die ihn in San Giovanni Rotondo aufgesucht haben, wie ein Mensch aus einer anderen Welt vorgekommen. Viele Besucher Pater Pios haben zugegeben, daß ihr Leben dank dieser Begegnung eine tiefe Umwälzung erfahren hat. Wie viele Ungläubige, Agnostiker, Skeptiker durften im Kontakt mit ihm Einblick in die Welt der unsichtbaren Wirklichkeiten nehmen!
In diesem Buch beschreibt uns Bruder Arni Decorte, ein bevorzugter Zeuge dieser Ausstrahlung, besonders Pater Pios geistliche Ausstrahlung.
Der Autor hatte das Glück, Pater Pio nahezustehen, bei seiner heiligen Messe dabeizusein, bei ihm zur Beichte zu gehen. Seine außerordentlichen Charismen kamen ihm zugute. Dieses Buch handelt von wenig bekannten Dingen. Der Leser wird so die Persönlichkeit eines ganz demütigen Kapuziners, des Paters Pio aus Pietrelcina, besser kennenlernen und auch die zahllosen Bekehrungen und Heilungen, die auf seine Fürbitte zurückgehen.
von A. Decorte, 320 Seiten, 3. Auflage *€ 16.- CHF 24.-*

Pater Pio – Freund Gottes

Wohltäter der Menschen

Gott wirkte Großes durch diesen stigmatisierten Kapuziner, der 1968, im Rufe der Heiligkeit starb. Ein spannendes Buch: Bekehrungen, Heilungen, Wunder, Seelenschau, Bilokation sind in kurzen Erzählungen vorgestellt.
von P. Cataneo, 176 Seiten, 16. Tausend *€ 10.- CHF 15.-*

Padre Pio – Wer seid Ihr?

Kurze Biographie vom berühmten Padre Pio, der durch Papst Johannes Paul II. am 16. Juni 2002 in Rom heiliggesprochen wurde.

Farbig bebildert, von Abbé Bertaina

40 Seiten, 15x22 cm, *€ 5.- CHF 8.-*

Pater Pio durchsichtig auf Gott hin

Pater Derobert stellt uns die Briefen Pater Pios dar. Ein Muss für alle, die Pater Pio besser kennenlernen wollen!

818 Seiten, gebunden *€ 40.- CHF 64.-*

Die Trinität

Urgrund, Urbild und Urziel aller Liebe

«Dieses Buch ist mein theologisches Testament», sagt Abbé René Laurentin, «denn diese beängstigend schwierige Studie erschloss mir die ganze Theologie, die ganze Philosophie, die Naturwissenschaften und vor allem den Menschen: die Familie, die Gesellschaft, das Menschengeschlecht.» René Laurentin gibt hier eine leicht verständliche Studie heraus. Es umfasst vier Teile: 1. Die missachteten Blitzlichter der Offenbarung. / 2. Die zweitausendjährige Geschichte des Dogmas. / 3. Eine kontemplative Besinnung, die alles erleuchtet. / 4. Das Leben aus der Trinität (nach dem Beispiel Marias).

464 Seiten, 14,5x22 cm *€ 28.- CHF 42.-*

Jenseits der «vaterlosen Gesellschaft»

Gott unser Vater

Heute ist der richtige Zeitpunkt, um Gott den Vater neu zu entdecken. Der Autor sieht dafür drei Etappen vor: 1) Die Offenbarung, wie sie die Geschichte der Menschen der Bibel und sodann die Überlieferung und die Kirchenväter durchströmt bis zur überraschenden mystischen Welle der letzten Jahrzehnte. 2) Das Mysterium und das Geheimnis des Vaters. 3) Die Herstellung einer lebendigen Beziehung mit ihm.

von Abbé René Laurentin, 528 Seiten, 14,5x22 cm *€ 26.- CHF 39.-*

Der Teufel

Mythos oder Realität?

Abbé Laurentin bietet hier überraschende Antworten, die jedoch auf der Heiligen Schrift, der Tradition und der zweitausendjährigen Erfahrung der Kirche gründen. Des weiteren findet man Antworten auf konkrete Fragen : Was ist Besessenheit ? Was sind Exorzismen ? Wie kann man dem machtvollen Einfluss des Herrschers dieser Welt entrinnen. 14,5x22 cm, 400 S. *€ 20.- CHF 30.-*

365 Tage mit meinem Schutzengel

Diese Botschaften eines Schutzengels sollen einzeln nacheinander gelesen und bedacht werden. Jeden Tag eine. Dein Schutzengel schaut ständig Gottes Angesicht (vgl. Mt 18,10). Und zugleich steht er dir Tag und Nacht bei, von deiner Geburt an bis zu deinem Übergang in die andere Welt; er ist dein Begleiter in Ewigkeit.

Er liebt dich; er freut sich mit dir; er weint, wenn du weinst. Er ist jedes Mal überglücklich, wenn du eine Anstrengung unternimmst, die dich Jesus ähnlicher macht, der «sanft mütig und von Herzen demütig» ist (Mt 11,29). Diese Texten sind ein Widerhall des Evangeliums, die den Menschen von Jesus Christus verkündigt worden ist.

von R. Lejeune, 192 Seiten, 11x17 cm, 3. Auflage, 12. Tausend *€ 9.- CHF 14.-*

Der Ruf des Hirten

So viele Eltern beklagen sich bitter : « Unsere Kinder weichen uns aus, wir haben keinen Einfluss mehr auf sie, es ist zum Verzweifeln. »

Ist die christliche Erziehung ein aussichtsloser, ein hoffnungslos verlorener Kampf ?

Auf diese beklemmde Frage antwortet « Der Ruf des Hirten ». Er enthüllt ein Geheimnis, das Wunder wirkt. Schon zu Beginn befreit er die Eltern von ihrer Angst ; er führt sie zur Freiheit und zum Glück, Kinder zu haben, zurück. Denn fortan haben sie die Gewissheit, dass ihre Erziehungsleistung schließlich erfolgreich sein wird und die Kinder eine Zukunft nach dem Herzen des Guten Hirten haben.

Dieses Geheimnis haben der Verfasser und seine Frau — als Eltern von zehn Kindern — voller Glück immer wieder « ausprobiert », nachdem sie es in einer notvollen Lage entdeckt hatten.

von René Lejeune, 208 Seiten, 13x20 cm *€ 13.- CHF 19.50*

Der heilige Joseph - Arzt der verletzten Seelen

Das Evangelium sagt nicht viel über Joseph, aber es berichtet das Wesentliche: Joseph ist ein «Gerechter» (Mt 1,19).

Die Bibel gibt uns gründlich Auskunft über das Innenleben eines Gerechten. Hiervon ausgehend vermögen wir uns sein Dasein vorzustellen. Der Leser dieses Buches wird sich anschließend dem Herzen des heiligen Joseph näher fühlen.

Im 2. Teil eine Novene und Gebete an den hl. Joseph.

von René Lejeune, 11x17 cm, 160 Seiten *€ 8.- CHF 12.-*

Die Engel – Geheimarmee des Himmels

Als Gottes Boten in unserer Welt sind die Engel den Menschen zu Diensten, um sie auf den Weg des Heils zu führen. Am Vorabend des 3. Jahrtausends werden die Menschen sich der Engel mehr denn je bewußt. Was hat dieses Zeichen der Zeit zu bedeuten? Wie kann man sich da zurechtfinden? Diese Fragen beantwortet René Lejeune. Im 2. Teil Gebete, Litaneien und eine Novene zu Ehren der Engel.

von René Lejeune, 144 Seiten, 11x17 cm *€ 8.- CHF 12.-*

Myriam, die Mutter Jesu

Seit der Aufnahme Mariens in den Himmel befragen sich die Jünger Jesu Christi über seine heiligste Mutter. Zweitausend Jahre lang hat Maria nicht aufgehört ihre Kinder zu besuchen. Zu wiederholten Malen hat sie mehreren ihrer Kinder Einzelheiten über ihr Leben mitgeteilt, um ihrem – und unserem – Verlangen zu entsprechen.

«Myriam, die Mutter Jesu» ist eine Zusammenstellung von Offenbarungen, welche vier bevorzugten Seelen zuteil geworden sind: Maria von Agreda, Katharina Emmerick, Maria Valtorta und Consuelo. Diese Einzelheiten, chronologisch geordnet, haben es ermöglicht, eine Art Lebensbeschreibung der Allerseligsten Jungfrau Maria zu rekonstruieren.

In diesem vorliegenden Buch ist ihr Vorname in seiner aramäischen Form wiedergegeben: Myriam, ein Name, der «die Vielgeliebte» bedeutet.

von René Lejeune, 256 S., 13x20 cm *€ 13.- CHF 20.-*

Karl Leisner (1915-1945) – Wie Gold geläutert im Feuer

«Ein Vorbild für die Jugend Europas» (Papst J.-P. II.) Lange zögert er zwischen Priesteramt und Ehe. 1939 wird er Diakon, die Gestapo verhaftet ihn und führt ihn ins KZ Dachau. Ein französischer Bischof spendet ihm dort im geheimen die Priesterweihe. Am 12.8.1945 erfüllt sich sein Leben in der Liebe Gottes.

von René Lejeune, 310 Seiten, 2. Auflage *€ 13.- CHF 20.-*

Wunderbare Begegnung

Wie erhalte ich vom himmlischen Vater meine Ehefrau – meinen Ehemann?

Zeugnis von Suzel (Artztin) und Denis (Pilot)

«Danke, Denis, dass du hier auf so einfache Weise Zeugnis gibst!

Tatsächlich sind immer mehr junge Leute bei der verzweifelten Suche nach dem Menschen, mit dem sie ihr Leben, ihr ganzes Leben teilen wollen, für immer..., auf sich allein gestellt. Sie suchen diesen Menschen, dem sie ihren Körper schenken, aber zuerst ihr Herz aufschließen möchten. Und dies dann ein für alle Mal und für immer. Der Einsatz ist so groß, dass tausendfaches Zögern ihn verhindert.» (aus dem Vorwort von P. Daniel Ange)

«Dir widmen Denis und ich dieses Buch, dir als junger Mensch, dir, wie alt du auch sein magst, dir, der du davon träumst, dem Mann oder der Frau zu begegnen, den oder die Gott der Himmlische Vater mit unendlicher Zärtlichkeit für dich bestimmt hat, von Ewigkeit her und für alle Ewigkeit.» (Suzel Bourgerie)

von Suzel und Denis Bourgerie, 128 Seiten, 11x17 cm *€ 8.- CHF 12.-*

Häuser der Anbetung

Die Seelen, die aus der Anbetung leben, bereiten die Erde darauf vor, Christus bei seiner Wiederkunft in Herrlichkeit aufzunehmen. Durch ihre Weihe an die Eucharistie bereiten sie die Weihe der Welt vor. Im Hinblick auf diese Weihe der Welt will Jesus Häuser der Anbetung erwecken. Sie sollen über die ganze Erde verstreut sein und Licht in ihre Umgebung bringen.

von Marie-Benoîte Angot, 240 Seiten, 13x20 cm *€ 14.- CHF 21.-*

Der Rosenkranz - Ein leuchtendes Gebet

René Lejeune skizziert in kurzen Worten die Geschichte des Rosenkranzes vom 14. Jh. bis heute, wobei er die fünf neuen lichtreichen Geheimnisse miteinbezieht und über jedes einzelne Geheimnis auf wunderbare Weise meditiert. Er bringt auch alle Erklärungen und Gebete, die zum Rosenkranz gehören.

48 Seiten: *€ 2.- CHF 3.- // Für 10 St. € 16.- CHF 24.-*

Maria, Mutter von der immerwährenden Hilfe

Das Gnadenbild Unserer Lieben Frau von der immerwährenden Hilfe befindet sich in der Kirche des heiligen Alfons zu Rom. Hier finden Sie die ganze Geschichte der Ikone und auch die sehr bekannte und hilfsreiche Novene zur Mutter von der immerwährenden Hilfe, die schon so viele Wunde gewirkt hat.

32 Seiten: *€ 2.- CHF 3.- // Für 10 St. € 16.- CHF 24.-*

Leben mit Jesus Christus im Heiligen Geist

Für jeden Tag des Jahres bietet uns der Autor eine kurze Meditation an, wobei er sich auf biblische Texte stützt, welche er in den Mund Jesu Christi legt. Dieses, in einem sehr persönlichen und zu Herzen gehenden Ton gehaltene Buch möchte Erwachsene und Jugendliche in einen vertrauensvollen Dialog der Liebe mit ihrem Schöpfer einzutreten, hinführen zu einer echten Spiritualität.

von Pater P. Cécile, 384 Seiten *€ 15.- CHF 22.-*

TAGEBUCH der heiligen Sr. Faustina Kowalska

Sr. Faustina (1905-1938) ist vom Heiland zur besonderen Botschafterin seiner Barmherzigkeit berufen worden. Sein Tagebuch enthüllt uns ausdrucksvoll und überzeugend die Unendlichkeit der Barmherzigkeit Gottes.

Ein sehr wichtiges Werk, als Geschenk sehr geeignet!

Vorwort von Bischof J. Stimpfle.

598 Seiten, gebunden *€ 29.- CHF 44.-*

Jesus, ich vertraue auf Dich

Eine sehr wertvolle Kleinschrift mit vielen ausgewählten Gebeten der heiligen Schwester Faustina. Am Anfang findet man eine Erklärung über die Andacht zur Barmherzigkeit Gottes (Wesen, Bild, Fest, Rosenkranz...) und zahlreiche Gebete an der Barmherzigkeit Gottes: Novene, Dankesgebet, Lobpreis der Barmherzigkeit Gottes, Gebet um die Liebe Gottes...).

Mit kirchlicher Druckerlaubnis von Kardinal Macharski.

96 Seiten: *€ 2.- CHF 3.- // Für 10 St. € 16.- CHF 24.-*

Gott heilt... auch heute

Gott heilt gern, und Er heilt… heute wie eh und je! Glauben Sie das? Haben Sie sich in Ihrem eigenen Leben oder im Leben Ihrer Nächsten schon einmal unmittelbar vor diese Frage gestellt gesehen? Haben Sie sich schon einmal gefragt, wie und wann man um Heilung bitten soll? Haben Sie es schon einmal gewagt, darum zu bitten?
Philippe Madre verfügt über eine rund zwanzigjährige Erfahrung mit dem Heilungsgebet in der ganzen Welt. Hier richtet er den Blick auf die Wundereilung und gibt Antwort auf die vielen Fragen und Einwände zu diesem Thema. Er hat mehrfach mit Pater Emiliano Tardif, jenem bedeutenden Zeugen, zusammengearbeitet, dem er dieses Werk widmete.
Mit seinen zahlreichen Zeugnissen von Heilungen, bei denen wir Gottes Macht am Werk sehen, macht dieses Buch sichtbar, dass Gott den Menschen nicht ohne den Menschen, nicht ohne seine Mitwirkung, rettet.
Ein Nachschlagwerk, das Seite für Seite Gottes Liebe zu einem jeden Menschen zeigt.
von Philippe Madre, 256 Seiten, 14,5x22 cm *€ 16.- CHF 24.-*

Marcel Van – Autobiographie

Marcel Van (1928-1959) trotz zahlloser Prüfungen, wünscht sich Priester zu werden. Therese von Lisieux erwählt ihn zu ihrem hervorragendsten Schüler ihres «Kleinen Weges»: «Deine Berufung wird es sein, stets der verborgene Apostel der Liebe zu sein.»
Van verzichtet auf das Priestertum und tritt als bescheidener Bruder in das Kloster der Redemptoristen in Hanoi (Vietnam) ein. «Jesus hat mir eine Aufgabe erteilt, und zwar, das Leid in Glück zu verwandeln.»
Sehr empfindsam, aber tollkühn wie ein Heiliger, verbringt er vor dem Hintergrund politischer Umwälzungen sein Leben bis zu seinem Tod in aller Stille in einem Lager in Nordvietnam. Marcel Van legt sicherlich bei Gott für uns Fürbitte ein und wird uns Gnaden erwirken!
Die Veröffentlichung dieses 1. Bandes der vollständigen Werke entspricht dem Wunsch Johannes Paul II., das Andenken an die Glaubensbekenner des 20. Jh. zu bewahren.
Kardinal F.-X. Nguyen van Thuan († September 2002) war der erste Postulator von Marcel Vans Seligsprechungsprozess.
496 Seiten, 8 Seiten s/w-Abb., 14,5x22 cm *€ 25.- CHF 38.-*

Bruder Marcel Van – Eine kurze Lebensbeschreibung

Es ist sehr schwierig, das Geheimnis der Gnade und der Sünde darzustellen, das Geheimnis der Hoffnung und der Gottesliebe im Leben eines "Heiligen im Taschenformat", wie seine Umgebung ihn nannte. Es gibt niemanden, der berufener dazu wäre als Pater Boucher, sein Seelenführer. Er hat nicht nur alles aufbewahrt, was Marcel Van geschrieben hat, sondern er hat auch eine kurze Lebensbeschreibung über ihn verfasst, die ich für die getreueste und ausgewogenste halte.» (Kardinal François-Xavier Nguyen Van Thuan)
von Pater Antonio Boucher, 80 Seiten, 11,5x17 cm *€ 5.- CHF 7.50*